本书受到北京高校高精尖学科建设项目经费资助

意大利刑事诉讼与证据制度专论

· 第一卷 ·

施鹏鹏／著

中国政法大学出版社

2020·北京

图书在版编目（ＣＩＰ）数据

意大利刑事诉讼与证据制度专论. 第一卷/施鹏鹏著. —北京：中国政法大学出版社，2020.8

ISBN 978-7-5620-9499-9

Ⅰ.①意…　Ⅱ.①施…　Ⅲ.①刑事诉讼－研究－意大利②证据－司法制度－研究－意大利　Ⅳ.①D954-652

中国版本图书馆CIP数据核字(2020)第047169号

出　版　者	中国政法大学出版社
地　　　址	北京市海淀区西土城路 25 号
邮寄地址	北京 100088 信箱 8034 分箱　邮编 100088
网　　　址	http://www.cuplpress.com (网络实名：中国政法大学出版社)
电　　　话	010-58908289(编辑部) 58908334(邮购部)
承　　　印	北京中科印刷有限公司
开　　　本	650mm×960mm　1/16
印　　　张	18.25
字　　　数	250 千字
版　　　次	2020 年 8 月第 1 版
印　　　次	2020 年 8 月第 1 次印刷
定　　　价	72.00 元

我知道我在做"无用"的事

学术研究无用论，这对于 80 后一代并不陌生。

80 后的代表性人物韩寒曾言，数学仅需学到初二就够了（后修订为初一），当年得到不少粉丝的推崇。

可时下，人类科技正以前所未有的速度向前发展，为我们提供了工作及生活的极大便利，因此，几乎所有理智的人都不会再重提"数学无用论"。毕竟，以市场买菜为学科"有用"的标准显然仅是叛逆时代的反智之语，不可当真。

但之于法学研究，这样幼稚的问题依然存在，仅是换了某种"表述"。

例如，经常有人问我，研究意大利刑事诉讼及证据制度"有用"吗？能解决中国司法实践中的问题吗？

从根本而论，今日的"司法实践有用论"与昨天的"市场买菜论"具有相当的共性。就如同数学的功用自然可以买菜，但又何尝仅是为了买菜？比较法研究自然对中国有借鉴或反思意义，但何尝仅是以中国司法实践为参照？倘若仅需将案子办好即可，那么理论工作者与实践工作者的职责区分何在？

正是在这一庸俗"有用论"的指引下，中国一些重要的基础学科正在萎缩，哲学、历史学、人类学等甚至出现人才断档的窘境。法学研究亦同。热门话题在短时间内刊发了大量重复的论文，却又在更短时间内速朽。基础性的研究鲜有人问津，大量的学术精力被投入到政策性的命题中。更年轻一代的学者甚至有过之而无不及，发表才"有用"，不发表即出局，且似乎这样的风气正在加剧。

我并不认为，面对中国司法实践问题的研究不重要，但不能狭隘地理解"有用"，也不能秉承唯一的"有用"标准。学术研究应有多元标准，鼓励百花齐放。

当然，我也很清楚，寥寥数语可能什么也改变不了，但有所坚持，也应是学者本分。

这个意大利刑事诉讼制度及证据制度专论系列，将持续推出多卷，不求"有用"，仅是为了满足学术好奇心。我知道我在做"无用"的事。

感谢意大利罗马（第一）大学游雨泽博士提供了大量的学术文献，没有她的支持，这部书稿很难按期完成。感谢证据科学研究院提供了宝贵的资助，中国政法大学出版社第三编辑部编辑们的细心编辑，没有这些师友们的支持，这部书稿同样无法及时呈现给读者。

是为序。

施鹏鹏

2020 年 2 月

目 录 CONTENTS

1988 年刑事诉讼改革的再审视

——当事人主义诉讼模式移植的成败与启示

引论：当事人主义诉讼模式，异域风情下的虚幻魅力

自 13 世纪末起，欧洲诸国（包括英国）的教会法开始模仿罗马法，在刑事诉讼中创设了一套由职业法官主导，奉行秘密、书面及非对抗原则的诉讼制度，这在学说上称之为"职权主义"。[1]职权主义诉讼自创设以来便展现出它在发现案件真实方面的优越性，以口供为中心的证明模式虽常因手段秘密、粗暴而广受诟病，但在人类认知极其有限的特定历史条件下，职权主义较之于此前以神明裁判为代表的非理性证明模式已然有了极大的进步。且随着政治环境的变化、启蒙思想的冲击以及刑事实践的演进，欧陆诸国的立法者不断地赋予其新的内容。故可以认为，职权主义的演进史，亦是欧陆刑事诉讼的演进史。在法史上，学说通常以法国大革命为界限将职权主义的历史发展一分为二：大革命前的职权主义，称为传统的职权主义，主要以教会法、1670 年《刑事法令》等为代表性的法律文本，强调实质真实，赋予公权力机关强大的侦查权、公诉权、预审权以及裁判权，被告人总体处于较弱势的地位；大革命后的职权主义，则称为"新职权主义"[2]，以拿破仑的《重罪法典》（Code d'Instruction Criminelle）为

---

〔1〕 关于职权主义概念的源与流，参见施鹏鹏：《为职权主义辩护》，载《中国法学》2014 年第 2 期。

〔2〕 大陆法系国家的学者通常将拿破仑《重罪法典》所确立的刑事诉讼结构称为"混合式诉讼"，但英美法系国家的多数学者对这一称谓颇不以为然，认为这只不过是传统职权主义的翻版。为避免因立场差异而陷入无休止且意义不大的争论，笔者拟采用更中性也更契合欧陆诸国现代刑事诉讼形态的表述，即"新职权主义"。

经典法律文本，仍以实质真实为导向，但有意识地构建更具"透明""对抗"及"人权保障"色彩的程序机制。

"新职权主义"同样也非一成不变。从 19 世纪中叶起，欧陆各代表性国家（如德国、意大利、西班牙、瑞士等）便纷纷对拿破仑《重罪法典》所确立的程序结构进行较全面的检讨，并针对各自刑事司法实践中所出现的种种问题进行符合国情的改革，包括吸收当事人主义诉讼模式的合理要素，确立了极具个性、差异程度明显的职权主义类型。[3] 而在诸多改革尝试中，意大利 1988 年的刑事诉讼改革最具震撼力，因为这是欧陆传统职权主义国家全盘引入当事人主义的一次激进尝试，为世界上许多职权主义传统的国家尤其是转型国家的刑事诉讼改革提供了全新的论域和素材。20 世纪 90 年代，中国的刑事诉讼也正面临着艰难的转型，一种可能的改革路径便是走向当事人主义，因此意大利刑事诉讼改革的基本状况第一时间便引发了相当的关注。[4]

但由于语言能力的限制，再加上研究资料比较匮乏，国内学者对意大利 1988 年刑事诉讼改革的研究较为粗浅，更多是借鉴了英文世界的二手资料。且当时，意大利刑事诉讼改革的效果尚未完全显现，在短时间内作简单的是非成败评价似乎为时尚早，也难免失真或有失客观公允。如今，意大利的刑事诉讼改革已有 30 年之久，对当年改革所引入之诸项创新举措的实施效果也有大量的实证数据支撑，可以作一较全面客观的再审视。尤其之于中国当下，刑事司法现状尚不尽如人意，不少学者将核心原因归咎于"职权主义"（或者"强职权主义"）的诉讼形态，并主张较全面地引入当事人主义的制度和技术，且事实上影响了诸多立法。可以不夸张地讲，当事人主义诉讼模式在中国已

---

〔3〕 笔者将这些纷繁复杂的职权主义亚类型称为"亚职权主义"。

〔4〕 一些学者迅速翻译或者介绍了意大利刑事诉讼改革的文章，例如［意］马可·法布里：《意大利刑事司法制度改革：理论与实践的悖反》，龙宗智译，载陈光中、江伟主编：《诉讼法论丛》（第 2 卷），法律出版社 1998 年版；陈瑞华：《意大利 1988 年刑事诉讼法典评析》，载《政法论坛》1993 年第 4 期；锁正杰、李少坡：《意大利刑事诉讼法的改革与嬗变——关于法律移植的初步分析》，载陈光中、江伟主编：《诉讼法论丛》（第 2 卷），法律出版社 1998 年版。

然呈现出了异域风情下的虚幻魅力。在这一背景下我们更应作出冷静客观中立的判断，既要找到中国刑事诉讼病灶的根源，更要避免激进的改革所带来的不可估量的负面效果。因此，全面重新审视意大利1988 年刑事诉讼改革及其效果之于中国当下的刑事司法改革具有非常重要的理论意义和实践价值。

一、意大利 1988 年刑事诉讼改革的基本背景

在 1988 年改革前，意大利先后颁布过三部刑事诉讼法典，分别是 1865 年法典、1913 年法典和 1930 年法典（又称《科第斯·洛可法典》[5]）。1865 年法典是意大利第一部近代意义上的刑事诉讼法典。该法典完全以法国 1808 年《重罪法典》为蓝本，充分吸收了拿破仑司法改革的先进成果（如自由心证原则、检察公诉原则等），也构建了意大利新职权主义的基本程序框架，尤其是确立了预审制度并引入了具有强大职权的预审法官。1913 年法典与 1865 年法典一脉相承，并未作太大修改，仅是受自由主义思潮的影响，在一定程度上扩大了被告人的权利。但被告人的地位并未得到实质性的改善，尤其是在面对具有强大职权的预审法官和检察官时。1922 年，墨索里尼（Benito Mussolini）在意大利执掌政权，法西斯主义渗透到包括刑事诉讼在内的各个领域。《科第斯·洛可法典》便是在这一背景下产生，因此从一开始便具有鲜明的双重性：一方面，法典源自于法西斯的政治体制，服务于法西斯的独裁专政；另一方面，法典还深受 1865 年法典的影响，职权主义色彩依然十分浓厚。

《科第斯·洛可法典》将意大利的刑事诉讼划分为两个阶段：第一阶段是预审阶段，主要任务是取证。原则上预审法官主导整个取证过程，仅在例外情况下检察官方可参与取证。预审法官有权讯问被告人、询问证人及鉴定人、勘查现场、实施搜查或扣押、决定逮捕及监禁等。所有预审行为均秘密进行，律师无权参与，也无从得知预审的

---

〔5〕《科第斯·洛可法典》（Codice Rocco），得名主要因为时任司法部长的科第斯·洛可是这部法典的主要策划人。

相关情况。第二个阶段是庭审阶段，主要任务是定罪量刑。庭审阶段由法官主导，奉行公开、言词及对抗原则。律师可积极参与进行无罪或罪轻的辩护，被告人当然也可自行辩护。当时的意大利学术界普遍认为，意大利刑事诉讼的第一个阶段具有职权主义的特点，第二个阶段则具有当事人主义的特点，因此意大利刑事诉讼是混合式诉讼，而非纯粹的职权主义诉讼，通过两种诉讼类型的结合，可较完美地实现"刑罚的需要"（通过职权主义）和"尊重被告人权利"（通过当事人主义）的平衡。[6] 但意大利的司法实践充分表明，在这种所谓的"混合式"诉讼中，庭审往往流于形式，核心原因在于预审法官的卷宗材料往往对庭审法官的心证发挥着决定性的作用，判决结果几乎仅是对预审法官先前结论的确认。这为后续激进的刑事诉讼变革埋下了伏笔。

博洛尼亚大学法学院的伦齐·欧兰蒂（Renzo Orlandi）教授以政治社会环境、主流学说风格以及相应的改革动议为基础，创设性地将从《科第斯·洛可法典》至1988年意大利新刑事诉讼法典的发展历程分为两个阶段，颇具启发意义：[7]

第一阶段（1944—1961年）始于战争时期，为意大利刑事诉讼改革的摸索期。1944年，意大利法西斯政权倒台，但整个国家还处于交战状态，北部被德军占领，可谓风雨缥缈、动荡不安。虽然这不是自由主义刑事诉讼改革的理想环境，但并不妨碍意大利学术界以饱满的热情推动国家重建与制度重构。一批极具影响力的刑事诉讼学者如乔瓦尼·莱昂内（Giovanni Leone）、雷莫·潘纳因（Remo Pannain）、朱塞佩·萨巴蒂尼（Giuseppe Sabatini）和阿尔弗雷多·德·马尔西科（Alfredo De Marsico）等，对《科第斯·洛可法典》进行了全面的检讨，并初步形成了两套方案：第一套方案是，鉴于1930年《科第斯·洛可法典》所依附的政体已然瓦解，应该由1913

---

〔6〕 Enzo Zappala, "Le procés pénal Italien entre systéme inquisitoire et systéme accusatoire", in *Revue Internationale de Droit Pénal*, 1997, p. 111 et s.

〔7〕 Renzo Orlandi, "Diritti individuali e processo penale nell'Italia repubblicana", in *Revista Brasileira de Direito Processual Penal*, 2016.

年的自由主义法典取而代之；另一套方案则是部分改革《科第斯·洛可法典》，以更好地适应新民主制度。第一套方案的支持者为时任的司法部部长图皮尼（Tupini）。1945 年 1 月，图皮尼部长所成立的委员会通过多数票表决希望恢复 1913 年法典，但受到了学术界许多著名法学家的批评，如乔瓦尼·莱昂内、雷莫·潘纳因、弗朗切斯科·桑托罗·帕萨雷利（Francesco Santoro Passarelli）、皮耶罗·卡拉曼德雷伊（Piero Calamandrei）和朱塞佩·萨巴蒂尼。

1947 年，意大利召开了主题为刑事诉讼法典改革的全国法律大会（Congresso Nazionale Giuridico-forense）。会上，乔瓦尼·莱昂内为部长委员会后续几年修改法西斯刑法的工作划定了路线，总体思路是保留《科第斯·洛可法典》，并依民主国家的需求作出必要调整。莱昂内提出的改革方案触及诉讼结构，例如废除简易预审（l'istruzione sommaria），保证一般诉讼的正式预审；扩大直接传唤案件的适用范围；对上诉规则进行更具保障性的改革；改革诉讼职能及强化辩护权；等等。但受制于当时的政治环境，这些颇有洞见的改革举措未能得到政治家和立法者的青睐。也因为如此，会议最终形成了冗长的 45 个要点动议，列明为充分保护个人权利而迫切需要进行修改的部分：尤其是赋予辩护人参与某些正式预审的权利；恢复绝对程序无效制度，以防止可能的司法职权滥用；规定预防性羁押时限届满后不得延期；增设对限制人身自由的措施提出异议的权利；取消了逃犯在押义务是上诉许可前提的规定；法官有义务对自诉请求作出裁判；等等。法学家的极力推动促成了《科第斯·洛可法典》的持续修改，例如 1955 年 6 月 19 日第 517 号法律，总共替换了 118 个条文、新增了 18 个条文，核心修改内容是强化刑事辩护权以及限制司法职权机关的权力，保障控辩双方在刑事诉讼中的适度平衡。尤值一提的是，1956 年 4 月，意大利宪法法院开始正式运行，成为刑事诉讼领域内保障个人权利最为重要的机构，旨在刑事诉讼法提供保护的边界领域里发挥保障个人权利的一线作用。值得一提的是，在宪法法院第一个工作年度所作出的 34 个判决中，未有一起涉及刑事诉讼法典（较多涉及的是关于公共安全的唯一一部法律，其他的则是实体刑法规范）。因此有必要承认，从《意大利宪法》实际适用第一年的首要影响看，前一年成熟的刑诉改革展现了毋庸置疑的生命力。

第二阶段（1962—1989 年）始于意大利的"经济奇迹"时期，为意大利刑事诉讼改革的推动期。"经济奇迹"时期的意大利正面临着快速而深刻的社会变革，国内人口大量从南部迁移至北部，农业传统亦逐渐让位于大工业生产的现代文明。意大利不得不面对前所未有的新型犯罪，如劫取财物、毒品交易、绑架和国内恐怖主义犯罪。传统的刑事诉讼法典缺乏系统性和前瞻性，既不足以应对福利社会下典型犯罪的高速增长，也无力保障被告人的刑事辩护权。而从 20 世纪 60 年代末至 70 年代间成长起来的新一代法学家，他们与意大利宪法法院的判例共同成长，并深谙程序规则对于维护基本权利的特殊价值，伦齐·欧兰蒂教授因此称之为"一代绝对信仰共和国宪法价值的法学家"[8]。这批新一代的法学家从刑事诉讼的国际经验中汲取灵感，梦想构建一套全新的诉讼模式，超越法国《重罪法典》所确立的传统职权主义诉讼，尝试以当事人主义模式取而代之。

1962 年是转折的一年。1 月份，时任的司法部部长戈内拉（Gonella）委托年逾八旬的弗朗切斯科·卡尔内卢蒂（Francesco Carnelutti）起草新的刑事诉讼法典，以顺应时代的变革。卡尔内卢蒂周围聚集了一批优秀的法学家，诸如贝拉维斯塔（Bellavista）、孔索（Conso）、科尔代罗（Cordero）、德利塔拉（Delitala）、德·卢卡（De Luca）、福斯基尼（Foschini）、努沃洛内（Nuvolone）、萨巴蒂尼（Sabatini）和瓦萨利（Vassalli）等。这些法学家深受卡尔内卢蒂人生最后时期所提出的存在主义及反形式主义的影响，积极地推动新法典的建立。从 1962—1988 年，法学界向议会提交了多份改革草

---

〔8〕 Renzo Orlandi, "Diritti individuali e processo penale nell'Italia repubblicana", in *Revista Brasileira de Direito Processual Penal*, 2016.

案，初步奠定了 1988 年意大利新刑事诉讼法典（以下简称"1988 年法典"）的基础。例如 1974 年法令和 1978 年法令便初步引入了当事人主义的系列原则，对预审程序进行了更具透明度及对抗性的规则设计，并确立了庭审中更完整的直接言词原则和对抗原则。

1983 年末，在恐怖主义紧急状态结束后，经时任的司法部部长马丁纳佐利（Martinazzoli）提议，刑事诉讼的改革工作重新启动。马丁纳佐利部长创设了由皮萨皮亚（Pisapia）教授所主持的委员会，负责法律草案的起草。改革全面汲取了 1974 年委托立法（legge delega）及 1978 年立法草案的成熟经验。1987 年 2 月，新的委托立法起草完成，共设 105 条指令。1988 年 9 月底，新法典的最终版本正式公布，并于 10 月 24 日刊登于官方公报的普通增刊中。1989 年 10 月 24 日，意大利新的刑事诉讼法典正式生效，震惊了整个欧洲大陆。

二、1988 年法典所确立刑事诉讼的核心框架

如前所述，1988 年法典较彻底地改变了 1865 年以来意大利以职权主义为特征的刑事诉讼传统，几乎全盘引入了当事人主义的制度和技术。意大利的立法者试图通过新法典塑造一个崭新的理想诉讼模式，以消除旧法典中长期存在且广受诟病的种种缺陷和弊端，诸如诉讼期限过于冗长、控审职能不分、庭审流于形式等。为此，1988 年法典确立了四项基础性的改革原则，即诉讼职能分立、诉讼阶段阻隔、以审判为中心和程序繁简分流。[9]

（一）诉讼职能分立

在 1988 年改革中，意大利首先废除了职权主义的象征——预审法官，而以预先侦查法官（Giudice per l'indagine preliminare，GLP）取而代之，各诉讼主体的职能也因此进行了全新的配置。司法警察在检察官的领导下负责预先侦查，预先侦查法官负责对可能严重损及公民基本权利的侦查行为（如搜查、扣押、窃听等）或强制措施（如拘留、羁押、住所逮捕、强制性措施或者禁止性措施等）进行司

---

〔9〕 Tonini, *Manuale di procedura penale*, Giuffrè, 2015, pp. 34–35.

法审查。律师在预先侦查阶段便可介入，积极行使辩护权。预先侦查结束后，检察官可提出刑事公诉申请，预先侦查法官在听取双方当事人意见后作出裁决。预先侦查法官作出起诉裁决后，则将案件移送审判。审判权交由法官行使。法官处于中立地位，依据双方当事人所提出的诉讼请求作出裁判。由此，意大利刑事诉讼基本上解决了预审法官既负责侦查也负责起诉的职能混同问题，法官原则上不再承担积极的证明责任，律师的辩护权得到了较明显的强化，控辩平衡的诉讼构架得以确立。

（二）诉讼阶段阻隔

1988 年法典确立了诉讼阶段清晰划分原则（principio della netta ripartizione in fasi），即将刑事诉讼程序划分为相互阻隔的三个阶段：预先侦查阶段（l'indagini preliminari）、初步庭审阶段（l'audienza preliminare）和庭审阶段（il dibattimento）。

在预先侦查阶段，检察官领导司法警察行使侦查职能，包括收集证据以及查明犯罪嫌疑人身份。检察官在预先侦查阶段可以采取必要的侦查手段如搜查、扣押、技术侦查（accertamenti tecnici）等以查明案件真相，以及在犯罪嫌疑人可能有潜逃、串供等严重嫌疑（gravemente indiziato）的情况下实施拘留（il fermo）或羁押（custodia in carcere）。如前所述，可能损及犯罪嫌疑人基本权利的强制侦查行为及强制措施均需要经由预先侦查法官批准。预先侦查法官不再行使侦查权，仅负责司法审查。

预先侦查终结后，检察官应在既定期限内请求移交法庭审判（La richiesta di rinvio a giudizio）或者归档不诉（archiviazione）。《意大利宪法》第 112 条确立了"强制起诉原则"（l'azione penale è obbligatoria），检察官有义务评估"预先侦查所获得的证据是否可以在法庭内支持起诉"（DACCP art. 125 [10]）。如果检察官认为证据不足

---

〔10〕 为了本书论述和阅读的简便，对在括号附注的法律条文采取简称的方式，如《意大利刑事诉讼法典实施细则》（Disposizioni di attuazione del codice di procedura penale）简称 DACCP，"art."指称条款，具体条款项之间用点号隔开。如 DACCP art. 17.1 表示《意大利刑事诉讼法典实施细则》第 17 条第 1 款。

或者不宜提起公诉，不得自行作出归档不诉的决定，而应向预先侦查法官提出申请。预先侦查法官同意归档不诉请求的，则应作出裁定，解除对犯罪嫌疑人的强制措施，并消除对犯罪嫌疑人可能造成的不利影响。相反，如果预先侦查法官拒绝归档不诉请求的，或者如果受害人提交了有效的辩驳事由，则预先侦查法官应在合议室（camera di consiglio）内进行听审。听审不对外开放，但检察官和提出请求的受害方律师可以参加。预先侦查法官在听取双方意见后行使完全的审查职能（una penetrante funzione di controllo），并依现有的证据可作出三种不同类型的裁决（CPP art. 409[11]）：如果预先侦查法官认为指控理由不成立，则接受归档不诉的请求；如果预先侦查法官认为有必要进行进一步的侦查，则应告知检察官，并确定实施新侦查活动的必要期限；如果预先侦查法官认为所收集的证据已足以向法院提出指控，则应裁定公诉人提起控告，并确定初步庭审的日期。

初步庭审奉行对抗原则，检察官和被告人及其律师均有权提交证据及发表意见，但不允许公众参加旁听。在初步庭审程序中，预先侦查法官负责审查是否有足够充分的证据将案件移送庭审。如果预先侦查法官在审查证据及听取双方意见后认为起诉证据不足，则应作出不予起诉的判决（sentenza di non luogo a procedere），反之则应发布审判令。

1988 年法典创设了极具特色的双重卷宗制度，以避免庭审法官因全面接触卷宗而产生的先入为主。预先侦查法官发布审判令后，初始的侦查卷宗便被一分为二：一份是庭审卷宗（Un primo fascicolo «per il dibattimento»），内容包括双方当事人在对席状态下所实施之诉讼行为的内容笔录（主要为附带证明[12]所获得的笔录）以及检察官和司法警察所实施的不可重复的诉讼行为笔录。这些笔录应交由庭审法

---

〔11〕 为了本书论述和阅读的简便，对在括号附注的法律条文采取简称的方式，如《意大利刑事诉讼法典》简称 CPP，"art." 指称条款，具体条款项之间用点号隔开。如 CPP art. 506. 2 表示《意大利刑事诉讼法典》第 506 条第 2 款。

〔12〕 关于附带证明，下文有详述。

官查阅，可以在庭审中宣读，并可成为最终判决的依据；另一份为公诉人卷宗（fascicolo «del pubblico ministero»），包括检察官、司法警察和律师所实施之诉讼行为而形成的所有笔录及材料。这份卷宗仅为控辩双方所有，庭审法官不得接触，以避免在庭审前全面了解案件材料。

庭审阶段则由法官主导，奉行以审判为中心。除涉及国家安全或个人隐私等事项，公众均可随意参加旁听。法官在听取控辩双方对席辩论后作出有罪或无罪的判决。

（三）以审判为中心（la centralità del dibattimento）[13]

意大利"以审判为中心"的诉讼制度改革明确体现在 1988 年法典第 526 条中，"法官在评议中不得采用不是依法在法庭审理中调取的各种证据"。据此，任何未经法庭对席审理的证据原则上均不能用于判决。这与此前《科第斯·洛可法典》的区别几乎是"变革性的"[14]，因为在《科第斯·洛可法典》所确立的诉讼体制下，证据的获取更多是在预审阶段，而在 1988 年法典中，证据必须产生于庭审之中。更具体而论，1988 年法典确立了以审判为中心的三项制度设计：

首先是确立证据在刑事庭审中的核心地位。1988 年法典率先设置了"刑事证据法"的专章，这在大陆法系国家是首创，因为传统上，刑事证据依附于诉讼程序的各个环节，因此绝大部分大陆法系国家将证据分散在法典的各个章节之中。庭审是获取证据的唯一场合，遵循直接言词及对席原则。如果证人面临特殊情况（如受到威胁或者身患重病）无法在庭审程序中出庭作证，则检察官或者犯罪嫌疑人应在预先侦查程序中提出启动附带证明程序（incidente proba-

---

〔13〕"以审判为中心"在意大利刑诉学界并非通用表述，但一些意大利学者在概括 1988 年改革后的意大利庭审方式时使用这一表述。例如 Enzo Zappala, "Le procés pénal Italien entre systéme inquisitoire et systéme accusatoire", in *Revue Internationale de Droit Pénal*, 1997, p. 111 et s; Davide Alfieri, "Il principio di completezza delle indagini nell'udienza preliminare in Penale", 13 April 2018.

〔14〕Enzo Zappala, "Le procés pénal Italien entre systéme inquisitoire et systéme accusatoire", in *Revue Internationale de Droit Pénal*, 1997, p. 111 et s.

torio）的申请，由法官提前组织对证人的听审程序。附带证明程序与普通的庭审程序完全相同，控辩双方可对证人进行交叉询问（l'esame incrociato）。证人的陈述会记录在案，相应的笔录将作为证据在后续的庭审中宣读，并可作为最终判决的依据。

其次是确立主要由双方当事人推动庭审进程的权力结构。1988年法典第 190 条第 1 款规定，"证据根据当事人的请求而获得采纳。法官采用裁定的方式立即排除法律所禁止的证据和明显多余或意义不大的证据。"这意味着证明责任主要由双方当事人承担，法官原则上不负责收集证据而仅对证据进行评价。但在特殊情况下，法官依然有权询问证人和当事人或者采纳新证据，即"庭长可以依职权，也可依合议庭其他成员之请求，向当事人提出有助于全面考察情况的、新的或者更为广泛的问题"，也可向"证人、鉴定人、技术顾问等提出问题"（CPP art. 506.1，506.2），"在取证结束后，如果确有必要，法官可以主动决定调取新的证据材料"（CPP art. 507）。可见，意大利庭审法官的权力要大于英美法系的法官，1988 年法典拒绝完全接受英美法系占据主导地位的"司法竞技"理念，依然保留了相当的"实质真实"传统。

最后是确立了以交叉询问技术为基础的对抗式庭审方式。1988年法典的立法者认为，对席辩论（contrasto dialettico）是以审判为中心的根本所在。法官需要通过当事人的诉讼行为来洞察案件真相，而当事人也热衷于向法官展示"各自"的案件事实。因此，达至真相最有效的手段便是控辩双方对证人、鉴定人及被告人进行交叉询问，通过"各自"案件事实的对照，或者通过正反双方观点的交锋，法官能以最小的谬误来进行事实重构，揭穿各种谎言或者发现各种隐匿的事实。意大利的交叉询问制度包括三项内容，即直接询问和反询问（Esame diretto e controesame）、反驳（Contestazioni）及异议（Opposizioni）。

（1）直接询问和反询问。双方当事人可直接向证人、鉴定人、技术顾问、民事当事人和被告人发问（CPP art. 498，501，503）。询问应针对具体事实，禁止提出可能有损回答真实性的问题以及具有提示性倾向的问题。法官仅在"保证问题关联性、回答的真实性、询问的公平性和反驳的正当性"时介入（CPP art. 499. 6）。

（2）反驳。当事人为全部或部分反驳证词的内容可以使用证人在先前作出的并且收入公诉人卷宗的陈述（CPP art 500. 1）。除法律明文规定的例外，为反驳而使用的陈述不能构成该主张所陈述事实的证据。但法官可以评价这些陈述，"以确认被询问人的可信度"（CPP art. 500. 3）。

（3）异议。双方当事人在交叉询问的过程中可以对询问的展开方式提出抗辩，庭长应立即作出裁决，无需任何手续（CPP art. 504）。

1988 年法典的立法者希望通过双重卷宗和交叉询问制度，让法官成为"公正的观众"（spettatore imparziale）：不能事先获悉各种证据材料，不会形成先入为主的预先决断，法官促使双方当事人进行言词辩论，他倾听、发现、认知，并逐步形成内心确信。[15]

（四）程序繁简分流

1988 年法典还承载着简化诉讼程序、提高司法效率的重责。尤其是在改革后，刑事诉讼各阶段尤其是庭审程序的诸多保障得到进一步的加强，司法资源有限性与正当程序烦琐性之间的尖锐矛盾势必进一步加大。因此，诉讼资源应考虑集中投入在那些案情特别复杂以及情节特别严重的刑事案件，而非所有的刑事案件。为此，1988 年法典设置了五种特别程序：

（1）刑事协商制度（patteggiamento）。如果被告人和公诉人在适用刑罚的种类和标准上达成一致意见，则可以减少 1/3 的量刑（含罚金刑或者监禁刑）。按 1988 年法典的原先规定（原 CPP art. 444），可协商的最高监禁刑不得超过 2 年。但 2003 年第 134 号法律扩大了适用范围，将门槛降低至 5 年，且解除了对罚金刑的限制。法官有权审查所科处罪名的准确性以及量刑的恰当性。

---

〔15〕 Enzo Zappala, "Le procés pénal Italien entre systéme inquisitoire et systéme accusatoire", in *Revue Internationale de Droit Pénal*, 1997, p. 111 et s.

（2）简易程序（giudizio abbreviato）。被告人可以请求在初步庭审中根据现有的文书结束诉讼。依据这一请求，预先侦查法官可直接在初步庭审中作出无罪或者有罪的判决，作为回报，对被告人的量刑可以减少 1/3。

（3）立即审判程序（giudizio immediato）。如果证据清楚，或者已经对被告人进行讯问，则检察官可以请求法官从预先侦查程序直接进入庭审程序而无须进行初步庭审。如果法官驳回请求，则将文书退还公诉人；如果法官同意，则启动立即审判。在立即审判令（decreto di giudizio immediato）送达（notificazione）的 15 天内，被告人可以请求适用简易程序或者刑事协商程序。如果被告人未提出请求，则进行立即审判程序。

（4）直接审判程序（giudizio direttissimo）。如果某人被当场逮捕，或者如果犯罪嫌疑人在接受讯问时认罪，则检察官可以直接将其移送至法院启动庭审程序。

（5）处罚令程序（procédure par décret）。对于情节显著轻微的案件，检察官可以向预先侦查法官提交申请，要求适用处罚令程序，适用法定最低数额一半的罚金。法官可以接受检察官的请求，也可以驳回。如果法官驳回这一请求，则将文件退回检察官。被告人在收到科处罚金刑的刑事处罚令后，可以提出异议，请求进行庭审，或者请求适用刑事协商或者简易程序。但在司法实践中，被告人极少提出异议，因为可能会丧失处罚令程序中的减刑及其他利益。

三、初步的适用效果及后续改革

从纯粹的学术设想和改革的基本内容上看，1988 年法典所塑造的一切似乎显得非常完美，足以应对此前对《科第斯·洛可法典》及其职权主义传统的批判。主导改革的学者们乐观地认为，"这是实践和思想相互碰撞以及前部法典长期积淀所形成的结果。"[16] 但立

---

〔16〕 Renzo Orlandi, "Diritti individuali e processo penale nell'Italia repubblicana", in *Revista Brasileira de Direito Processual Penal*, 2016.

法者持相对保守的观点，认为新法典在具体的落实过程中可能遭遇困难，故在 1987 年委托立法的第 7 条中明确授权政府在新法典生效的 3 年内，"依第 2 条及第 3 条所规定的原则和指导标准颁布补充性或修正性的规定"。而新法典的实施效果恰如欧兰蒂教授所精辟评论的，"制定新法典需要一个可长期自我节制的新乌托邦。而我们所处的并不是乌托邦时代，而是一种实用主义的短期平衡。" "革新祛除了理想主义的压力，但新法典所带来的喜悦很快与未知的压抑恐惧形成鲜明对比。'司法机器'良好运行的现实需求取代了起草阶段的热情。"[17] 新法典从一出台便面临着两大极其严峻的挑战：

第一项挑战是诉讼阶段阻隔和过于严厉的传闻证据排除导致打击犯罪不力。从 1989 年到 1992 年，意大利的黑手党犯罪达至顶峰。负责打击黑手党的司法警察和检察官抱怨新法典将审前程序和审判程序作僵化分离，过于严厉的传闻证据排除令法庭上的控诉变得异常困难，因为庭审前所获得的供述大部分不可使用，而几乎没有证人愿意在这类案件中出庭作证。利瓦蒂诺（Livatino）法官、法尔柯内（Falcone）检察官和博尔瑟利诺（Borsellino）法官先后在 1991 年和 1992 年被刺杀，这激发了意大利公众对政治环境和社会治安的担忧。

第二项挑战是制度设计杂糅，配套制度缺失。从一开始，司法人员、职位设置和相应的资源投入便未能符合预期。绝大部分的检察官和法官无法适应新法典所确立的对抗式逻辑，尤其是新型的卷宗制度所导致的信息不对称，辩论原则（principio-dialettico）的深入贯彻受制于庭审法官的掌控能力。与此同时，新法典所确立的法庭调查制度和交叉询问技术还夹杂着原先的职权主义传统，例如保留了法官的庭外调查权，控方案件与辩方案件的区分并不明确，反询问中的诱导性询问与确保回答的真实性存在矛盾，这些混杂的制度时常令司法实务人员感到无所适从。

---

〔17〕 Renzo Orlandi, "Diritti individuali e processo penale nell'Italia repubblicana", in *Revista Brasileira de Direito Processual Penal*, 2016.

改革重新成为论战的主题：有些学者认为，1988 年法典虽存在一些缺陷，但仍可进行完善，法典所蕴含的基本价值理念如权利保障、控辩平衡以及对抗式庭审结构等依然是意大利刑事诉讼所应坚持的核心。也有不少学者尤其是实务工作者认为，意大利对当事人主义诉讼制度的理解仍存在一定的偏差，尤其是在传闻证据排除规则和非法证据排除规则领域，改革是对犯罪尤其是有组织犯罪的妥协，给意大利社会乃至政治环境带来致命的影响。在是否进一步深入改革以及改革方向的问题上，政府及议会均持十分谨慎的态度，原因是新法刚刚公布，实务界对新法精神的领悟以及适应仍有待时间作进一步考验，摇摆式的再改革似乎显得过于草率，也将浪费大量的立法资源和司法资源。

面对政府的沉默和议会的消极态度，意大利宪法法院掌握了主导权，宣布 1988 年法典的一些条款以及委托立法违宪，原因是违反了合理性原则（il principio di ragionevolezza）[18]。1992 年，意大利宪法法院作出了三个著名的判决（第 24、254、255 号），否定了 1988 年法典所确立的以彻底"直接言词原则"为特征的审判中心体系。意大利宪法法院认为，"禁止庭审法官对初步侦查所获得的所有书面供述进行评估"是不合理的，因为刑事诉讼的首要目的仅仅在于发现案件真相，因此法官有权评估并使用各种可能的证据，自然也可能包括虽未经对席辩论但准确性可以保障的书面供述。在意大利宪法法院明确立场后，立法者迅速作出反应，并很快强行通过了一系列相关的法律，增设了诸多传闻证据规则的例外。其中最具代表性的当属 1992 年 6 月 8 日关于"新刑事诉讼法典紧急修改暨打击黑手党犯罪各项措施"的法令（Modifiche urgenti al nuovo codice di procedura penale e provvedimenti di contrasto alla criminalità mafiosa，后来转化为 1992 年 8 月 7 日的法律）。如法令标题所指，为有效打击

---

〔18〕 合理性原则（il principio di ragionevolezza）是意大利宪法法院受英美法判例启发所创设的一项限制立法者权力的原则，其核心内容是立法条款所包含内容的法律价值应符合其所追求的目的或者与之相当，否则即构成违宪。例如 G. Scaccia，"Controllo di ragionevolezza delle leggi e applicazione della Costituzione"，in *Nova juris interpretatio*，Roma，2007，pp. 286–302.

黑手党，刑事诉讼应适度承认庭前供述的效力，原因是在涉及黑手党的案件中，证人受到威胁利诱是常态，翻供的情况太过频繁，严重地动摇了意大利刑罚体系的根基。因此，1992 年的法律对庭前供述的效力作出了重大修改，适用范围也远远超过有组织犯罪的领域，基本上重塑了 1988 年法典的证明体系。例如修改后的法律规定，"如果存在其他的证据可证明有效性，则证人在审前的陈述可以作为确认案件事实的证据"；"但如果证人面临暴力、威胁、金钱承诺或者其他利益诱惑时，可能导致证人不作证或者提供虚假证言的情况，或者证人面临着其他可能损害证言纯洁性的情况，则庭审前所作的陈述可作为证据使用，且无须其他证据证明其有效性"（修改后的 CPP art. 500.5）；"初步庭审期间所作出的供述亦可以作为证据使用"（修改后的 CPP art. 503）；庭审中可进行宣读的笔录范围也被极大地扩张，"司法警察和检察官所作的供述笔录可作为证据在庭审中被宣读"（原先仅限于"司法警察所作的供述笔录且不可能重作的情况"，修改后的 CPP art. 512）；"法官可在未经当事人同意的情况下，直接使用其他案件中的附带证明笔录或庭审笔录"（修改后的 CPP art. 238）；在有组织犯罪案件中，当事人请求询问证人的，法官仅在"十分必要"（assolutamente necessario）的情况下方批准该申请。当事人的质证权受到了极大的限制。

不难看出，1992 年的法律修改设置了诸多传闻证据规则例外，以审判为中心的诉讼结构从根本上被颠覆。原则上，为有效打击犯罪（尤其是有组织犯罪），司法警察与检察官在侦查阶段所获得的所有供述均可成为证据，附带证明程序形同虚设。同样，1988 年法典所极力构建的"诉讼职能分立、诉讼阶段阻隔"几近虚设，强调实质真实的职权主义重新成为主导意大利刑事诉讼的基础，所不同的是检察官取代了原先的预审法官，重新成为主导诉讼进程的核心人物。

1992—1997 年，意大利进入"净手运动"时期，由米兰检察院检察长弗朗西斯科·博雷利（Francesco Saverio Borrelli）所领导的检察组在意大利反腐运动中大放异彩。在这场由米兰一家养老院院长受贿案所牵扯的系列重大窝案中，检察官前后共发出 4600 份拘押令和 25 000 份司法调查通知，8 名前总理受到牵连（5 名前总理遭到起诉，3 名被判有罪），10 多名前政府部长和近 1/3 的两院议员被控涉案，超过 12 000 人受到调查，约 5000 名商人和政治人物被捕。但在强力反腐背后，几乎不受限制的检察权与日渐羸弱的辩护权之间潜藏着病态的冲突。[19] 控辩职能在重大刑事个案之间的冲突逐渐演变成司法官群体和律师群体之间的公开对抗，甚至是国家司法官协会与刑辩律师协会之间的公开对抗。在这一背景下，意大利立法者颁布了两部值得注意的法律：第一部是 1995 年第 532 号法律，强化了律师在预先侦查阶段的辩护地位；第二部是 1997 年第 267 号法律，确立了被告人有与指控者对质的权利。其中第二部法律是对 1992 年法律的强力矫正，涉及重新恢复 1988 年改革精神的核心命题。司法官对这部法律的反应十分敏感和迅速。在几个月的时间里，意大利宪法法院收到数百起关于这部法律的违宪审查申请，最后甚至导致议会和宪法法院产生根本的冲突，以至于《意大利宪法》第 111 条在 1999 年被修改（1999 年第 2 号宪法性法律）。[20]

从 2000 年起，意大利与欧陆诸国一样面临着国际恐怖主义的严

---

〔19〕 Renzo Orlandi, "Diritti individuali e processo penale nell'Italia repubblicana", in *Revista Brasileira de Direito Processual Penal*, 2016.

〔20〕 意大利通过 1999 年第 2 号宪法性文件在宪法第 111 条中引入了公正审判条款，规定，"①通过法律规定的正当程序行使司法权。②所有法庭都必须以辩论式诉讼程序进行审判，当事人在公正法官之前有权享有与第三方地位平等的条件。法律规定合理的审理时间。③法律规定，在有关刑法的审理中，涉嫌罪犯应当迅速、秘密地被告知对他（她）指控的性质和原因，应当有足够的时间和条件准备辩护。被告有权在法官面前对提出指控的人进行询问，在与原告相同的条件下传唤并询问辩护人，以及有权出示有利于被告的一切其他证据。如果被告不讲或不理解在法庭诉讼程序中使用的语言，他或她有权得到译员的帮助。④在刑法诉讼程序中，基于辩论式听证原则形成证词。不能在本人自由选择的、总是主动回避被告和辩护律师询问的人所陈述的基础上，对被告定罪。⑤法律监管有下述情况的案件：在被告同意之下，或由于确定的客观不可能，或已证明是非法行为的原因，在辩论式诉讼程序不能形成证词。⑥所有司法判决都应包括关于理由的阐述。⑦对普通司法机关或特别司法机关所作出的关系到人身自由的判决和措施不服时，随时可就违反法律行为向最高法院提出上诉。⑧只有军事法庭在战时作出的判决可不受本规则的约束。⑨对国务委员会和审计法院的决定不服时，只有出于司法权本身的原因才允许向最高法院提出上诉。"

重威胁，欧洲司法区也进入全新的发展阶段。"9·11恐怖袭击"后，国际范围内的反恐合作强化了美国与欧陆各国的刑事司法交流，当事人主义与职权主义的融合进一步加速。欧洲人权法院在个人权利保障方面也作出了诸多具有里程碑意义的判例。事实上，欧洲人权法院拒绝谈论当事人主义与职权主义的模式之争，指出"受害人是否可以阻碍公诉、证据是由双方当事人自行收集或由独立于当事人的法官收集等均不重要……职权主义与当事人主义并无优劣之分，仅取决于各成员国的法律传统"。在这一背景下，意大利的刑诉法学界开始淡化当事人主义与职权主义的模式之争，转向刑事诉讼中的个人权利保障问题。

四、意大利当事人诉讼模式移植的成败与启示

坦率而言，笔者在全面研读1988年改革的诸多文献资料时时常感到震惊，意大利学术界在面临刑事诉讼模式转型时的思考竟与中国学术界呈现惊人的相似性，甚至一度令我产生时空错位感。意大利1988年改革的一些举措诸如诉讼职能分立、诉讼阶段阻隔、以审判为中心等表述在中国的官方文件中也时常出现，并已然成为当下学术研究的热点关键词。因此可以毫不夸张地说，意大利1988年改革对于中国时下思考刑事诉讼模式转型极具启发意义，甚至远比研究德国、法国等更主流欧陆国家的刑事诉讼更具冲击力。而一个颇具挑战性的比较法问题值得中国学术同行作更深入的思考：当事人主义诉讼模式可否有效地全盘移植入职权主义传统的国家？

在回答这一问题前，笔者拟从域外研究者的角度，对意大利1988年改革作较中立客观的评价。应当说，无论是在立法层面，还是在践行效果层面，意大利1988年改革均很难说取得了预期的效果，甚至可以认为，改革基本上是失败的。意大利刑事诉讼当下所奉行的依然是职权主义传统，而非英美法系的当事人主义。

一方面，在理论层面，卡尔内卢蒂及其团队对当事人主义刑事诉讼的核心元素缺乏成熟、系统的思考，因此1988年法典所建构的刑事诉讼模式从一开始便极具"混杂"性。例如，1988年法典既确

立了主要由双方当事人推动庭审进程的权力结构，又保留了法官依职权查明案件真相的义务。无论是法典，还是法典适用细则，均对两者的界限语焉不详，这给司法实践的应用带来了极大的困扰。当法官面临案件"存疑"的情况时，究竟应依"存疑有利被告"的原则直接作出判决，还是应依职权主动查明真相，证明责任的分配及限度在何处，立法者未作出解答。又如1988年法典确立了所谓的交叉询问制度，以强化庭审对抗。但意大利的交叉询问和威格莫尔（J. H. Wigmore）所推崇的"发现事实真相而创设的最佳装置"存在相当差距，运行方式更像是改良后的审问制询问方式。如前所述，虽然法律未禁止当事人在反询问中进行诱导性询问，但禁止提出任何有损回答真实性或者具有提示倾向性的问题。再如双重卷宗制度，这既不是当事人主义的起诉状一本，也不是传统大陆法系的全案移送。法官处于非常尴尬的境地，既无法通过卷宗掌控庭审，又必须全程引导庭审的运行，甚至还必须依职权查明真相。最后是五种特别程序，尤其是刑事协商制度，也与美国的辩诉交易制度差距甚远。[21] 故在比较法层面，意大利1988年改革虽名为"当事人诉讼模式的移植"，其实更多仅是个别庭审理念及技术的引入，未在根本上改变意大利的诉讼传统。

另一方面，在实践层面，形式真实的诉讼价值观与欧陆传统的实质真实观形成尖锐的冲突，无论是实务人员还是社会公众均无法接受以技术化的程序细则排斥实质真实。这集中体现在传闻证据排除规则的适用限度问题上。如前所述，意大利的有组织犯罪（尤其是黑手党）在欧洲乃至全世界均臭名昭著，立法者并未充分预判形式真实所可能削弱的犯罪打击力度以及对社会乃至国家秩序所可能造成的动荡。这也是为何意大利的刑事诉讼改革自1988年起便呈现钟摆式的振荡，给一线的司法官员造成极大的困扰。

当然，1988年改革也取得了一些令人瞩目的成绩，尤其是强调

---

〔21〕 施鹏鹏：《法、意辩诉交易制度比较研究——兼论美国经验在欧陆的推行与阻碍》，载《中国刑事法杂志》2007年第5期。

庭审的直接言词原则和刑事辩护权的充分保障，废除了预审法官在审前程序的强势地位，确保刑事诉讼全过程（从预先侦查程序至庭审程序）的控辩平衡。这些成果最终均在意大利刑事诉讼法典中保留了下来，一直延续至今。但这些改革成果并非独为当事人主义国家所有，事实上传统职权主义国家（如法国和德国）近几十年来通过渐进式的诉讼制度改革也在强化个人权利保障以及提升公正程序理念方面做出了卓有成效的努力。尤其是近二十年来，在《欧洲人权公约》及欧洲人权法院的强力推动下，新职权主义国家均纳入了更多的人权保障元素，在实质真实与程序正当方面也达至较完美的平衡。因此，很难说1988年改革所取得的部分成就源自于当事人诉讼模式的移植，而更多仅能说是吸收了部分正当程序的理念。

中国当下同样正面临着诉讼模式的深刻转型。决策层和理论界也希望通过一场深刻的程序革命来克服以往庭审虚化、权利保障乏力的窘境。因此，中国共产党第十八届中央委员会第四次全体会议所审议通过的《中共中央关于全面推进依法治国若干重大问题的决定》以"依法治国"为主题，提出了"推进以审判为中心的诉讼制度改革，确保侦查、审查起诉的案件事实证据经得起法律的检验。全面贯彻证据裁判规则，严格依法收集、固定、保存、审查、运用证据，完善证人、鉴定人出庭制度，保证庭审在查明事实、认定证据、保护诉权、公正裁判中发挥决定性作用"。"审判中心"的提出几乎与意大利1988年改革思路完全契合。因此，意大利在这场改革中所获得的经验尤其是所经历的教训，均值得中国的决策者作更深刻的研判。是以，笔者坚决反对通过激进的变革引入当事人主义所倡导的形式真实（法律真实）、司法竞技等诸理念，这与中国向来所秉承的客观真实（实质真实）、职权判定等形成尖锐冲突。与意大利类似，激进式的变革既无助于克服中国刑事诉讼的现有弊端，还可能导致程序杂糅失序，甚至呈钟摆式的变动，让决策层及公众失去信心。而尤为重要的是，中国刑事诉讼时下所存在的问题其实与当事人主义或职权主义无关，而带有较强的中国特色，诉讼模式转型并不能解决诸如证人不出庭、裁判权不够中立权威、侦查权制约力度较小等重要问题。因此，中国刑事诉讼当下的要务并非建构所谓的"诉讼二元构造"或者"侦、审信息阻断机制"，而是确立法庭在事实认定上的终局、权威地位。而在此一基础上，笔者还认为，与当事人主义相比，当下欧陆代表性国家的新职权主义更符合中国的诉讼传统，理应成为中国刑事诉讼后续改革的重要选项。而意大利 1988 年改革正可以深刻地印证这一观点。中国的古谚云："橘生淮南则为橘，生于淮北则为枳，叶徒相似，其实味不同。所以然者何？水土异也。"[22] 比较刑事诉讼所谓的深奥道理，不外乎于此。

[22] 《晏子春秋·杂下之十》。

"奥兰多" 改革及其评价

一、改革背景

1988 年，意大利彻底改变了 1865 年以来以职权主义为特征的刑事诉讼传统，几乎全盘引入了当事人主义的制度和技术。这一惊天之举既在国际比较刑事诉讼学界引发了巨大的反响[1]，亦在本国的理论界及实务界抛下震撼弹，围绕"当事人主义诉讼模式是否可成功移植至职权主义传统国家"的问题一时间成为学界的重要研究热点。意大利的司法实践率先做出反应：从 1989 年至 1992 年，意大利的黑手党犯罪达至顶峰。负责打击黑手党的司法警察和检察官抱怨新法典将审前程序[2]和审判程序作僵化分离，过于严厉的传闻证据排除令法庭上的控诉变得异常困难，因为庭审前所获得的供述大部分不可使用，而几乎没有证人愿意在这类案件中出庭作证。利瓦蒂诺法官、法尔柯纳法官和博尔瑟利诺法官先后于 1991 年、1992 年被刺杀，这激发了意大利公众对政治环境和社会治安的担忧。自此，意大利刑事诉讼开始了蜿蜒曲折、徘徊摇摆的改革进程。1992 年，意大利宪法法院作出了三个著名的判决（第 24、254 号和第 255 号），否定了 1988 年法典所确立的以彻底"直接言词原则"为特征的审判中心体系。1995 年及 1997 年，意大利又先后颁布了两部重要

---

〔1〕 例如国际刑法协会的《国际刑法杂志》专刊讨论了意大利 1988 年改革，参见 *Revue Internationale de Droit Pénal*，Vol. 1, 1997.

〔2〕 本书所指的"审前程序"，指正式庭审前的程序，既包括预先侦查程序，也包括初步庭审程序。意大利也有学者将初步庭审程序纳入广义的庭审程序，有别于未有法官参与、完全由检察官主导的预先侦查程序。例如 Emilia Francesca Aceto, "Il processo in assenza dell'imputato: problemi interpretativi ed applicativi", in *In primo piano*, Penale, Pubblicato 16 December 2016.

的法律（分别是 1995 年第 532 号法律和 1997 年第 267 号法律），对 1992 年判决进行了部分的矫正，强化了律师在预先侦查阶段的辩护地位，确立了被告人有与指控者对质的权利。

从 2000 年起，意大利与欧陆诸国一样面临着国际恐怖主义的严重威胁，欧洲司法区也进入全新的发展阶段。"9·11 恐怖袭击"后，国际范围内的反恐合作强化了美国与欧陆各国的刑事司法交流，当事人主义与职权主义的融合进一步加速。欧洲人权法院在个人权利保障方面也作出了诸多具有里程碑意义的判例。事实上，欧洲人权法院拒绝谈论当事人主义与职权主义的模式之争，指出"受害人是否可以阻碍公诉、证据是由双方当事人自行收集或由独立于当事人的法官收集等均不重要……职权主义与当事人主义并无优劣之分，仅取决于各成员国的法律传统"。在这一背景下，意大利的刑诉法学界开始淡化当事人主义与职权主义的模式之争，转向刑事诉讼中的个人权利保障问题，尤其是刑事诉讼的宪法化（costituzionalizzazione del canone di legalità processuale）。欧洲人权法院和意大利宪法法院在这一刑事诉讼宪法化的进程中发挥着极为重要的作用，逐步确立了公正程序和基本人权保障的基本制度框架。议会两院与司法系统（尤其是最高法院）的关系也日趋缓和。

"奥兰多"改革正是意大利近二十年来刑事诉讼宪法化进程的重要组成部分。此一修法由司法部部长奥兰多所主导，历经两年半复杂的议会程序，综合了三个已经批准的法律草案（第 2798、2150 号及第 1129 号）以及由议会所提出的若干立法建议案，最终形成了第 4638 号法律草案（也称为"奥兰多草案"），并于 2017 年 6 月 23 日获表决通过（即 2017 年 6 月 23 日第 103 号法律，又称为"奥兰多法"）。"奥兰多法"仅设 1 条，但包含 95 款，涉及刑事实体法（第 1~18 款）、监狱法（第 82、85、86 款）以及刑事诉讼法（第 21~84 款）的全面修改。从内容上看，刑事诉讼是此次修法的重中之重，涵盖了诉讼当事人、审前程序、判决理由、上诉程序以及特别程序等各领域的诸多细则，在很大程度上将意大利宪法法院及最高法院新近以来的判例法典化，旨在进一步强化权利保障和公正程序，并尽可能地提高诉讼效率。

二、诉讼当事人制度改革

"奥兰多"改革既涉及被告人，也涉及被害人：在被告人方面，"奥兰多法"对学界批判已久的"终身审判"（Gli eterni giudicabili）制度进行了改革，同时强化了被告人与律师的会见权；[3]在被害人方面，"奥兰多法"则强化了被害人的知情权和参与权。

（一）与被告人相关的诉讼制度改革

1. "终身审判"制度改革

所谓"终身审判"，指在对被告人的能力进行调查时，如果发现被告人的精神状态可能妨碍其清醒地参加诉讼活动，则法官应裁定暂缓诉讼，除非判决为无罪判决或者不追诉判决，但这并不妨碍此后对同一事实和同一人员再次提起诉讼（原 CPP art. 71，345）。这意味着精神状态受限的被告人将面临终身受审的局面，包括许多病情不可逆转、永远无法治愈的被告人。"终身审判"受到了意大利理论界及实务界的普遍批评：一方面，这一做法严重侵害了被告人的基本人权，长年的待审羁押无法让被告人精神恢复，也无助于诉讼目的的实现；另一方面，也是实务界最为困扰的，"终身审判"严重损耗了原本便已捉襟见肘的司法资源。狱政部门不得不投入更多的安保力量，或者增设更多特殊的看护牢房。但意大利许多政治人物担心，"终身审判"制度的废除可能鼓励被告人（尤其是一些涉嫌有组织犯罪的黑手党成员）伪装精神病，规避刑罚的执行。[4]意大利宪法法院在这一问题上的态度是明确且坚定的。早在 2015 年，意

---

〔3〕 在这一领域，"奥兰多法"的某些改革举措相对具体、技术，囿于篇幅，本书不再详细展开，例如《意大利刑事诉讼法典》新的第 162 条第 4-1 款关于指定住所地公设辩护人的改革条款。

〔4〕 Ci si riferisce a Corte cost., 14 febbraio 2013, n.23, in *Dir. pen. cont.*, 18 febbraio 2013, con nota di G. Leo, "Il problema dell'incapace 'eternamente giudicabile': un severo monito della Corte costituzionale al legislatore".

大利宪法法院便通过第 45 号判决[5]宣布《意大利刑法典》第 159 条第 1 款违宪，因为该条款规定，即便可证明被告人不能有意识地参与诉讼程序且该情况不可逆转，亦构成诉讼时效中止事由。对这一问题，立法咨询会（Consulta）提供了一套折中的解决方案：对于大部分精神病无法治愈的被告人，诉讼时效届满后诉讼程序即予以终结，但涉嫌无追诉时效罪名的被告人不在此列，后者依然适用"终身审判"。"奥兰多法"并不满足于这种折中的建议，而直接援引了宪法委员会的立场[6]及学术界的通说[7]，修改了《意大利刑事诉讼法典》第 71 条及第 345 条，并增设了新的第 72-1 条，规定"在进行第 70 条所规定的调查后（即对被告人能力的调查），如果被告人的精神状况妨碍其清醒地参加诉讼，且这种状况不可逆转，则法官应撤销暂缓诉讼的裁定，作出不予起诉或者不应追诉的判决，除非符合除没收外保安处分的适用条件"。因此，与立法咨询会所建议的方案不同，法官一旦发现被告人存在无法治愈的精神病，则并不需要等诉讼时效届满，也不受限于所指控之罪名是否存在诉讼时效，可直接终止诉讼，作出不予起诉或者不应追诉的判决。这既回应了社会各界对精神病被告人基本人权的担忧，也极大提高了诉讼效率及节约了司法资源。此外，为防止诊断错误或者其他事由导致被告人以精神病为由逃脱刑事责任，"奥兰多法"对《意大利刑事

---

〔5〕 Cfr. Corte cost., 14 gennaio 2015, n.45, in *Dir. pen. cont.*, 20 aprile 2015, con nota di M. Daniele, "Il proscioglimento per prescrizione dei nonpiù 'eterni giudicabili'". La sorte degli imputati affetti da incapacità processuale irreversibile dopo la sentenza 45/2015 della Corte costituzionale.

〔6〕 例如意大利宪法法院在 2013 年 2 月 14 日第 23 号判决中再次重申了解决"终身审判"问题的方案应是作出无罪判决或者不追诉判决。Cfr. L. Scomparin, "Prescrizione del reato e capacità di partecipare coscientemente al processo: nuovamente sub iudice la disciplina degli 'eterni giudicabili'", in *Cass. pen.*, 2013, p. 1832.

〔7〕 Questa tesi erastata sostenuta, tra gli altri, da L. Scomparin, "Sospensione del processo per incapacità irreversibile dell'imputato: una normativa suscettibile di perfezionamenti nuovamente 'salvata' dalla Corte costituzionale", in *Cass. pen.*, 2012, p. 957 ss. Cfr. anche H. Belluta, "Il tema degli 'eternamente giudicabili' torna davanti alla Corte Costituzionale", in *Dir. pen. cont.*, 13 maggio 2014.

诉讼法典》第 345 条第 2 款进行了补充，"如果依第 72-1 条之规定作出不予起诉或者不应追诉的判决后，法官查明缺乏第 345 条第 1 款所规定范围之外的其他追诉条件，则被告人丧失能力的裁定将被撤销，或者应确定判决错误。"

2. 会见权制度改革

被告人的会见权制度改革是意大利对欧盟指令转化的结果。依 2013 年第 48 号欧盟指令之规定，对于被剥夺人身自由的被告人，各成员国立法不得无故延迟其会见律师的权利（第 2 条），并设定了非常严苛的例外条件（第 3 条第 5、6 款，以及第 8 款第 1 项第 c 目）。《意大利刑事诉讼法典》原第 104 条第 3 款便涉及延期会见问题，其规定"在初步侦查过程中，当出现特殊及例外的防范理由（specifiche ed eccezionali ragioni di cautela）时，法官可以根据公诉人的请求命令推迟行使与辩护人会见的权利，推迟的时间不超过 5 日"。依欧盟指令的要求，"奥兰多法"对该条款的适用范围进行了严格的限制，规定第 104 条第 3 款的延迟会见仅适用于《意大利刑事诉讼法典》"第 51 条第 3-1 款及第 3-2 款所规定的罪名（主要为有组织犯罪及恐怖主义犯罪）"。其余罪名，无论严重与否，均不得推迟被告人与律师的会见。

（二）与被害人相关的诉讼制度改革

"奥兰多法"在扩大被害人权利方面（主要涉及知情权与参与权）也采取了若干举措，主要是为了转化欧盟 2012 年第 29 号指令以及推行 2012 年 12 月 15 日行政法令的要求。

在知情权方面，"奥兰多法"允许被害人更大程度上了解各程序节点的关键信息。例如"在提交控告或诉状的 6 个月后，在不损及侦查秘密的情况下，被害人有权向职权机构请求获得与程序状态相关的信息"（修改后的 CPP art. 335. 3-2）；又如"对于采用人身暴力实施的犯罪及《意大利刑法典》第 624-1 条所规定的罪名（入室盗窃和抢夺罪），在任何情况下，公诉人均应负责向被害人送达关于撤销案件请求的通知"（修改后的 CPP art. 408. 3-1）。

在参与权方面，"奥兰多法"修改了被害人提出异议的时间：原先提出异议的普通期限从 10 天延长至 20 天（修改后的 CPP art. 408.3）；原先提出异议的特殊期限从 20 天延长至 30 天（修改后的 CPP art. 408.3-1）。立法者之所以延长被害人提出异议的时间，是希望给被害人预留更多的余地，以研究和评估是否以及如何对检察官所提出的撤销案件请求提出异议。

三、审前程序的改革

意大利 1988 年改革确立了诉讼阶段清晰划分原则，即将刑事诉讼程序划分为相互阻隔的三个阶段：预先侦查阶段、初步庭审阶段和庭审阶段。"奥兰多法"对预先侦查程序和初步庭审程序均作了一定程度的改革。

（一）预先侦查程序的改革

"奥兰多法"在预先侦查程序方面主要设定了两项主要的改革原则：一是效率原则，让预先侦查的时间更加合理，并规定了更具刚性的侦查期限；二是救济原则，对原先请求撤销案件的条款缺陷进行了矫正，并引入了上诉机制。

1. 提出附带证明请求的时间限制及例外

附带证明是 1988 年法典所创设的程序机制，指如果证人面临特殊情况（如受到威胁或者身患重病）无法在庭审程序中出庭作证，则检察官或者犯罪嫌疑人应在预先侦查程序中提出申请，由法官提前组织对证人的听审程序。附带证明程序与普通的庭审程序完全相同，控辩双方可对证人进行交叉询问。证人的陈述会被记录在案，相应的笔录将作为证据在后续的庭审中被宣读，并可被作为最终判决的依据。"奥兰多法"对提出附带证明请求的时间作出了严格的限制：一方面，立法者在《意大利刑事诉讼法典》第 360 条中加入新的第 4-1 款，对检察官不可重复的技术核查（Accertamenti tecnici non ripetibili）作了时间限定：在提出附带证明保留意见时，被侦查对象有义务在最长不超过 10 天的期限内向预先侦查法官提出保留意见的请求。如果超过这一时间，则该保留意见无效，负责侦查的机构可自由地进行技术核查。另一方面，第360条新的第5款作了例外性规定，即在紧急情况下，检察官可实施技术核查，而无论被侦查对象是否提出了附带证明保留意见。"奥兰多法"进行这一改革的核心目的是防止被侦查对象"病态的惰性"（una patologica inerzia）阻碍侦查行为的进行。[8]

2. 预先侦查的期限与强制上诉

"奥兰多法"在《意大利刑事诉讼法典》第407条中新设了第3-1款，规定"检察官有义务自侦查最长期限届满后的3个月内以及无论在何种情况下均应在第415-1条所规定的期限届满前提出公诉或者撤销案件的请求"。这一立法改革的目的是为了防止检察官搁置那些侦查期限届满且不能有效作进一步侦查（CPP art. 407. 3）的案件。由此，预先侦查分成两个阶段：第一个阶段是检察官指挥侦查；第二个阶段是检察官不再进行侦查，而仅是评估所收集的证据材料。对此一改革，有意大利学者评论到，为检察官设立3个月的"思考期"（periodo di riflessione）事实上并未提高侦查效率，而仅是与司法实践达成折中意见。[9]以往，法律并未规定检察官在侦查期限届满后还有额外时间作进一步的思考和判断，但也未规定检察官未启动下一步程序的法律后果，司法实践中因检察官拖延或怠慢而导致的诉讼拖沓现象并不罕见。"奥兰多法"在法律文本上给检察官"增加"了3个月的评估时间，同时也规定了检察官在既定期限届满后既未提出公诉请求也未提出撤销案件请求的法律后果，即强制上诉（Avocazione obbligatoria）——驻上诉法院的检察长以载明理由之裁定，依职权启动预先侦查的上诉。

---

〔8〕 Cfr. Mitja Gialuz, Andrea Cabiale, Jacopo Della Torre, "Riforma Orlando: le modifiche attinenti al processo penale, tra codificazione della giurisprudenza, riforme attese da tempo e confuse innovazioni", in Dir. pen. cont., Vol. 3, 2017, p. 177.

〔9〕 Cfr. Mitja Gialuz, Andrea Cabiale, Jacopo Della Torre, "Riforma Orlando: le modifiche attinenti al processo penale, tra codificazione della giurisprudenza, riforme attese da tempo e confuse innovazioni", in Dir. pen. cont., Vol. 3, 2017, p. 178.

3. 撤销案件的程序

如前所述,"奥兰多法"扩大了被害人在撤销案件程序中的知情权和参与权,例如被害人将享有更充裕的时间以对检察官所提出的撤销案件请求向预先侦查法官申请异议(与前述检察官3个月的"思考期"相呼应),检察官向被害人送达撤销案件请求通知的罪名也有所扩大。除此之外,撤销案件的程序还作了三方面的重大改革:①"奥兰多法"修改了《意大利刑事诉讼法典》第409条的规定,加速了预先侦查法官作出最终裁决的进程。依新的第409条之规定,如果预先侦查法官拒绝检察官所提出的撤销案件请求,则应在3个月内启动合议庭审。在合议庭审结束后,如果预先侦查法官认为没有必要继续进行侦查,则还有3个月的时间"依请求",最终决定是否撤销案件或者要求检察官提起公诉。②撤销案件的程序无效制度(Nullita' del provvedimento di archiviazione)改革。"奥兰多法"在《意大利刑事诉讼法典》第410-1条中增设了一款,系统规定了撤销案件的程序无效问题。如果检察官在提出撤销案件请求时未按要求对被害人进行信息通报(CPP art. 408. 2, 3-1),或者在犯罪行为显著轻微情况下未向被害人告知撤销案件请求的,则此后所作出的撤销案件令归于无效。此外,如果预先侦查法官未对被害人所提交之异议的可采性作出裁决,除非被害人未遵守第410条第1款的规定(指出应补充侦查的事项及相关的证据材料),否则撤销案件令亦无效。《意大利刑事诉讼法典》第410-1条第2款进行了补充,"在第127条第5款所规定的情况下,撤销案件令归于无效",主要包括:"未告知合议庭审""未听取出庭公诉人、其他接到通知的人的意见";"在被告人遇到合法障碍原因时未将合议庭审时间推迟"等。[10] ③强制登记(iscrizione coatta)情况下的时间起算点问题。依《意大利刑事诉讼法典》新的第415条第2-1款之规定,因犯罪作案人尚未查明而启动的撤销案件程序,如果预先侦查法官裁定对某一

---

〔10〕 G. Spangher, "La riforma Orlando della giustizia penale: prime riflessioni", *questa Rivista*, n. 1, 2016, p. 92.

犯罪嫌疑人的姓名进行"强制登记"，则起始或延长时间的起算点为法官作出裁定时。

（二）初步庭审的改革

"奥兰多法"对初步庭审的改革仅涉及《意大利刑事诉讼法典》第428条，即对不予起诉判决的上诉。在新法改革前，对预先侦查法官所作出的不予起诉判决仅得向最高法院提起撤销审之诉。但新法起草者认为，"对被告人指控条件存在的核实从根本上涉及犯罪事实及指控性质的重构，这似乎与最高法院的审查功能无涉。"[11] 因此，新法增设了第428条第3款，规定对不予起诉判决可提起普通的上诉，而非撤销审之诉。"对不予起诉判决的上诉请求，上诉法院应依第127条所规定的程序在合议室内进行审理。"如果上诉人是检察官，在预先侦查法官的判决生效前，上诉法院可以以更不利于被告人的措辞作出不予起诉的判决，或者发布判决令，并由此形成庭审卷宗。但在仅有被告人提起上诉的情况下，则适用上诉不加刑原则（reformatio in peius），即在不予起诉的判决生效前，上诉法院仅得作出对被告人更有利的判决。

四、上诉程序的改革

意大利刑事诉讼中的上诉包括普通上诉、向最高法院所提起的撤销审之诉以及再审之诉。普通上诉指控辩双方可以就一审判决向上级法院提出请求，要求撤销原判决，并作出有利于己方判决的救济程序（CPP art. 593）。普通上诉可针对事实问题，也可针对法律适用问题。向最高法院所提起的撤销审之诉指控辩双方可以以一审或二审判决的法律适用存在问题为由向最高法院提出请求，要求撤销原判决并发回重审的救济程序（CPP art. 606）。最高法院也可依职权启动撤销审之诉程序（CPP art. 609）。向最高法院所提起的撤销审之诉原则上仅针对法律适用问题，但在特殊情况下（存在实质

---

〔11〕 Cfr. la Relazione al d. d. l. n. 2798, in Atti Parlamentari, Camera dei Deputati, XVII Legislatura, Disegni di legge e Relazioni, Documenti, p. 6.

错误或事实错误），最高法院可依控辩双方之请求或者依职权主动启动非常上诉程序（CPP art. 625-1）。再审之诉是指在法律规定的情况下，允许被判刑人、被判刑人的监护人、继承人或近亲属（在被判刑人死亡的情况下）以及判决宣告地的上诉法院检察长对已生效的判决提出请求，要求予以纠正的救济程序（CPP art. 629）。"奥兰多法"对意大利的上诉程序进行了重大修改，核心目的是简化与限缩。[12]

（一）一般规定

"奥兰多法"在第54款及第55款中对上诉的一般规定（CPP第9编第1章）作出了重大修改，主要涉及撤销审之诉的"保障条款"（clausola di salvezza）和上诉的形式。

首先是撤销审之诉的"保障条款"。在此次修法中，立法者为降低被告人直接向最高法院提起撤销审之诉的可能性，便完全接受了坎齐奥委员会（Commissione Canzio）的建议，也部分援引了《那不勒斯宪章》（Carta di Napoli）第1.1点，规定被告人不得直接向最高法院提起撤销审之诉，而仅得在最高法院注册律师的建议下，并获得最高法院批准时方可提起（在CPP art. 571最前面增加了一句，同时删除了CPP art. 613.1中第1句的规定）。"奥兰多法"的立法意见书指出，"被告人所提出的撤销审之诉请求往往因无法辨识原判决的违法所在而让法院陷入毫无效率的烦琐工作，极大浪费了司法资源。"[13]

其次是关于上诉的形式。"奥兰多法"同样接受了坎齐奥委员会的建议，对《意大利刑事诉讼法典》第581条进行了重大修改，要求"上诉应以书面的形式提出，上诉状应列明被上诉的判决主文、

---

〔12〕 V. M. Bargis, "Primi rilievi sulle proposte in materia di impugnazioni del recente D. D. L. governativo", *questa Rivista*, n. 1, 2015, p. 7; G. Spangher, "La riforma Orlando della giustizia penale: prime riflessioni", *questa Rivista*, n. 1, 2016, p. 94ss.

〔13〕 V. M. Bargis-H. Belluta, Rimedi per i "mali" della Corte di cassazione: ovvero "Carta di Napoli" e dintorni, in M. Bargis-H. Belluta, *Im pugnazioni penali*, Assestamenti del sistema e prospettive di riforma, Torino, 2013, p. 310.

该判决作出的时间和作出该判决的法官，并叙述如下事项，否则不予受理"。应叙述的事项包括："①上诉所针对的部分或要点；②据以作出推定的证据不存在、未调取证据、未进行证据评价或者作出错误的证据评价；③请求，包括继续调查的请求；④理由，并具体列举各项请求所依据的法律根据和事实根据。"与原先的法律相比，"奥兰多法"更注重上诉的证据要求，上诉人必须明确地指出原判决中所涉及各项证据被扭曲、被忽视或者不存在，同样还必须阐明所获得的新证据，或者对已有的证据进行全新的解释，否则上诉请求不予受理。需要特别指出的是，该条款既适用于撤销审之诉，也适用于普通上诉，强制审查（critica vincolata）遂成为意大利上诉制度的基本要件。

（二）普通上诉制度改革

"奥兰多法"对普通上诉制度的改革主要涉及重新引入了所谓的"同意放弃上诉理由"（concordato con rinuncia ai motivi di appello）制度。立法者在《意大利刑事诉讼法典》第599-1条中插入新的一款，规定"如果当事人依第589条所规定的程序提出请求，表示同意全部或部分接受上诉理由，并放弃其他理由，则法院可在合议室里作出裁决。如果被要求接受的理由意味着重新确定刑罚，公诉人、被告人和对财产刑承担民事责任的人也向法官指出他们同意适用怎样的刑罚"。同时，立法者还在《意大利刑事诉讼法典》第602条插入新的第1-1款，规定："如果当事人一致请求全部或部分按照第599-1条之规定接受上诉理由，且法官认为该请求应予以接受，则立即作出裁决；否则法官决定继续进行开庭审理。如果法官未按照当事人的协议作出裁决，则上诉请求以及有关上诉理由的放弃不具有效力。"

"同意放弃上诉理由"制度原先在《意大利刑事诉讼法典》中便已存在，后被2008年5月23日第92号法令第2条第1款第9项所废除。此次"奥兰多法"重新引入，说明"同意放弃上诉理由"制度在意大利理论界及实务界均存在较大的争议。核心的争议焦点是：控辩双方在上诉程序中是否还可进行刑事协商，以及在何种程度上可进行刑事协商？意大利刑事诉讼规定在单处罚金刑或可能判处 5 年以下有期徒刑的刑事案件中，如果被告人和公诉人对适用刑罚的种类和标准达成一致意见，则可以减少 1/3 的量刑（含罚金刑或者监禁刑），即所谓的"依当事人的请求适用刑罚程序"，又称为"刑事协商程序"（CPP art. 444）。刑事协商程序的核心目的是以减轻被告人的刑事责任为交易筹码，通过辩诉交易提高诉讼效率，节约司法成本。因此，如果允许控辩双方对刑事协商程序中的法官判决提起上诉，甚至还允许控辩双方在上诉程序中进行再协商，这事实上并不能达到提高诉讼效率、节约司法资源的目的，反而容易造成诉讼拖沓。且意大利宪法法院对刑事协商制度一直持敌对态度，担心辩诉交易损及实质真实、罪刑法定以及同案同判原则。因此，无论是刑事协商程序，还是"同意放弃上诉理由"制度，立法者均确立了三项保障制度：一是进行适用范围限制，禁止在主观上或客观上扩大法定的适用范围；二是要求确立检察官在刑事协商程序中的审查标准，"在不影响第 53 条第 1 款之规定的情况下，驻上诉法院的检察长在听取地区检察长（magistrati dell'ufficio）和地区共和国检察官的意见后，应在考虑犯罪类型和程序复杂性的基础上，确立适当的标准以指导庭审中检察官的判断"，以保证检察官在刑事协商中的一致性；[14] 三是要求上诉法院的院长依《司法组织法》（ordinamento giudiziario）第 86 条之规定对该制度的适用状况提交数据及评估报告。

除"同意放弃上诉理由"制度外，"奥兰多法"还在《意大利刑事诉讼法典》第 603 条中加入新的第 3-1 款，规定"如果检察官因对供述证据评价（prova dichiarativa）相关的原因对有罪判决提出上诉，则法官应重新对该供述进行庭审查明"。这主要是将意大利最高法院联合法庭的诸多判例以及欧洲人权法院关于直接言词原则的

---

〔14〕 Cfr. Mitja Gialuz, Andrea Cabiale, Jacopo Della Torre, "Riforma Orlando: le modifiche attinenti al processo penale, tra codificazione della giurisprudenza, riforme attese da tempo e confuse innovazioni", in *Dir. pen. cont*, Vol. 3, 2017, p. 188.

基本立场纳入其中。

（三）撤销审之诉改革

"奥兰多法"以"简化"和"稀释"为指导思想，对撤销审之诉进行了全方位的修改。

第一，确立"双重绝对无罪"（doppia conforme assolutoria）的标准，以限制提起撤销审之诉的可能。所谓"双重绝对无罪"，指如果上诉法官宣布维持原无罪判决（即一审判决无罪，上诉审判决也无罪），则仅在第 606 条第 1 款第 1 项（法官错误行使权力）、第 2 项（未遵守或适用法律错误）及第 3 项（未遵守可能导致程序无效、不可用、不可接受或逾期无效的程序规范）所论及的原因下才可提起撤销审之诉，依其他理由所提起的撤销审之诉均不予受理。

第二，强化了对撤销审之诉请求的事先审查。"奥兰多法"在《意大利刑事诉讼法典》第 610 条插入新的第 5-1 款，规定："在第 591 条第 1 款第 1 项（上诉由非法定人员提出，但不包括无利害关系人），第 2 项（相关判决不可上诉），第 3 项（未遵守第 581 条第 1 项、第 2 项及第 3 项所规定的上诉形式要求[15]、未遵守第 582 条所规定的上诉提出细则、未遵守第 583 条所规定寄发上诉状细则、未遵守第 585 条的上诉期限规定以及未遵守第 586 条关于对在法庭审理中发布裁定的上诉规定）所规定的情况下，最高法院可无须经正式的程序便宣布撤销审之诉不予受理。同样，对依当事人的请求适用刑罚程序及同意放弃上诉理由制度而作出的判决所提起的撤销审之诉，最高法院亦无需经正式的程序便宣布撤销审之诉不予受理。但当事人可依第 625-1 条提出非常上诉（即因实质错误或事实错误而提出的非常上诉）。"与此同时，《意大利刑事诉讼法典》新的第 616 条还提高了在撤销审之诉被驳回或者不予受理的情况下提起上诉的当事人应缴纳的罚金数额（最多可到 3 倍）。

第三，强化了最高法院的统一规范职能（la funziona nomofilattica）。"奥兰多法"在《意大利刑事诉讼法典》第 618 条中加入了新

---

[15] 第 581 条第 4 项不在此列。

的 1-1 款，规定"如果最高法院的单一法庭不赞同联合法庭所确立的法律原则，则以裁定的形式向联合法庭移送上诉案"。此举的目的在于减少最高法院单一法庭与联合法庭之间的判例冲突。联合法庭可就向其所提交的法律问题作出裁判，而无论后续的上诉案是否可以受理（第 618 条新的第 1-2 款）。

第四，扩大撤销判决但不发回重审（annullamento senza rinvio）的范围。"奥兰多法"在《意大利刑事诉讼法典》第 620 条中加入一项，规定如果最高法院认为"可作出判决而无需进行侦查"，则可以撤销判决不发回重审。这是受《意大利民事诉讼法典》第 384 条第 2 款所设机制的启发，旨在提高程序效率，节约司法资源。但也有学者担心，此举可能扩大了最高法院在事实认定方面的权力。因为通说认为，最高法院的职能更应是对判决进行合法化矫正，而非取代原审法院的实质性判决。[16]

第五，修改了因实质错误或者事实错误的非常上诉请求（il ricorso straordinario per errore materiale o di fatto）。"奥兰多法"对因实质错误或者事实错误的非常上诉作了两处重大修改，主要体现在《意大利刑事诉讼法典》第 625-1 条：一方面，简化了实质错误的矫正程序，即可由最高法院依职权启动，而不需要依《意大利刑事诉讼法典》第 127 条所规定的特别庭审进行审查；另一方面，最高法院还有权独立查明事实错误，而无须等待当事人提出申请。此外，"奥兰多法"废除了《意大利刑事诉讼法典》第 625-2 条，此后对于因缺席裁判而被判刑或适用保安处分的个人，其所提出的撤销生效判决的请求由上诉法院负责裁判。"奥兰多法"还对涉案财物预防措施的撤销审之诉进行了修改，重申了《意大利刑事诉讼法典》第 311 条第 5 款的规定，即"最高法院应在收到有关文书的 30 日内作出判决，并适用第 127 条所规定的庭审程序"。

---

〔16〕 Cfr. Mitja Gialuz, Andrea Cabiale, Jacopo Della Torre, "Riforma Orlando: le modifiche attinenti al processo penale, tra codificazione della giurisprudenza, riforme attese da tempo e confuse innovazioni", in *Dir. pen. cont.*, Vol. 3, 2017, pp. 189-190.

（四）再审制度改革

"奥兰多法"决定将既决案件的撤销权交给上诉法院，因此在《意大利刑事诉讼法典》中增设了新的第629-1条，规定被定罪者可以以缺席庭审为由请求撤销判决，如果"他能证明该缺席行为是因为完全无从获悉庭审的进行"。再审请求应"向作出判决所在地区的上诉法院提出"。上诉法院在合议室内审理这一撤销案件的请求。

五、特别程序的改革

1988年法典共设置了五种特别程序，分别为：

第一，刑事协商制度。如果被告人和公诉人在适用刑罚的种类和标准上达成一致意见，则可以减少1/3的量刑（含罚金刑或者监禁刑）。按1988年法典的原先规定（原CPP art.444），可协商的最高监禁刑不得超过2年。但2003年第134号法律扩大了适用范围，将门槛提高至5年，且解除了对罚金刑的限制。法官有权审查所科处罪名的准确性以及量刑的恰当性。

第二，简易程序（giudizio abbreviato）。被告人可以请求在初步庭审中根据现有的文书结束诉讼。依据这一请求，预先侦查法官可直接在初步庭审中作出无罪或者有罪的判决，作为回报，可对被告人减轻量刑。

第三，立即审判程序（giudizio immediato）。如果证据清楚，或者已经对被告人进行讯问，则检察官可以请求法官从预先侦查程序直接进入庭审程序而无须进行初步庭审。如果法官驳回请求，则将文书退还公诉人。如果法官同意，则启动立即审判。在立即审判令（decreto di giudizio immediato）送达（notificazione）的15天内，被告人可以请求适用简易程序或者刑事协商程序。如果被告人未提出请求，则进行立即审判程序。

第四，直接审判程序（giudizio direttissimo）。如果某人被当场逮捕，或者如果犯罪嫌疑人在接受讯问时认罪，则检察官可以直接将其移送至法院启动庭审程序。

第五，处罚令程序（procédure par décret）。对于情节显著轻微的案件，检察官可以向预先侦查法官提交申请，要求适用处罚令程序，适用法定最低数额一半的罚金。法官可以接受检察官的请求，也可以驳回。如果法官驳回这一请求，则将文件退回检察官。被告人在收到科处罚金刑的刑事处罚令后，可以提出异议，请求进行庭审，或者请求适用刑事协商或者简易程序。但在司法实践中，被告人极少提出异议，因为可能会丧失处罚令程序中的减刑及其他利益。

此次"奥兰多法"主要涉及三种特别程序的改革，分别为简易程序改革、刑事协商程序改革和刑事处罚令程序改革。

（一）简易程序改革

简易程序是"奥兰多法"改革的重中之重，共设8个条款（第41~48款），涉及程序细则的方方面面。

第一项重要改革涉及"突袭"辩护调查与简易程序判决之间关系的规范问题。在意大利以往的司法实践中经常出现一种情况，即被告人的辩护人在初步庭审中依《意大利刑事诉讼法典》第391-8条之规定提交辩护人卷宗，并在短时间内申请适用简易程序，检察官因此无法在相应简短的时间内对辩护人所提出的证据材料及观点形成有效的反对意见。"突袭"辩护调查与简易程序判决之间便存在较为尖锐的矛盾。在此次改革中，"奥兰多法"决定强化检察官的地位，对《意大利刑事诉讼法典》第438条第4款进行了修改，规定"如果被告人在提交辩护调查结果后立即提出简易程序请求的，法官在不超过60天的期限届满后，可自行或者依检察官之请求启动补充侦查，仅针对辩方所提出的问题"，"在这种情况下，被告人有权撤回请求"。这意味着检察官有充分的补充侦查时间以应对辩方的"突袭"证据，强化对初步庭审程序中辩方证据的对席辩论。

第二项重要改革涉及简易程序的启动要件。"奥兰多法"接受了坎齐奥委员会的建议，在《意大利刑事诉讼法典》438条设立新的第5-1款，规定"被告人为裁决目的而请求进行必要补充举证的（CPP art. 438.5），如果被驳回，还可请求适用简易程序（CPP art. 438.1），或者依第444条请求适用刑事协商程序"。如坎齐奥委员会所主张，这一新设规定极有必要，因为"判例对这些做法的评估"并非"协调一致"。[17]

第三项重要改革涉及请求适用简易程序后限制援引程序无效事由的问题。同样受坎齐奥委员会建议的启发，"奥兰多法"在《意大利刑事诉讼法典》第 438 条加入了新的 6-1 款，规定"在初步庭审阶段提出适用简易程序请求的，便意味着确认程序无效事由为有效，只要并非绝对的无效事由以及未发现的不可用事由，除非违反了证明禁令。同样，这也意味着不得提出法官的地域管辖权问题"。因此，依新条款之规定，被告人如果请求适用简易程序，便必须在一定程度上放弃援引程序无效事由（但不包括绝对无效事由）[18]，甚至还包括部分的不可用事由[19]。意大利最高法院在先前的判例中也秉承这一立场，原因是简易程序适用的前提条件应是被告人较完整的合意，这也符合诉讼效率的要求。此外，基于同一学理逻辑，被告人请求适用简易程序的，也不得对法官的地域管辖权提出异议，这同样是意大利最高法院在先前判例中的立场。[20]

第四项重要改革涉及简易程序的奖励制度。"奥兰多法"进一步强化了适用简易程序的激励机制，在《意大利刑事诉讼法典》第 442 条第 2 款加入一句，被告人请求适用简易程序的，"违警罪的刑罚应减少一半，而重罪应减少 1/3"（原先均为 1/3）。可见，立法者希望在社会危险性较小、情节较为轻微的刑事案件中扩大简易程序的适用。

第五项重要改革涉及简易程序的变更问题。首先，"奥兰多法"在《意大利刑事诉讼法典》第 452 条第 2 款插入一句，规定"在简

---

〔17〕 Cfr. "Verso una mini-riforma del processo penale: le proposte della Commissione Canzio", in *Dir. pen. Cont.*, 27 ottobre 2014.

〔18〕 Cfr. "Verso una mini-riforma del processo penale: le proposte della Commissione Canzio", in *Dir. pen. cont.*, 27 ottobre 2014.

〔19〕 Cfr. "Verso una mini-riforma del processo penale: le proposte della Commissione Canzio", in *Dir. pen. cont.*, 27 ottobre 2014.

〔20〕 Cfr. F. Galluzzo, "Riforma Orlando: giudizio abbreviato", available at www. parolaalladifesa. it, last visited on Nov. 26, 2019.

易程序变更为直接审判程序后，第438条第6-1款依然适用"。但需要指出的是，"奥兰多法"在此条中并未援引新的第438条第4款，这应该是立法疏漏，因为"突袭"辩护调查与直接审判程序之间的关系一样需要规范。如果被告人的辩护人进行"突袭"式的辩方调查，则应该赋予检察官在合理期限内的补充侦查权，以保证辩方证据接受充分的质证。其次，"奥兰多法"设立了程序变更中若干"非典型"的简易程序规则。例如新的第458条第1款规定，在立即审判令送达后适用简易审判程序的，"第438条第6-1款适用"，但"依被告人之请求，可以主张法官不具有地域管辖权"。可以看到，这一规定与在初步庭审程序中申请适用简易程序存在重大的差别，原因是在立即审判程序启动后、最终适用简易审判程序前，被告人不可能提前"正式"对法官的管辖权提出异议，因为未有初步庭审程序或者指控后的任何庭审程序。第458条第2款也进行了重新规定，"法官在合议室内进行庭审，并至少提前5天以命令发送被告人、辩护人和受害人。如果法官认为不具管辖权，则以判决的形式予以确认，并将卷宗移送有管辖权的检察官。在这一程序中，应依情况遵守第438条第3款及第5款、第441条、第441-1条、第442条及第443条的规定……"较之于原先的规定，新条款删除了"如果（适用简易程序的）请求是可接受的"这一要求，这是为了保障控辩双方在"适用简易程序请求可接受性"这一问题上的对抗性。最后，"奥兰多法"对刑事处罚令作出后启动简易程序的程序规则也作了全新的规定。《意大利刑事诉讼法典》第464条第1款依然援引了新的第438条第6-1款的规定，禁止被告人在此类程序变更中对法官的地域管辖权提出异议。

（二）刑事协商程序改革

"奥兰多法"对刑事协商程序的改革规模远比立法者最初的构想要小。例如第2798号最初的法律草案拟将2003年第134号法律所扩大的适用范围（5年）限缩为3年，并将新设一种新的刑事协商程序，即自愿认罪情况下依被告人请求适用刑罚。但在预备立法时，这些雄心勃勃的修法规划未达至政治合意，因此诸多立法文件均被搁置了。此次改革更多是"以一种更灵活的程序矫正一些重大错误，弥补刑事协商程序中一些非根本性的缺陷"[21]，同时限制"提起撤销审之诉的申请，以阻止纯粹的滥诉"[22]。

第一项改革涉及法官的职权矫正机制。"奥兰多法"在《意大利刑事诉讼法典》第 130 条中加入新的第 1-1 款，规定"如果在依当事人请求适用刑罚的程序中，仅因名称或计算错误而导致刑罚的种类和数量需要进行修改，则作出判决的法官可依职权裁定予以矫正"。如果当事人已对判决提起上诉，则最高法院应依第 619 条第 2 款之规定依职权进行矫正。如前所述，此一新条款的目的在于赋予法官更灵活的裁量空间，以弥补刑事协商程序中一些非根本性的缺陷，避免没必要的诉讼拖延，提高诉讼效率。

第二项改革涉及刑事协商程序中的撤销审之诉。"奥兰多法"对《意大利刑事诉讼法典》第 448 条第 2 款进行了修改，规定检察官和被告人均可以对刑事协商的判决提出撤销审之诉的申请，但不再援引第 606 条所规定的理由，而仅得是"被告人意志表达相关的原因、请求与判决之间的相关性欠缺、犯罪行为的法律定性不准确或者刑事处罚、保安处分非法"。这一新的条款间接地强化了当事人在协商性司法中的权力和责任，弱化了上级法官对当事人合意的审查，似乎与欧洲大陆的主流趋势相悖。例如德国在刑事协商程序中依然强调实质真实原则，法国近几年来也有类似的趋势。

（三）刑事处罚令程序改革

"奥兰多法"对刑事处罚令程序的改革较为轻微，主要是在《意大利刑事诉讼法典》第 459 条插入新的第 1-1 款，规定"法官在以财产刑来替代监禁刑的情况下，应考虑被告人及其家庭的整体经济情况，且可依《意大利刑法典》第 133-2 条允许其分期付款"。

---

〔21〕 Cfr. la Relazione al d. d. l. n. 2798, in Atti Parlamentari, Camera dei Deputati, XVII Legislatura, Disegni di legge e Relazioni, Documenti, p. 27.

〔22〕 Cfr. la Relazione al d. d. l. n. 2798, in Atti Parlamentari, Camera dei Deputati, XVII Legislatura, Disegni di legge e Relazioni, Documenti, p. 27.

六、委托立法

此次修法，立法者并不仅是对《意大利刑事诉讼法典》的既有条款进行了补充和完善，还大量使用了委托立法机制（strumento della delegazione）[23]，主要是针对一些特别棘手且难以达成共识的程序性问题。此次委托立法主要包括传统电话监听（intercettazioni）及新兴信息截取技术（captatori informatici）的委托立法以及上诉的委托立法。

（一）传统电话监听及新兴信息截取技术的委托立法

随着恐怖主义及有组织犯罪威胁的加剧，意大利政府在刑事诉讼中开始采用一些新型的侦查手段，以有效进行犯罪预防和打击。但这些新型的侦查手段也面临着欧洲人权法院及意大利宪法法院关于隐私权、个人信息自由权等方面的追问。原先，意大利对电话监听的适用细则主要由检察院为数众多的行政通令予以规定。最高司法官委员会（Consiglio Superiore della Magistratura，CSM）也刚出台电话监听的79项要点。但立法并未涉及电话监听及信息截取作为侦查手段的相关程序细则，这是非常重大的立法空白。因此，"奥兰多法"第83款委托意大利政府对电话监听问题进行立法，既包括传统的电话监听，也包括新兴的信息截取技术，委托时间为3个月（在一定条件上可以延长60天）。仅就委托立法的时间而论（通常委托立法的时间为1年），意大利立法者弥补这一领域法律缺陷的迫切心态一览无余。

1. 传统电话监听的委托立法要点

"奥兰多法"第84款第1项规定，立法者应设立"若干规则，以保障通信的秘密性，尤其是辩护人与其客户之间的通信秘密。以及依宪法第15条之规定，对于通过数据搜集结果的预防警示，以及

---

〔23〕《意大利宪法》第76条规定："除非有指导性原则和准则的规定，并仅在限定的时间和就特定的问题，立法权不得交给政府行使。"因此，在一些重大、复杂、专业且难以在短时间内形成立法草案的议题，议会可委托政府在指定的时间内进行委托立法。委托立法进行转化方可成为正式的法律。

提供精确的程序分析以选择截取的材料，由此获得的电话或电信对话的秘密性应受到保护，既保障当事人之间的对抗，又不损及侦查的需要，特别关注偶然涉案个人通信和通话的隐秘性，以及与刑事司法目的无涉的通信及通话的隐秘性"。在该指导原则的统摄下，"奥兰多法"对传统电话监听的委托立法设置了五项指导原则和标准：

（1）检察官应依保全措施的请求选择将相关卷宗材料移送法官，确保"卷宗的保密性……包括因某种原因不可用的通话或通信，或者包含了敏感数据……或者与侦查目的无关，仅涉及与之无关的事实或情节"。

（2）对于检察官在监听中所剔除的材料，应保存于专门的机密档案，被告人和法官有权听取及审查这些材料，但不得复制，"直至《意大利刑事诉讼法典》第268条第6款及第7款所规定的程序终结前，涉及所获取之材料的唯一禁止性规定在《意大利刑事诉讼法典》第114条第1款中"。立法者建议新设一项罪名，即传播欺骗性录影或录音罪，对于"当场或者欺骗性地传播录影或录音，包括电话，唯一目的在于毁坏他人声誉或形象的行为"，科处4年及以下的监禁刑。

（3）仅在听取材料摘要（udienza di stralcio）结束后，或者在预先侦查程序结束后法官在接下来的诉讼阶段中予以批准，当事人的辩护人方可以相关截取信息鉴定意见的形式获得相关材料及转录的复印件。

（4）检察官及法官有权对电话监听的"合法性"进行审查。如果有证据证明因为某些原因，这些对话、信息或电信交流的录制材料不可用，或者包括了敏感的数据，则应启动《意大利刑事诉讼法典》第268条第6款及第7款规定的机制。如果未启动这一机制，则应明确指示其有意请求删除这些内容。

（5）不可用的电信截取数据，或者包含了敏感或者不相关的电信数据，不应纳入监听的卷宗材料，仅需指明录制的日期、时间和机构。但应立即告知检察官，检察官可以审查其相关性，如果必要，还可以进行转录。

2. 新兴信息截取技术的委托立法

新兴信息截取技术主要包括"木马"（trojan）、伪基站等恶意软件，"由侦查人员在连接互联网的电子设备上隐蔽安装，允许攻击者在任何时间收集所有数据流量（传入和传出），以激活远程控制麦克风和相机记录活动，'搜索'硬盘并制作内容的完整副本，拦截键盘上输入的所有内容，拍摄显示的图像和文档。"[24] 这一侦查行为涉嫌严重侵害《意大利宪法》第 14、15 条以及《欧洲人权公约》第 8 条。在意大利司法实践中，新兴信息截取技术的应用并非闻所未闻。2016 年，意大利最高法院联合法庭在斯库拉托（Scurato）一案中的判决便涉及新兴信息截取技术。[25] 许多检察官请求立法者介入，"颁布具体的法律予以规范，以保证（新兴信息截取技术应用）与所涉宪法条款及《欧洲人权公约》规定保持充分的平衡。"[26] 在此次委托立法中，"奥兰多法"对新兴信息截取技术的委托立法设置了八项指导原则和标准：

（1）如果仅在发布远程指令后麦克风才能被激活，而不仅仅是插入信息截取软件，则这种侦查行为应由法官通过授权令且仅在令状所设定的范围内进行。

（2）录音仅得由司法警察或者警局内专门负责的人员进行。录音人员应依《意大利刑事诉讼法典》第 268 条所规定的程序操作细则，依录音的情况在记录笔录中载明录音的起始和终结的时间。

（3）对于《意大利刑事诉讼法典》第 51 条第 3-1 款及第 3-2 款所规定的罪名，设备的激活在任何时候均被允许。在这种情况下，

---

〔24〕 La definizione è di L. Annunziata, "Trojan di Stato: l'intervento delle Sezioni Unite non risolve le problematiche applicative connesse alla natura del captatore informatico", in *Parola alla difesa*, 2016, n. 1, p. 189.

〔25〕 Cass., sez. un., 28 aprile 2016, Scurato, cit.

〔26〕 L'appello si può trovare in *Dir. pen. cont.*, 7 ottobre 2016, sotto il titolo Necessaria una disciplina legislativa in materia di captatori informatici (c.d. "trojan"): un appello al legislatore da parte di numerosi docenti di diritto italiani.

只要涉及相关犯罪活动，则据此所获取的材料可在《意大利刑事诉讼法典》第614条所规定的程序中适用（庭审程序）。但无论如何，法官必须发布授权令，且应说明为什么这种特别侵入性的拦截方法对于进行侦查是必要的。

（4）所记录数据的传输只能由代理服务器进行，且一旦收集完成，特洛伊软件必须永久不可用。

（5）仅符合部级法令规定且达到相应技术要求的特定计算机程序可以使用。

（6）在紧急情况下，检察官可以直接处理这种类型的拦截，但仅限于《意大利刑事诉讼法典》第51条第3-1款及第3-3款所规定的罪名，且应在48小时内由法官批准。紧急令必须说明无法向法官提出申请的具体事实情况，以及为什么需要采取这种隐蔽的拦截方法。

（7）通过这种类型拦截所获取的数据仅能用于授权条款所指明之犯罪的证明目的，并可适用于不同的程序阶段，但符合"《意大利刑事诉讼法典》第380条所列之罪名之一"的条件是不可或缺的。

（8）受委托立法的立法者必须确保电话监听的结果不得以任何方式被了解、披露和公布，因为这往往涉及与案件无关的人员。

不难看到，"奥兰多法"在传统电话监听及信息截取的委托立法给政府极大的裁量空间，所列明的指导原则和标准显得较为粗疏，故也有意大利学者批评这让政府成为"空白代理人"（delega in bianco）。[27]

（二）上诉的委托立法

如前所述，"奥兰多法"本身便直接对上诉制度作了多处修改，旨在减少上诉法院尤其是最高法院的负担。但除此之外，"奥兰多法"第82~84款还设有对上诉制度的若干委托立法，在未来亦将很大程度上改变意大利刑事诉讼的上诉制度。

---

〔27〕 Cfr. L. Filippi, "Molte perplessità e poche note positive nella legge delega di riforma delle intercettazioni", available at www. ilpenalista. it, last visited on Nov. 26, 2019.

（1）第1项委托立法涉及"对治安法官管辖之犯罪所提起的撤销审之诉，仅在判决违反法律规定的情况下方可提起"。提出撤销审请求的当事人仅在案件达至所谓的"双重绝对无罪"的情况下方有效。

（2）第2项委托立法涉及"上诉法院的检察长仅得在提审或初审法院检察官默认的情况下"，方可提起撤销审之诉。

（3）第3项委托立法涉及"检察官在无罪判决，或者仅在改变罪名或排除存在具有特殊效力的加重处罚情节，或者对普通犯罪确立不同的量刑时，方可提出撤销审之诉"。

（4）第4项委托立法涉及"如果庭审结束后，无罪判决并非以'事实不存在'或'被告人未实施犯罪行为'的措辞体现，则被告人可以提起撤销审之诉"。

（5）第5项委托立法涉及"有罪判决不得上诉的情况仅限于仅有财产刑的判决、无罪判决或以罚金或替代刑罚的不起诉程序"。

（6）第6项委托立法涉及"被告人附带上诉的归属以及对上诉主张的限制"。

可以看到，这些委托立法依然是以限制上诉、节约资源为导向。但也有学者指出，关于上诉事项的不少委托立法并不复杂，完全可以在立法中直接进行修改。[28]

七、其他修改

"奥兰多法"还涉及意大利刑事诉讼其他领域的一些修改，例如判决理由制度、转化条款和跨期规定。这些修改虽然比较具有技术性，但依然对意大利刑事程序的正当化产生不可估量的影响。

（一）判决理由制度改革

在判决理由制度方面，"奥兰多法"修改了《意大利刑事诉讼法典》第546条第5项，改变了判决理由的传统规范结构。修改后，

---

〔28〕 Cfr. Mitja Gialuz, Andrea Cabiale, Jacopo Della Torre, "Riforma Orlando: le modifiche attinenti al processo penale, tra codificazione della giurisprudenza, riforme attese da tempo e confuse innovazioni", in *Dir. pen. cont*, Vol. 3, 2017, p. 196.

意大利刑事判决理由分成四部分，分别涉及指控事实的查明及法律定性、当罚性及所适用的刑罚（量刑与保安处分）、因犯罪导致的民事责任以及适用程序规则其他事实的查明。对于前述每个问题，法官应依据清楚阐释的据以作出判断的"事实和法律理由"，尤其是"所获得的结果""证据的评价标准"以及反证"不可信"的"理由"。这一改革完全来自于坎齐奥委员会的建议，目的是建构"判决理由在'事实'方面的法律模型"，让法官的证明推理明晰化，"构建实际的转移范式，据此上诉法官可以评估当事人的上诉以及了解原判决法官所作出判决的是与非"[29]。

（二）转化条款（Le disposizioni di attuazione）

"奥兰多法"还涉及一些法律的转化，如 2014 年 2 月 6 日环境紧急状态法令的转化（CPP art. 129.3-2）和参与远程庭审（dibattimento a distanza）法令的转化（CPP art. 146-1）。环境紧急状态法令的转化主要是因为检察官在环境保护领域的"指控信息"属于环保部所应掌控的信息。而参与远程庭审法令的转化则主要是因为涉嫌特定罪名（CPP art. 51.3-1，407.2.1.4）而"被羁押"的个人应强制性参加"对其所被指控罪名的远程庭审"，以及远程庭审的一些程序细则。

（三）跨期规定（Normativa intertemporale）

"奥兰多法"对"时间决定行为"（tempus regit actum）的一般标准作了例外设定，允许一些较为复杂的程序改革延期适用，如检察官的"思考时间"（tempo di riflessione）、刑事协商程序、远程审判等。例如对于远程审判，"奥兰多法"第 81 款规定："第 77 款、第 78 款、第 79 款及第 80 款在本法刊登于官方公报的一年后生效。"

八、改革的评价：迈向刑事诉讼的宪法化

与 1988 年那场惊世骇俗的改革相比，2017 年的"奥兰多"改

---

〔29〕 Cfr. la Relazione al d. d. l. n. 2798, in Atti Parlamentari, Camera dei Deputati, XVII Legislatura, Disegni di legge e Relazioni, Documenti, p. 8.

革显得更为精细和具体，更多吸收了意大利宪法法院、最高法院近年来的判例精髓。由此，意大利的立法者开始从传统的"理性建构"慢慢走向"自然演进"。有意大利的学者评论道："如此大规模且清晰的改革要点仅限于对数年判例的法典化，……确立了判例在程序平衡中的核心地位。"[30] 而这场改革背后有两个不可忽视的支撑要素：一是议会与宪法法院、最高法院关系的日趋和谐。在1988年改革后，意大利的议会与宪法法院和最高法院一度关系极为紧张。议会更多代表政治家的立场，带有一定的意识形态与理想主义情节，因此更偏重"学院派品格"，主张秩序、逻辑、宏大理论和理性建构。而宪法法院和最高法院则更倾向于"实务派品格"，更愿意聚焦于具体的问题，立足于具体事由的评估，而非一般性的价值判断。但随着意大利政治环境的改变以及欧洲"安全"司法区的开启，诸如诉讼价值、诉讼目的、诉讼模式等宏大命题的讨论似乎无助于解决意大利刑事诉讼的具体问题。宪法法院和最高法院因此逐渐获得刑事诉讼改革的主导权。二是欧洲人权法院在意大利刑事诉讼改革中的导向作用，在很大程度上与意大利宪法法院及最高法院的人权保障立场形成呼应，加速了意大利刑事诉讼宪法化的进程。

"奥兰多"改革在许多领域体现了意大利宪法法院及最高法院的立场。例如改革"终身审判"制度、强化被告人与辩护人的会见权、强化被害人在刑事诉讼中的知情权和参与权、强化公民在监听及新兴信息截取技术中的隐私权保障等。很多改革举措同样是《欧洲人权公约》及欧洲人权法院的要求。此次改革的另一个重点便是提高诉讼效率，节约司法资源。尤其是对撤销审之诉的改革，将最高法院的核心职能重新定位为"统一规范适用"，而不宜介入过多的实体问题。当事人的上诉权也因此受到一定的限制。

但应看到，两种改革目标可能存在内在的冲突。例如在预先侦

---

〔30〕 Cfr. Mitja Gialuz, Andrea Cabiale, Jacopo Della Torre, "Riforma Orlando: le modifiche attinenti al processo penale, tra codificazione della giurisprudenza, riforme attese da tempo e confuse innovazioni", in *Dir. pen. cont*, Vol. 3, 2017, p. 197.

查程序中赋予检察官"思考期"，将可能大幅延长预先侦查期限，这似乎与提高诉讼效率的目标相悖。同样，限制被告人的上诉权似乎也不利于对被告人基本权利的保障。可见，公正与效率永远处于一定的张力状态下，立法者仅能寻求某种折中的改革路径。

改革也还存在一些考虑不周的地方，例如"奥兰多法"专门新设条款，强化了被害人对入室盗窃和抢夺罪的知情权，但却未涉及其他罪名，学理依据何在？"同意放弃上诉理由"制度允许控辩双方在上诉程序中进行再协商，这似乎并不能达到提高诉讼效率、节约司法资源的目的，反而容易造成诉讼拖沓。因此制度建构的正当性似乎有待进一步斟酌。委托立法中模糊的指导原则似乎给政府过大的立法权，尤其是涉及一些敏感侦查手段的委托立法，未来政府所出台的规范性文件是否能充分保障公民权利，这仍有待时间检验。

总之，"奥兰多法"基本上反映了近年来欧陆普遍盛行的"自然演进"立法思潮。决策者不再立足宏大的法治目标，仅凭借学术化、逻辑化的理性推导以设计出一套理想法治社会的蓝图，并作为国民行为的价值依据及行动指南；相反，司法实践所面临的具体问题以及所反馈的经验教训开始在制度的改革推进中占据极为重要的地位。其中，刑事诉讼的宪法化，成为21世纪后主导意大利刑事诉讼改革走向的核心主线，意大利的立法部门和司法部门在宪法的统摄下形成最大限度的合意，共同推进意大利刑事诉讼的正当化和精细化。

"混合式"诉讼之批判

——以阿曼达·诺克斯案为例

一、导论

(一) 什么是"混合式"诉讼

意大利 1988 年的刑事诉讼改革号称是自 18 世纪拿破仑《重罪法典》以来欧陆最具颠覆性的一次程序革命[1],是欧陆传统职权主义国家全盘引入当事人主义的一次激进尝试。这一改革吸引了包括中国[2]在内的诸多职权主义传统国家的关注。尽管 1992 年意大利宪法法院通过三个著名的判决(第 24、254 号和第 255 号)对这一激进的改革进行了相当程度的修正,但意大利学术界普遍认为[3],1988 年法典已经是当事人主义结构的法典。但从外部的观察,多数欧陆其他国家的学者认为[4],意大利刑事诉讼呈现了"混合性",兼具职权主义和当事人主义的特征,仅是在混合程度上有所区别。而当事人主义国家的学者(尤其是美国学者)则认为,意大利刑事

〔1〕 Maximo Langer, "From Legal Transplants to Legal Translations: The Globalization of Plea Bargaining and the Americanization Thesis in Criminal Procedure", 45 *Harv. Int'l L. J.* 1, 2004, p. 47.

〔2〕 一些中国学者迅速翻译或者介绍了意大利刑事诉讼改革的文章,例如 [意] 马可·法布里:《意大利刑事司法制度改革:理论与实践的悖反》,龙宗智译,载陈光中、江伟主编:《诉讼法论丛》(第 2 卷),法律出版社 1998 年版;陈瑞华:《意大利 1988 年刑事诉讼法典评析》,载《政法论坛》1993 年第 4 期;锁正杰、李少波:《意大利刑事诉讼法的改革与嬗变——关于法律移植的初步分析》,载陈光中、江伟主编:《诉讼法论丛》(第 2 卷),法律出版社 1998 年版。

〔3〕 Renzo Orlandi, "Diritti individuali e processo penale nell'Italia repubblicana", in *Revista Brasileira de Direito Processual Penal*, 2016.

〔4〕 Jean Pradel, "Défense du système inquisitoire", *Regards sur l'actualité*, n. 300, 2004, pp. 57–62.

诉讼还是职权主义，根本未能学习到所谓对抗式诉讼的精髓。[5]中国刑诉学界的主流学说也将意大利刑事诉讼界定为"混合式诉讼"，与日本类似。因此本书所指的"混合式诉讼"，便是在中国主流话语语境下以意大利为代表的刑事诉讼模式。[6]

意大利"混合式诉讼"的改革对中国当下的刑事诉讼极具吸引力。因为中国当下同样正面临着诉讼模式的深刻转型。决策层和理论界也希望通过一场深刻的程序革命来克服以往庭审虚化、权利保障乏力的窘境。故在职权主义与当事人主义之间走出一条"混合式"的康庄大道，这也是一种改革选项。而本书的目的便在于批判这种"非驴非马"的改革思路。适逢 2007 年 11 月 2 日，意大利发生了阿曼达·诺克斯（Amanda Knox）案件。美国人诺克斯在意大利接受刑事审判时引发了美、意两国刑事诉讼学者的争论。这恰好为中国中立的比较法研究者提供了绝对的比照场域：意大利刑事诉讼与当事人主义（美国）刑事诉讼差别在哪？1988 年法典所构建的"混合式"法典是否真的值得中国学习？

（二）阿曼达·诺克斯案简介

2007 年 11 月 1 日晚，英国留学生克尔彻（Meredith Kercher）在意大利佩鲁贾被性侵、谋杀，身中 47 处刀伤（有多处抵抗伤），且受到勒颈和虐待。这一恶性案件随即在意大利引发广泛关注。警方将主要犯罪嫌疑锁定在美国留学生诺克斯、她的男朋友索莱西托（Raffaele Sollecito）以及盖德（Guede）三人身上。

诺克斯和被害人克尔彻以及另外两名意大利女生罗马内利（Filomena Romanelli）和梅捷蒂（Laura Mezzetti）住在同一公寓。盖

---

〔5〕 Liz Robbins, "An American in the Italian Wheels of Justice", *N. Y. Times the Lede* (Dec. 5, 2009), available at https://thelede. blogs. nytimes. com/2009/12/05/an-american-in-the -italian-wheels-of-justice/, last visited on Oct. 10, 2019.

〔6〕 事实上，笔者与美国学者的观点类似，认为意大利刑事诉讼当下所奉行的依然是职权主义，而非英美法系的当事人主义，仅是在形式上引入了当事人主义的部分程序技术，且未达到预期效果。但本书基于批判需要，仍按中国的主流学说将意大利界定为"混合式诉讼"。

德则住在公寓下的半地下室。案件发生当天，警方收到诺克斯和索莱西托的报警电话，指称公寓被闯入。警察随即在克尔彻上锁的卧室里发现尸体，并对诺克斯和索莱西托进行了询问。诺克斯的反常回答让她和男友成为最主要的犯罪嫌疑人。诺克斯首先提出了不在场证明，声称在谋杀当天晚上（11月1日）8点30分她住在索莱西托家中。11月2日早上10点30分才醒，回到自己的公寓，洗澡换衣服，才发现水槽和浴缸周围的血迹。但让警方感到不可理解的是，诺克斯没有报案，而是给室友罗马内利打了电话，用英语和意大利语向她表示，克尔彻可能遇到了什么问题，因为诺克斯早上到公寓时发现大门是开着的，随后又在浴室发现了血迹（包括一枚脚印），但是克尔彻卧室的门是锁着的。诺克斯随后又给克尔彻打了电话，在未收到回复后随即离开，回到索莱西托家中。两人此后一同再次返还诺克斯的公寓，在试图撬开克尔彻的房间未果后报警。后来，在一次审讯中，诺克斯又推翻了原先的证词，声称谋杀发生时她在现场，她打工的老板卢蒙巴（Lumumba）是凶手。但警察随即洗脱卢蒙巴的嫌疑，更加坚定了诺克斯有重大嫌疑。

警察随即逮捕了诺克斯、索莱西托以及盖德。法院先对盖德进行分案处理，适用立即审判程序，并于2008年底判处盖德犯有谋杀罪和性侵犯罪，科以16年有期徒刑。2009年12月5日，22岁的诺克斯被判处实施了伪造入室盗窃罪、诽谤罪、性侵犯以及谋杀罪，科以25年监禁刑。这在美国舆论界引发了极大的震动，美国媒体称之为意大利刑事司法的"第一丑闻"。通过对这一起案件庭审程序的分析，我们可以很清晰地发现意大利1988年所构建的"混合式诉讼"存在致命的缺陷。

二、当事人主义视角下的阿曼达·诺克斯审判

学者米拉贝拉（Mirabella）较完整地总结了美国理论界及实务界对意大利阿曼达·诺克斯审判的五大批评。[7] 作为中立第三方，我

---

〔7〕 Julia Grace Mirabella, "Scales of Justice: Assessing Italian Criminal Procedure through

们可以从中较准确地看出当事人主义与 1988 年法典所构建之诉讼模式的区别，以及"混合式诉讼"所可能存在的缺陷。

（一）分案管辖制度

第一项批评针对意大利刑事司法体系中非常混乱的分案管辖制度[8]：一方面，对作为共同被告人的盖德提前进行分案审理，适用立即审判程序；另一方面，对诺克斯的诉讼包括三项指控，分别是针对克尔彻谋杀案的刑事指控、克尔彻家属所提出的民事指控以及卢蒙巴的诽谤指控。

立即审判程序是 1988 年法典新设的特别程序，指的是如果证据清楚，或者已经对被告人进行讯问，则检察官可以请求法官从预先侦查程序直接进入庭审程序而无须进行初步庭审。如果法官驳回请求，则将文书退还公诉人。如果法官同意，则启动立即审判。在立即审判令送达的 15 天内，被告人可以请求适用简易程序或者刑事协商程序。如果被告人未提出请求，则进行立即审判程序。可以看出，立即审判程序是简易程序，主要适用于事实清楚、证据充分的案件。很难想象，在案情如此复杂的案件中，控方甚至无法说清为什么诺克斯及索莱西托会和盖德一起行凶，犯罪动机是什么，法官为何会准许适用简易程序。因此，在对盖德的审判中，检控方事实上与盖德进行了交易，为获取口供承认其为谋杀罪及性侵害的从犯，且未指控诸如持刀行凶或盗窃财产的罪名。盖德因此改变了口供，为后续起诉诺克斯或索莱西托奠定了基础，他也因此获得了轻判。对盖德提前进行分案审理、适用立即审判程序，对后案诺克斯或索莱西托的审理产生了严重不利的影响。

此外，三起性质不同、类型不同的诉讼作为牵连的竞合管辖也严重混淆了证据规则的应用。比如，在卢蒙巴诉诺克斯诽谤罪一案中，诺克斯在审讯期间的言论是重要证据。但诺克斯的供述不仅包

---

the Amanda Knox Trial", 30 *B. U. Int'l L. J.* , 2012, p. 229. 笔者在此一研究的基础上进行了补充和完善。

〔8〕 参见《意大利刑事诉讼法典》第 12~19 条。

括错误指控卢蒙巴，还包括在谋杀当天她本人就在现场。裁判者尤其是陪审员，容易从诽谤罪一案的定性推及诺克斯说谎，诺克斯的其他言论也可能作为证据在谋杀罪及民事诉讼中应用。在美国刑事诉讼中，诺克斯的供述会因为不当的偏见被排除，但在意大利的刑事诉讼中，这些供述可能因粗糙的管辖权规则而影响了裁判者的心证。

（二）品格证据的应用

第二项批评源于检方以及被害人律师在审判中大量使用品格证据。诺克斯在社交网络（如 Facebook 和 Myspace）平台上的加特林枪照片、醉酒的视频帖子甚至是"狐狸精"（Foxy knoxy）的标签，都给诺克斯的形象造成极其不良的影响。在审判过程中，检察官反复强调诺克斯吸食大麻、性生活混乱，存在诸多不合常理的行为，是一个"专注于性、毒品和酒精，生活在边缘的魔鬼"。这在美国刑事诉讼中是完全不可想象的。暂不论这些品格证据与诺克斯的实际品格相去甚远（诺克斯西雅图的朋友形容她"富裕而美丽"），即便属实，也不能作为定罪证据。

（三）隔离陪审团

依《意大利刑事诉讼法典》第 5 条之规定，本案适用陪审团审判，由 2 名职业法官和 6 名陪审员组成合议庭。审判长在开庭前便裁定，本案在合议之前无须隔离陪审团。这对美国舆论界而言是无法接受的。到审判时，本案已在意大利媒体上炒得沸沸扬扬。尤其是诺克斯面容姣好，意大利媒体称其"天使般的面孔""恶魔般的行径"，各种情色新闻、隐私爆料充斥着整个意大利的舆论圈。未隔离陪审团的决定，意味着陪审员将可自由获取这些信息，势必受到舆论导向的严重影响。

（四）主要证据之间相互矛盾

诺克斯案的判决书共 427 页，是对陪审团合议要点的逐点陈述。从中，我们可以看出主要证据之间存在严重的冲突和矛盾，尤其是不在场证据与其他证据形式之间的冲突。

诺克斯在庭审的陈述中主张自己未在犯罪现场。谋杀当晚（11月1日），诺克斯声称她和男朋友索莱西托在晚上9点做晚餐，看了一部电影，然后抽大麻，做爱，最后睡觉。诺克斯第二天10点30分才醒来，索莱西托还在睡觉，便独自返回住所。索莱西托的邻居波波维奇（Jovana Popovic）和索莱西托的父亲作证，11月1日当晚与索莱西托通了电话，证明诺克斯和索莱西托在晚上8点30分时就在索莱西托家。但控方提供了一名流浪汉安东尼奥·库拉托洛（Antonio Curatolo）的证词，指称当晚9点~11点在位于诺克斯和索莱西托住所之间的广场上看到两人的行踪。法院认为没有任何理由可以判定这一证词不可靠，认为他是"合格的目击证人"。法院还调取了索莱西托住所的电子设备，证明索莱西托的电脑在当天早上5点30分播放音乐，手机在早上6点重新开启，证明索莱西托在上午10点30分之前醒来。以此证明诺克斯在说谎。但检察官也意识到，这也不能证明诺克斯和索莱西托在凶杀案发生时就在犯罪现场。故接下来的DNA证据便至关重要。

鉴定人员在克尔彻被扯掉的胸罩以及对阴道采样的拭子中检测出盖德的DNA。但在克尔彻的房间内未发现任何诺克斯的DNA。检察官辩称，在共用浴室的水槽中发现含有克尔彻和诺克斯混合血液的DNA，在克尔彻被扯掉的胸罩扣子上发现了索莱西托的DNA，在索莱西托住所里找到一把刀具，发现其尖端上有克尔彻的DNA。这些证据对于法庭定罪至关重要。但辩方所聘请的两位鉴定人指出，DNA的收集程序违法，用于DNA测试的量极少，在技术层面所得出的结论存疑。例如，犯罪现场调查人员收集证据的视频表明，调查人员在收集"每个血液样本"之前未换棉签。索莱西托的DNA仅在小小的胸罩金属扣子上发现，但在胸罩背带撕裂处的织物上却没有。这与检控方所表述的场景"诺克斯在克尔彻房间袭击了她，不断地将她的头撞在墙上，用力抓住她的脸并试图勒死她。盖德、诺克斯还有索莱西托脱掉了克尔彻的牛仔裤，按住她的手和膝盖，同时盖德性侵了她"有明显的冲突。对于所发现的刀具，辩方指出，在调查过程中对刀具管理不当导致刀具污染，所收集的 DNA 证据不仅检测不当，而且样本太小，不可靠。但法庭最终采信了控方的证据和事实。这是美国刑事证据法学者所无法接受的。

（五）犯罪动机与证据链条

法庭在判决理由中指出，所有证据可形成一个整体，展现了一个"完整而统一的场景，没有漏洞或不一致"，可以对被告人定罪。这也是美国理论界及实务界所不能接受的。就犯罪动机而言，目前没有任何证据表明，诺克斯和索莱西托要帮助盖德性侵克尔彻。法庭仅是假设了几个场景，例如诺克斯和索莱西托在住所里吸毒做爱，这可能激起了盖德对克尔彻的兴趣。受毒品影响的诺克斯和索莱西托热衷于参加盖德对克尔彻的侵害。但这个"故事"未有任何证据支撑。

诺克斯最终被判罪名成立，引起了美意的外交风波，美国刑事诉讼法学界甚至十分罕见地重新讨论诉讼模式的优劣问题。米拉贝拉调侃道："美国人喜欢意大利，因为这个国家有一种浪漫的、几乎异想天开的想法：美丽的艺术、令人难以置信的美食、古雅的广场以及宏伟的罗马。但意大利又是一个经济崩溃的国家，充斥着暴民文化，以及脆弱的政府。……新近美国人又对意大利增加了一种看法，即有一套混乱、低效及失败的刑事司法制度。"[8]

三、意大利"混合式"诉讼之批判

意大利 1988 年改革，目的是较彻底地改变 1865 年以来意大利以职权主义为特征的刑事诉讼传统。意大利的立法者试图通过新法典塑造一个崭新的理想诉讼模式，以消除旧法典中长期存在且广受诟病的种种缺陷和弊端，诸如控辩失衡、控审职能不分、庭审流于形式等。但目的达到了吗？

（一）控辩平衡问题

《意大利刑事诉讼法典》创设了许多保障控辩平衡、确保控审分

---

〔8〕 Julia Grace Mirabella, "Scales of Justice: Assessing Italian Criminal Procedure through the Amanda Knox Trial", 30 *B. U. Int'l L. J.*, 2012, p. 229.

离的机制，例如效仿美国区分了控方案件和辩方案件，实施交叉询问。1988 年法典的立法者认为，对席辩论是以审判为中心的根本所在。法官需要通过当事人的诉讼行为来洞察案件真相，而当事人也热衷于向法官展示"各自"的案件事实。因此，达至真相最有效的手段便是由控辩双方对证人、鉴定人及被告人进行交叉询问，通过"各自"案件事实的对照，或者通过正反双方观点的交锋，法官能以最小的谬误来进行事实重构，揭穿各种谎言或者发现各种隐匿的事实。但法典依然保留了法官的庭外调查权，控方案件与辩方案件的区分并不明确，虽然法律未禁止当事人在反询问中进行诱导性询问，但禁止提出任何有损回答真实性或者具有提示倾向性的问题。这些混杂的制度时常令司法实务人员感到无所适从。

在诺克斯一案中，法官主导庭审过程及结果的权力也倍受诟病。尽管辩方提出了诸多有力的反证，但裁判者依然无动于衷。在 DNA 证据的认定上，《意大利刑事诉讼法典》虽设立了控辩双方的专家证人制度，但运行效果依然不佳，法官更相信控方的专家证人。尤值一提的是，意大利曾在 1988 年引入了"双重卷宗制度"，旨在阻断法官对审前卷宗材料的依赖，避免法官先入为主、未审先定。但在司法实践中，"庭审卷宗"存在扩大化及实质化的趋势，法官还是更为依赖职权主义传统的程序思维以及诉讼卷宗。事实上，解决控辩失衡的核心应在于确保法官的实质中立以及强调对辩方的照料义务，而不是限制法官对案件的认知。

（二）庭审证据规则问题

《意大利刑事诉讼法典》设立了极其完备的刑事证据规则和诉讼行为制裁制度，旨在保障公权力的有序运行，确保程序正义得以实现。但意大利的证据规则及诉讼行为制度依然具有"混杂性"：一方面不同于当事人主义的美国。例如意大利的非法证据排除规则（"不可用"）并非让"裁判者免受非法证据的影响"，而仅是为了"防止该证据在判决的合议中使用"。另一方面也不同于职权主义的法国和德国。例如，法国和德国的检察官在取证时应负客观义务，既要收集有罪证据，也要收集无罪证据；法官在依职权取证时应负适度的照料义务。当然，不管是当事人主义还是职权主义，品格证据均不得用于证明罪责问题。所以在诺克斯一案中，庭审证据规则既不能像当事人主义国家一样防止裁判者的心证免受污染，也不能像职权主义国家一样通过客观义务和照料义务弥补辩方取证能力的不足。最终的结果是庭审中品格证据盛行，裁判者容易受与案件无关之信息的影响。

（三）形式真实与实质真实问题

当事人主义与职权主义最重要的一个区别便是刑事诉讼中的真实观，当事人主义强调形式真实，职权主义追求实质真实。而意大利"混合式"诉讼则介于两者之间。例如，《意大利刑事诉讼法典》既确立了主要由双方当事人推动庭审进程的权力结构。《意大利刑事诉讼法典》第190条第1款规定："证据根据当事人的请求而获得采纳。法官采用裁定的方式立即排除法律所禁止的证据和明显多余或意义不大的证据。"这意味着证明责任主要由双方当事人承担，法官原则上不负责收集证据而仅对证据进行评价。但在特殊情况下，法官依然有权询问证人和当事人，或者采纳新证据，即"庭长可以依职权，也可依合议庭其他成员之请求，向当事人提出有助于全面考察情况的、新的或者更为广泛的问题"，也可向"证人、鉴定人、技术顾问等提出问题"（CPP art. 506.1，506.2），"在取证结束后，如果确有必要，法官可以主动决定调取新的证据材料"（CPP art. 507）。可见，意大利庭审法官的权力要远大于英美法系的法官。

意大利也是比较主动引入"辩诉交易"的大陆法系国家。本质上，职权主义"实质真实"观是反对辩诉交易的，因为在交易过程中，被告人及其辩护律师会因量刑优惠而认罪，增加案件错误以及虚假供述的风险。诺克斯一案中盖德的认罪口供可谓为大陆法系国家的普遍担忧提供了重要例证。通过认罪而适用立即审判程序，盖德获得了轻判（16年），而诺克斯却因为这一虚假认罪被判25年监禁刑。

当然，也有不少意大利学者进行了辩护：一方面，诺克斯一案最终通过上诉而撤销，说明意大利刑事诉讼的自我纠错功能依然存在；另一方面，诺克斯一案中检察官及法官的种种做法与意大利1988年所构建的"混合式"诉讼无涉，更多仅是在特殊个案中未遵循正当程序的要求。[9] 这样的辩护意见虽有一定道理，但依然显得乏力。在诺克斯一案中，意大利的司法机关在"混合式"诉讼模式下既无力保障控辩平等，充分尊重辩护律师的意见，也未充分履行客观义务，控方甚至利用管辖规则及特殊程序，使用品格证据和污染的DNA证据来推动对被告人的定罪。

"混合式"诉讼在比较法上极具诱惑性，因为"博取百家之长为己所用"是所有比较法学者的梦想。但诉讼制度整体功能的发挥却往往取决于各配套制度及程序技术的协同，而非各种程序技术的简单叠加。当事人主义主张控辩平等、法官居中裁判以及尊重形式真实；职权主义则强调关照义务、法官依职权取证以及追求实质真实。所以交叉询问在当事人主义环境下是威格莫尔所推崇的"发现事实真相而创设的最佳装置"，但在职权主义环境下可能便是"非驴非马"的装饰品。近年来，尽管当事人主义与职权主义呈现一定的趋同性，但总体还是泾渭分明，核心的程序理念呈现明显的差距。正如比较法学者格兰德（Elisabetta Grande）在研究"美国刑事诉讼程序如何影响欧洲大陆"时所提出的法律移植中的"接种效应"（inoculation effect）概念[10]，他指出"法律移植并没有使美国的法律制度在欧洲实际扩散，亦没有使欧洲刑事诉讼制度变得更加对抗，相反，它导致了截然不同的结果，即强化了大陆法系非对抗性大陆法的结构和信条"。职权主义对美国当事人主义的影响更是式微。

意大利"混合式"诉讼对中国尤具吸引力。近年来一些中国学者对引入交叉询问、双重卷宗、辩方调查等制度投以关注，认为这

〔9〕 Julia Grace Mirabella, "Scales of Justice: Assessing Italian Criminal Procedure through the Amanda Knox Trial", 30 *B. U. Int'l L. J.*, 2012, p. 229.

〔10〕 Elisabetta Grande, "Legal Transplants and the Inoculation Effect: How American Criminal Procedure Has Affected Continental Europe", 64 *Am. J. Comp. L.*, p. 583.

可能是克服中国以往控辩失衡、庭审虚化、权利保障乏力的重要路径。诺克斯一案的审判应该说给中国的理论界和实务界敲响了警钟。刑事诉讼改革是牵一发而动全身的体系改革，切不可仅凭借学者想象或者一部貌似无懈可击的法典便贸然行事，否则可能适得其反。诺克斯一案再次佐证了笔者长期以来的一个观点，即中国刑事诉讼不应设立理念混乱、制度杂糅的"混合式诉讼"，而应坚持走职权主义的道路。

诉讼主体理论研究 ◀

一、诉讼主体的界定

诉讼主体与诉讼行为[1]是意大利刑事诉讼理论中最核心的范畴。从程序运行的机理看，刑事诉讼便是各诉讼主体通过实施法定诉讼行为以实现发现案件真实的目标[2]：①是否特定的人实施了某一犯罪；②犯罪行为实施者的人格如何；③应当对其适用怎样的刑罚。1988年改革后，《意大利刑事诉讼法典》开篇便为"诉讼主体"，涵盖法官、检察官、司法警察、被告人、民事当事人、民事负责人、对财产刑承担民事责任的人、被害人和辩护人等，也充分说明了诉讼主体在刑事诉讼中的奠基性作用。

但《意大利刑事诉讼法典》对"诉讼主体"进行了严格的界定，这反映了意大利从传统职权主义走向当事人主义的总体思路及立法尝试：一方面是"诉讼"与"庭审"的区分。在意大利语中，"Procedimento"与"processo"是近义词，但在刑事诉讼的论域中，两者的含义差别甚大，不可混为一谈。[3]"Il procedimento penale"可直译为"刑事诉讼"，指"依时间顺序、以宣布刑事判决为目的的一系列诉讼行为组合"。完整的"刑事诉讼"包括预先侦查、初步庭审与正式庭审三个程序环节。而"Il processo penale"可直译为"刑事审判"，仅是"刑事诉讼"的一部分，包括初步庭审程序与正

---

[1] 参见本书后续章节的介绍。

[2] 意大利学说称之为刑事诉讼的"工具职能"（una funzione "strumentale"）。

[3] 目前中译本的《意大利刑事诉讼法典》并未作出这一区分，容易给中文读者造成误导。关于《意大利刑事诉讼法典》的最新中译本，可参见《世界各国刑事诉讼法》编辑委员会编译：《世界各国刑事诉讼法·欧洲卷》（下），中国检察出版社2016年版，第1626页及以下。

式庭审程序，而不包括预先侦查程序。所以《意大利刑事诉讼法典》频繁出现"in ogni stato e grado del processo"（在审判的任何阶段和审级）与"in ogni stato e grado del procedimento"（在诉讼的任何阶段和审级）两种表述，含义是完全不同的，核心区别在于前者不包括预先侦查程序。另一方面是"诉讼主体""诉讼参与人"与"诉讼当事人"的区别。依意大利通说，在刑事诉讼中享有主动权（poteri di iniziativa）的人可以界定为"诉讼主体"。诉讼主体实施某一诉讼行为后将导致另一诉讼主体承担实施后续诉讼行为的义务。因此，证人和鉴定人仅是"诉讼参与人"，而不是"诉讼主体"，因为他们不享有主动权。而"诉讼当事人"则更为狭隘，仅指请求法官提起指控或者驳回这一请求的主体。可见，"诉讼主体"的外延介于"诉讼参与人"与"诉讼当事人"之间。

下文中，我们将依次介绍法官、检察官、司法警察、被告人、辩护人、被害人、民事当事人以及刑事诉讼的其他主体。

二、法官

（一）司法官概述

在意大利，法官与检察官并称"司法官"（magistrato），享有宪法所保障的、几近相同的政治地位。[4]《意大利宪法》第107条规定了司法官的职务保障原则，"法官是常任的。除非遵照最高司法委员会根据法院组织法规定的理由并严守法院组织法规定的辩护保障所作出的决定，或征得法官本人同意，法官不得被免职或停职，也不得被调往其他法院或委派其他职责"，"检察官享有法院组织法规则为其所规定的各种保障"。因此，意大利用"magistrato"（司法官）来指代检察官和法官。如果要进行细化区分，则用"magistrato giudi-cante"（负责裁判的司法官）来指代"法官"，用"magistrato del pubblico ministero"（负责公诉的司法官）来指代"检察官"。

但法官和检察官在履行职责时并非完全不受约束。事实上，司

---

〔4〕 这在欧洲都是比较罕见的，通常检察官并不享有终身不受罢免的特权。

法腐败现象在意大利历史上并不陌生，甚至也曾有一些司法官员卷入黑手党纷争以及政坛丑闻。因此，《意大利宪法》《司法组织法》以及部门法为司法官确立了履职的基本准则：其一，《司法组织法》设定了影响司法官职业生涯几乎所有的实质因素，例如司法官业绩的考评、司法官的升迁、司法官的责任、司法官开展工作的方式等等。尽管也有批评认为过多的外部考核可能损及《意大利宪法》所确立的司法官独立履职原则及职务保障原则，但更多的学者认为，通过一定的业绩标准为司法官履职提供导向，有助于行业的优胜劣汰，也符合国际惯例。其二，《司法官职业伦理法典》确立了司法官群体职业操守。"司法官在社会生活中应保持尊严、廉洁以及对公共利益敏感。司法官在履职、进行自我管理以及实施任何职业行为时，应秉承无私、独立包括内部独立及公正的价值。司法官应以服务精神工作，保障人权的充分有效性；司法官的保障及特权旨在为社区提供服务；司法官应倾听各类主体的声音，以助于其行使司法权，提升贡献。"（《司法官职业伦理法典》第 1 条）其三，《意大利刑事诉讼法典》对司法官的制裁则主要体现为诉讼行为无效和纪律惩戒。诉讼行为无效零散且详细地规定于《意大利刑事诉讼法典》的各个篇章中；而纪律惩戒则集中体现在《意大利刑事诉讼法典》第 124 条中，即"司法官员、法官的书记官和其他助理人员、司法执达吏、司法警察机关的警官和警员必须遵守本法典的各项规定，即使不遵守有关规定将不导致行为无效或者诉讼制裁"，"各司法办公室的负责人对诉讼规范的执行情况进行监督，包括在涉及纪律责任情况下的监督"。

（二）普通刑事法官与特殊刑事法官

在意大利的法律术语体系中，"giurisdizione" 既指司法裁判职能，也指履行司法裁判职能的机构。在刑事诉讼中，司法裁判权通常由普通的刑事法官所享有，但例外情况下也可能由特殊的刑事法官所享有。普通的刑事法官指享有《意大利宪法》第 104 条（独立、自治）及第 107 条（终身不受罢免）所规定之特权、具有一般管辖权的法官，主要包括治安法庭的法官（由 1 名非职业法官组成）、普通刑事法庭的法官（合议庭由 3 名职业法官组成，独任庭由 1 名职业法官组成）、重罪法庭的法官（由 2 名职业法官和 6 名参审员组成）、少年法庭的法官（由 2 名职业法官和 2 名鉴定专家组成）、上诉法庭的法官（由 3 名职业法官组成）、重罪上诉法庭的法官（由 2 名职业法官和 6 名参审员组成）、少年上诉法庭的法官（由 3 名职业法官和 2 名鉴定专家组成）以及最高法院的法官。特殊的刑事法官并不享有《意大利宪法》所规定的前述特权，而仅由普通法律保障其独立性（C art. 108[5]第 2 句："法律保障特别法院的法官和在特别法院供职的检察官以及参加行使司法权的非司法机关人员的独立性"），主要包括军事法院的法官及宪法法院的法官。和平时期的军事法院仅管辖由武装部队成员所犯下的军事罪行（由《军事刑法典》所规定）。军事法官的独立性保障由 1981 年 5 月 7 日第 180 号法律所确立[6]。宪法法院则有权对共和国总统所实施的叛国罪以及攻击宪法进行裁判（C art. 90，由 1989 年 1 月 16 日第 1 号宪法性法律所确立）。在此类案件中，负责裁判的合议庭除普通合议庭的 15 名法官外，还有其他 16 名随机从议会产生的法官（临时法官）。临时法官每 9 年更换一次（《意大利宪法》第 135 条第 7 款）。

（三）法官的品质：公正性（l'imparzialità del giudice）

在意大利刑事诉讼领域，通说认为，[7]法官的公正性与诉讼模式存在直接关联：在职权主义诉讼模式下，法官的公正性源自于"国家权力"的正当性，法官从"主权者"处获得了裁判的合法性（"上帝的恩典"），忤逆者将受到国家强制力的处罚。而在当事人主

---

〔5〕 为了本书论述和阅读的方便，对在括号附注的法律条文采取简称的方式，如《意大利宪法》简称 C，"art."指称条款，具体条款项之间用点号隔开。如 C art. 90.1 表示《意大利宪法》第 90 条第 1 款。

〔6〕 意大利的军事法院具有独立且复杂的组织体系。本书囿于主旨，不再详细展开，感兴趣的读者可以在官网上自行查阅：https://portalegiustiziamilitare. difesa. it/.

〔7〕 笔者将尽可能客观地还原意大利学术界的一些主流观点，但并不意味着笔者赞同这些观点。事实上，意大利刑事诉讼法学者较普遍存在的"反职权主义"思想，是 1988 年法典呈现"杂糅化"、适用效果不佳的重要原因。

义诉讼模式下，法官不仅"应当"公正，而且要"显得"公正。因此，当事人有权在具体的个案中审查每个法官的情况，避免可能存在损及公正的情况。法官也有义务进行自我公正性评估，如果未能达到法定要求，则应主动退出审判。

这些通说影响了意大利刑事裁判制度的改革。从 1988 年法典颁布后，意大利在保障法官公正性问题上吸收了诸多当事人主义的要素（在《意大利刑事诉讼法典》中陆续加入二十余个相关条款），并将其纳入宪法的基本要求（C art. 111，1999 年修改）。大体的改革思路是：法官作为自然人，他的公正性并非与生俱来或者源自超凡魅力的品质，而更多通过司法原则及程序机制以形成公正裁判的保障。这些司法原则及程序机制主要包括法官应服从法律；裁判职能与当事人的职能相分离；法官应作为第三方；审判前不得存在"偏见"；与各方当事人等距；允许排除不公正的法官。

1. 法官应服从法律

刑事法官应严格遵循程序法定原则，避免受到外部因素（政治、经济或工会权力）或内部因素（法官个人的主观性及意识形态）的影响。法官未遵循《意大利刑事诉讼法典》相关规定的，将导致各种否定性后果，包括诉讼行为无效和纪律惩戒。刑事诉讼的立法权应交由立法机构行使，法官不得创设法律。

2. 裁判职能与当事人的职能相分离

公正性还立足于主要诉讼职能的分离，包括指控、辩护和裁判。如果法官同时享有一方当事人的权利（如指控权），那么裁判权便可能为额外的权利所强化或无意识地转移，严重削减判决的公正性。

3. 法官应作为第三方

依《意大利宪法》第 111 条第 2 款之规定，诉讼应"在第三方、公正的法官前"进行。依意大利宪法法院的解释，条款中的"公正"与"第三方"并非重复表述，而是各有所指："公正"指法官与当事人未有可能影响案件结果的其他联系，而"第三方"则专指

"检察官与法官职位转化的限制"，即如果法官原先担任过检察官，则不得对同一司法区前同事的诉讼请求进行裁判。

4. 审判前不得存在"偏见"

意大利宪法法院将"无偏见"界定为对"对裁判对象未有前见"（这里的裁判对象指被告人的刑事责任）。因此，如果法官已对同一案件被告人的刑事责任作出过判决，则可认定为存在"偏见"。意大利宪法法院创设了"偏见强度"（forza della prevenzione）的概念，即每个人均有保持已经表达之判断的自然倾向。这一自然倾向越强，则承认自己犯错便越困难。因此，法官一旦存在"前见"，便很难自我矫正，即使先前的裁判可能是错误的。

5. 与各方当事人等距

法官与各方当事人之间未有诉讼外的其他利益牵连，保证可不偏不倚地作出判决。这种利益牵连不一定指法官与当事人之间存在特殊的社会关系（如近亲属），也可能指存在共同的利益诉求（例如法官与受害人一样，均居住在化工厂旁边，则不宜对这起环境污染案件作出裁判，否则公正性容易受到质疑）。

6. 允许排除不公正的法官

保证法官公正性还应有救济措施。为此，《意大利刑事诉讼法典》设置了非常详细的回避事由，允许当事人申请或者法官依职权主动回避。如果有充分理由表明整个辖区法院的公正性均存疑，则可进行案件转移。

（四）法官的资格（La capacità del giudice）

"法官资格"指履行裁判职能之法官所必须符合的各项要求。《意大利刑事诉讼法典》对此未作明确规定，而是援引了《司法组织法》，"法官的能力条件……由司法组织法加以确定"（CPP art. 33.1）。而《司法组织法》则较详细地规定了成为不同类型法官的条件，包括通过司法考试、获得法学学位、受过司法官培训以及工作年限等。一般认为，《意大利刑事诉讼法典》第33条第1款所设定的为法官的一般资格（Capacità generica），违反该条款的规定将构成程序无效（CPP art. 179. 1. 1, 179）。但"向各司法办公室和法院各单位派遣法官""合议庭组成""向法院各单位、各合议庭和各法官分配诉讼案件"以及"适用独任制或合议制"等，并不属于"一般资格"，而是具体案件的"特殊资格"（Capacità specifica），违反这些规定并不构成程序无效（CPP art. 33. 2, 33. 3）。

（五）法官身份不兼容

法官身份不兼容，指在既定诉讼中身为裁判者的法官不得身兼数职，否则将导致裁判不公。意大利学界又将法官身份不兼容事由称为"裁判职能的预防性组织标准"（criteri di organizzazione preventiva della funzione giurisdizionale）。《意大利刑事诉讼法典》非常详细地规定了法官身份不兼容的事由，主要包括：

（1）在同一诉讼案件中已行使了法官的裁判职能。例如，①在同一诉讼案件中的先前程序中已作出了判决（CPP art. 34. 1 规定："在某一审级中作出判决或者参与判决的法官不得在其他审级中担任法官职务，也不得参加在判决被撤销后的重审或者为修改判决而进行的再审"）；②在初步庭审中已作出具有结论性的裁决；③已作出刑事处罚令；④已决定进行立即审判；⑤在对不追诉判决提出上诉的情况下已对该上诉请求作出裁决（CPP art. 34. 2）。在前述情况下，因为法官在正式庭审前已对案件的实体问题（可能是部分的实体问题，也可能是全部的实体问题）进行了裁判，故显然不宜继续担任正式庭审的法官，否则无法克服偏见，有悖法官"公正性"的要求。但如果法官在正式庭审前仅是履行了一些非裁判职能，如主持附带证明，则不在"身份不兼容"事由之列。

（2）在同一诉讼案件中行使了不同且独立的职能。例如，法官不得兼任检察官、司法警察、辩护人、证人、鉴定人、技术顾问或提出控告、告诉、申请或要求的人员（CPP art. 34. 3）。

（3）与其他诉讼主体存在亲属关系。存在配偶关系、亲属关系或两亲等以内姻亲关系的法官不得在同一诉讼案件中行使职能，即使是相互分离或不同的职能（CPP art. 35）。[8]

（六）法官的回避：主动回避和申请回避（astensione e ricusazione）

如前所述，为保障裁判的公正性，应允许在具体的个案中排除不公正或可能不公正的法官，这也是法官回避的学理依据所在。在意大利刑事诉讼中，回避分为主动回避和申请回避。主动回避指，如果法官与一方当事人或者裁判对象存在特别关系或者如果在具体案件中存在"不宜履职的其他重大原因"，则有义务主动退出裁判（CPP art. 36）；而申请回避则指，如果当事人认为法官与一方当事人或者裁判对象存在特别关系、可能损及公正性的情况下，则可以申请该法官退出裁判（CPP art. 37）。

主动回避及申请回避的事由大体类似，主要包括：

（1）法官身份不兼容，即存在《意大利刑事诉讼法典》第34、35条所规定的事由。

（2）法官与诉讼有利害关系，或者某一方当事人或辩护人是该法官的债务人或债权人，或者是其配偶或子女的债务人或债权人；这种利害关系不应仅是理论性的，而是法官应牵涉到诉讼，在客观上给他带来经济或道德利益。

（3）法官是一方当事人的监护人（tutore）、保佐人（curatore）、代理人或雇主，或者一方当事人的辩护人、代理人或保佐人是他或其配偶的近亲属。

（4）法官在行使司法职务以外针对诉讼对象提供过咨询或者发表过自己的意见。

（5）法官或其配偶的近亲属与一方当事人之间存在严重的敌视关系。

（6）法官或其配偶的某一近亲属是犯罪的被害人、受损害人或当事人。

---

〔8〕《司法组织法》（1941年1月30日第12号法律第18条和第19条）及关于重罪法庭的法律（1951年4月10日第287号法律第12条）也规定了因亲属关系而导致身份不兼容的情况。

（7）法官或其配偶的近亲属正在行使或者曾经行使过公诉人的职务。

但需要特别指出的是，如果在具体案件中存在"不宜履职的其他重大原因"，则法官应主动进行回避，但当事人不得以此一事项为由提出回避申请。意大利立法者之所以在这一问题上对当事人申请回避的权利进行了限制，主要是担心对司法机构的声誉造成过度损害。《意大利刑事诉讼法典》仅允许"法官在履职期间且在判决宣告以前不正当地针对被指控的事实发表过自己的确信观点"的情况下，当事人可以提出回避申请（CPP art. 37. 2；C art. 111. 2）。

法官拟主动回避的，原则上应向院长提出请求。院长以命令形式作出决定，无须经过诉讼程序（CPP art. 36. 3）。法官主动回避的声明不会自动生效，这是因为原则上法官不得拒绝裁判，除非可证明存在损及公正性的事由。

当事人请求回避的，则程序较为复杂。对于请求普通法庭的法官、重罪法庭的法官或重罪上诉法庭的法官回避的，由上诉法院决定；对于请求上诉法院法官回避的，由该法院中与被请求回避的法官无隶属关系的审判厅决定（CPP art. 40. 1）；对于请求最高法院法官回避的，由最高法院中与被请求回避的法官无隶属关系的审判厅决定（CPP art. 40. 2）。需要特别指出的是，如果法官宣布自动回避，包括在当事人提出回避请求之后宣布自动回避，并且自动回避得到允许的，则当事人的回避请求视为未提出（CPP art. 39）。请求回避应经由诉讼程序。

一旦确认回避，则原先的裁判法官由同一法院的其他法官接替（CPP art. 43）。在接到宣布回避请求不可接受的裁定之前或者在回避请求被驳回之前，被请求回避的法官不得宣告判决（CPP art. 37. 2）。

（七）诉讼转移（La rimessione del processo）

司法实践中还存在一些非常极端的情况，可能影响整个司法管辖区法院的公正性，而不限于个别的法官，则会导致诉讼转移，即将案件移送至另外的司法管辖区进行审判。《意大利刑事诉讼法典》第45条规定："在诉讼的任何阶段和审级中，如果由于当地出现足以干扰诉讼进行的并且不可以其他方式加以消除的严重形势，致使参加诉讼的人员无法自由地作出决定或者致使公共安全或秩序受到危害，最高法院根据上诉法院检察长的请求或者根据参加诉讼的法官身边的公诉人或被告人的请求，将诉讼移交给根据第11条指定的其他法官。"（经2002年11月7日第248号法律修改）依据该法条，可导致诉讼转移的事由应符合三大条件：其一，形势足够严重，必然对司法管辖区内的法院公正性造成损害；其二，发生在某一"司法管辖区"内，而未扩及全国；其三，无法通过行政手段消除这些事由。

司法实践中，发生诉讼转移的事由主要包括：①公共安全受到侵扰，例如意大利在20世纪70年代至80年代某些城市所发生的游击战；②某一司法管辖区内的诉讼参与人无法自由作出决定，例如法官、陪审员或者证人受到黑手党的恐吓；③存在严重、客观的当地情况，可证明整个司法管辖区的法官均有不公正的具体危险。

对于诉讼转移的请求，最高法院根据《意大利刑事诉讼法典》第127条之规定在合议室作出决定，在必要时，可以先进行适当的调查（CPP art. 48.1）。如果裁定接受诉讼移转的请求，应当立即将此裁定通知审理案件的法官和新指定的法官。审理案件的法官立即将诉讼文书移送给新指定的法官，并决定将最高法院裁定的摘要通知公诉人、当事人，同时向当事人送达（CPP art. 48.4）。新指定的法官可以依一方当事人的请求重新实施移送前所完成的诉讼行为，只要该行为的重新实施并非不可能（CPP art. 48.5）。

（八）法官、公正程序与管辖权

1988年意大利新刑事诉讼法典将司法管辖权的相关条款集中规定于"法官"一章中，这在立法体例上颇具特色，与欧陆其他主流国家均有区别。[9] 之所以如此设置，主要原因在于：1988 年改革后，主流学说认为意大利已确立起以审判为中心的刑事诉讼制度（la centralità del dibattimento）[10]，法官是刑事诉讼的核心主体，而案件管辖则是法官公正履职的重要条件（1999 年第 2 号宪法性法律）。

1. 事物管辖（la competenza per materia）

事物管辖指依据刑事案件的性质及情节轻重来确定由何种类型的法院进行受理的管辖制度。因此，事物管辖遵循两项标准：一是案件性质的标准，即所涉嫌的罪名及案件类型；另一个则是量刑标准，即可能判处的刑罚。在后一标准上，《意大利刑事诉讼法典》第 4 条规定："在确定管辖时，应考虑法律为既遂犯罪或未遂犯罪规定的刑罚，而无须考虑犯罪的连续性、累犯情况和其他犯罪情节，除非法律为某些加重情节规定了不同于一般犯罪的刑种（如无期徒刑）或者某些情节产生特殊的后果（如 CP art. 63[11] 所规定的增加 1/3 量刑的后果）。"

依事物管辖，《意大利刑事诉讼法典》区分了少年法庭、重罪法庭、治安法庭及普通法庭。

（1）少年法庭的事物管辖权。少年法庭由 2 名职业法官和 2 名鉴定专家组成。鉴定专家所涉领域主要为心理学、教育学或类似专业，应由司法部部长提议、经最高司法官委员会评议且由国家元首法令予以任命。少年法庭对 18 周岁以下未成年人所实施的犯罪具有

---

〔9〕《法国刑事诉讼法典》并未专设司法管辖权章节，涉及司法管辖的相关规定散见于各类诉讼程序（如违警罪、轻罪或重罪）的章节中。《德国刑事诉讼法典》则将司法管辖权条款设置于总则的篇章中。

〔10〕"以审判为中心"（la centralità del dibattimento）在意大利刑诉学界并非通用表述，但一些意大利学者在概括 1988 年改革后的意大利庭审方式时使用这一表述。例如 Enzo Zappala, "Le procés pénal Italien entre systéme inquisitoire et systéme accusatoire", in *Revue Internationale de Droit Pénal*, 1997, p. 111 et s; Davide Alfieri, "Il principio di completezza delle indagini nell'udienza preliminare in Penale", 13 April 2018.

〔11〕为了本书论述和阅读的简便，对在括号附注的法律条文采取简称的方式，如《意大利刑法典》简称 CP，"art." 指称条款，具体条款项之间用点号隔开。如 CP art. 612.1 表示《意大利刑法典》第 612 条第 1 款。

排他管辖权（1988 年 9 月 22 日第 448 号总统令第 3 条）。具体而言，即便未成年人实施了重罪法庭、治安法庭及普通法庭也可以管辖的犯罪案件，也应由少年法庭负责。未成年人与成年人共同实施了犯罪行为，仍属少年法庭管辖。

（2）重罪法庭的事物管辖权。重罪法庭实施陪审团审判（参审制），由 2 名职业法官和 6 名参审员组成合议庭，共同审理在极端情况下最严重的暴力流血案件以及最严重的政治犯罪案件，具体而言：

重罪法庭对依法可判处终身监禁或者 24 年及以上监禁刑的刑事案件享有管辖权（如 CP art. 575, 422 所规定的谋杀罪及故意杀人罪）。但存在例外，如严重的杀人未遂罪、抢劫罪、勒索罪、黑手党犯罪及贩毒罪等，无论情节多严重，均由普通法庭管辖，而不由重罪法庭管辖。

重罪法庭对同意杀人、煽动自杀和无意杀人的刑事案件（CP art. 579, 580, 584）享有管辖权。

重罪法庭对所有导致一人或多人死亡的故意犯罪案件享有管辖权，但《意大利刑法典》第 586 条（因其他犯罪造成的死亡或者伤害）、第 588 条（斗殴）和第 593 条所规定的刑事案件（不提供救助）由普通法庭管辖。

重罪法庭对依法可能判处 10 年以上有期徒刑的重建法西斯政党罪（1952 年第 645 号法律）、种族灭绝罪（1967 年第 962 号法律）和国事罪（《意大利刑法典》第二编第一章所规定的犯罪）案件享有管辖权。

重罪法庭对组建犯罪集团罪（CP art. 416.6）、奴役或者役使罪（CP art. 600）、拐卖人口罪（CP art. 601）、购买和转让奴隶罪（CP art. 602）以及依法可判处 10 年及以上有期徒刑的所有恐怖主义犯罪案件享有管辖权。

（3）治安法庭的事物管辖权。治安法庭由治安法官组成，主要受理轻微的刑事案件，包括多数可诉罪及部分应诉罪。治安法官是非职业法官，任期固定，无须通过司法官考试，仅需获得法律学位并通过法律专业的资格考试便可以担任。公证人员或者讲授法学科目的教职人员也可担任治安法官（1999 年第 468 号法律）。

治安法庭可管辖的可诉罪（2000 年第 274 号立法法令第 4 条，由 2016 年第 41 号法律所修改）包括：殴打（CP art. 581）；可以起诉的故意伤害，如果有关病患的持续时间不超过 20 日（CP art. 582）；诽谤（CP art. 595）；普通威胁（CP art. 612.1）；轻微盗窃（CP art. 626）；《意大利刑法典》第 635 条第 1 款中所规定的故意破坏。过失人身伤害（CP art. 590）也属于治安法官的管辖范围，但仅限于可以对当事人提起诉讼的案件（因违反道路交通规则而导致的轻微或非常轻微、有关病患的持续时间不超过 40 日）。违反预防劳动事故规则或者劳动卫生规则而实施的犯罪或者造成职业疾病的犯罪且导致病患的持续时间超过 20 日，则不属于治安法庭的管辖范围。自 2016 年 3 月 25 日开始，《意大利刑法典》第 590-1 条所规定的道路交通个人损害（le lesioni personali stradali）属于普通法庭的专属管辖。依 2013 年第 93 号立法法令第 2 条第 4-1 款（后转化为 2013 年第 119 号法律），《意大利刑法典》第 577 条第 2 款（配偶、兄弟或姐妹、养父或母亲、领养子女和直系亲属）所指同居者或者主体实施犯罪且可提起公诉的形体损害不属于治安法庭的管辖范围。

治安法庭可管辖的应诉罪主要包括：向未成年人或精神病患者提供酒精饮料（CP art. 689）；致使他人处于醉酒状态或致使他人确定酗酒状况（CP art. 690）；有损公共性道德的行为秽语（CP art. 726.1）；不履行对未成年人实行基本教育的义务（CP art. 731）；非法入境、非法居留（1998 年 7 月 25 日第 286 号立法法令第 10-1 条，经 2009 年 7 月 15 日第 94 号法令第 16 条所修改）。另外，涉及公共安全、航海、药品等领域的法律也规定了一些由治安法庭管辖的罪名。

（4）普通法庭的事物管辖权。普通法庭享有"剩余"管辖权及"定性"管辖权（una competenza qualitativa）。所谓"剩余"管辖权指，除前述少年法庭、重罪法庭、治安法庭所管辖的刑事案件外，其余案件均由普通法庭管辖。而"定性"管辖权则指，各单行法所专门规定的罪名，且可预先假定法官在处理这些案件时应具备解决一定复杂技术的能力，则归普通法庭管辖。例如1929年第4号法律第21条所规定的金融犯罪便由普通法庭管辖。此外，各种特别法所规定的涉及电影、新闻、广播和电视的罪名也由普通法庭管辖。

普通法庭可采用合议庭审判（由3名职业法官组成），也可采用独任制审判。1999年第479号法律以及2000年第144号法律对两种法庭组成形式的适用规则进行了修改，主要内容如下：

应采用合议庭审判的刑事案件包括：监禁刑期超过10年但少于24年的罪名包括未遂犯，且不属于重罪法庭管辖的罪名（CPP art. 33-1.2）；《意大利刑法典》第二编第二章第一节规定的犯罪（公务员侵犯公共管理的犯罪），但第329条（军人或公共武装力量属员拒绝或者拖延执行命令）、第331条第1款（中断公共服务或公需服务）、第332条（在发生离弃公共职务或者中断公共服务情况时不履行职责义务）、第334条（窃取或者损坏在刑事诉讼中扣押的或由行政机关决定扣押的物品）和第335条（过失违反与看管刑事诉讼中扣押的或由行政机关决定扣押的物品有关的义务）规定的罪名除外；团伙犯罪，主要包括《意大利刑法典》第416条、第416-1条、第416-2条、第420条第3款、第429条第2款、第431条第2款、第432条第3款、第433条第3款、第440条、第449条第2款、第452条第1款第2项、第513-1条、第564条规定的犯罪，第600-1条至第600-5条中应判处5年以上有期徒刑的犯罪，第609-1、609-3条和第644条规定的犯罪；《意大利刑法典》第二篇第一章所规定的国事罪原则上适用合议庭审判，如贪污罪（CP art. 314）、敲诈勒索罪（CP art. 317）或腐败罪（CP art. 319），目的是对被告人提供更多的保障；《意大利民法典》在公司及财团方面所规定的罪名（《意大利民法典》第5卷第11编，由2002年4月11日第61号立法法令所修改）；性暴力犯罪（CP art. 609-1）以及未成年人卖淫罪（CP art. 600-1）；依1989年1月16日1号的宪法性法律以及1989年6月5日第219号普通法律所规定的特别程序，部长们在履职过程中所涉及的罪名采用合议庭审判；"法律其他条款"所规定的案件也由合议庭裁判（CPP art. 33-2.2）。

采用独任庭审判的刑事案件包括：制造及交易毒品的犯罪且不具备第80条所规定的加重情节（CPP art. 33-2.1）以及最高为10年监禁刑且不属于治安法官管辖的案件（CPP art. 33-2.2）。因此，许多具有明显社会危害性的案件均交由独任庭裁判，如故意移动或者不放置劳动事故预防装置（CP art. 437）、造成其他物品变质或者掺假危害公共安全（CP art. 441）以及道路交通中的形体损害（CP art. 590-1）等。这引发了意大利刑事诉讼法学界对"合议制保障丧失"的担忧。一般认为，合议制更能防止独任法官的专制，且更能有效避免单个法官受到舆论或其他法外因素的干扰。因此，如果仅以提高司法效率及节约司法资源为目的而广泛适用独任制，则许多重大刑事案件的裁判之正当性将受到质疑。

最后需要指出的是，独任制法官与合议制法官之间的裁判分工属于管辖权问题，如果未遵循相关的法律规定，将会导致相应的法律后果。

2. 职能管辖（la competenza per funzione）

职能管辖指在不同诉讼阶段各司法机关按职能区分对刑事案件的分工。例如在重罪法庭或普通法院管辖的案件中，辖区内的司法警察及检察官负责侦查及提起公诉申请，预先侦查法官负责审查某些特殊侦查行为及公诉请求，辖区内的上诉法庭或重罪上诉法院负责案件的上诉审。

3. 地域管辖

地域管辖一般奉行"犯罪行为地"原则，即刑事案件通常情况下由犯罪行为既遂时所在地的法院进行管辖。这主要是为了便于取证，减少当事人和诉讼文书送达的不便，当然也有社会控制及有效实现正义[12]的考量。但《意大利刑事诉讼法典》同样设置了一些例

---

〔12〕 依法律传统，正义应在被侵犯的地方重新、正确确立（il diritto e la giustizia devono riaffermarsi proprio nel luogo in cui sono stati violati）。

外性的规定，主要包括：

（1）如果犯罪行为造成一人或者数人死亡，则导致死亡事实的作为或不作为所在地的法官拥有管辖权（CPP art. 8.2）。如果属于持续犯罪，犯罪既遂起始地的法官拥有管辖权，即使该犯罪造成一人或者数人死亡（CPP art. 8.3）。如果属于未遂犯罪，最后一个旨在实施犯罪的行为完成地的法官拥有管辖权（CPP art. 8.4）。

（2）"犯罪行为地"原则的补充规则。《意大利刑事诉讼法典》第9条确立了在"犯罪行为地"不明情况下的地域管辖补充规则：其一，如果不能根据第8条确定管辖权，则犯罪的某一作为或不作为的最后完成地的法官拥有管辖权；其二，如果最后完成地不明，则由被告人的居所、居住处或住所所在地的法官负责审理；其三，如果依照上述方法仍不能确定管辖权，则第一个在登记簿上记录犯罪消息的公诉人办公室所在地的法官拥有管辖权。

（3）司法官涉案的特殊地域管辖规则。如果司法官是刑事案件的犯罪嫌疑人、被告人、被害人或受犯罪损害者，则依据《意大利刑事诉讼法典》的规定，有关诉讼本应由犯罪发生时该司法官任职或者行使职务所在地司法机构（un ufficio giudiziario）负责审理，但事实上应由依法律确定（1998年12月2日第420号法律的附录，见下表）的上诉法院辖区首府驻地的法官进行审理（CPP art. 11.1）。如果该司法官是在案件发生后来到第1款列举的上诉法院辖区履行职务的，则案件由第1款规定以外的上诉法院辖区首府驻地的法官管辖（CPP art. 11.2）。如果案件与司法官作为被犯罪嫌疑人、被告人、被害人或受犯罪损害的人的案件相互牵连，根据第1款确定的法官拥有管辖权（CPP art. 11.3）。这三款的地域管辖规定主要是为了保证公正审判，避免同行庇护。

表1　1998年12月2日第420号法律的附录

犯罪发生地	实际管辖地
罗　马	佩鲁贾

续表

犯罪发生地	实际管辖地
佩鲁贾	佛罗伦萨
佛罗伦萨	热那亚
热那亚	都 灵
都 灵	米 兰
米 兰	布雷西亚
布雷西亚	威尼斯
威尼斯	特伦托
特伦托	第里雅斯特
第里雅斯特	博洛尼亚
博洛尼亚	安科纳
安科纳	拉奎拉
拉奎拉	坎波巴索
坎波巴索	巴 里
巴 里	莱 切
莱 切	波坦察
波坦察	卡坦扎罗
卡利亚里	罗 马
巴勒莫	卡塔尼塞塔
卡塔尼塞塔	卡塔尼亚
卡塔尼亚	墨西拿
墨西拿	雷焦卡拉布里亚
雷焦卡拉布里亚	卡坦扎罗
卡坦扎罗	萨勒诺
萨勒诺	那波利
那波利	罗 马

因此,对佛罗伦萨上诉法院履职的司法官提起刑事诉讼的,不

能由该地区的法官负责审理，而应由热那亚地区的法官负责。同样，对热那亚地区上诉法院履职的司法官提起刑事诉讼的，不能由该地区的法官负责审理，而应由都灵地区的法官负责。

4. 牵连管辖权：诉讼的合并与分离

在一些特殊的情况下，数个刑事案件可能存在诉讼牵连，这里便引发牵连管辖权的问题。《意大利刑事诉讼法典》第 12 条规定了三种诉讼牵连的情况：①如果所追诉的犯罪是由数人共同实施的或者在相互合作中实施的，或者数人采用相互独立的行为造成犯罪结果。例如被害人受到故意伤害，在送医急救过程中发生医疗事故。②如果某人被指控采用一个作为或不作为实施数个犯罪（称为"犯罪行为的形式竞合"，concorso formale di reati），或者采用数个作为和不作为执行同一犯罪意图（称为"连续犯"，reato continuato）。③如果所追诉的犯罪是为了实施或掩盖其他犯罪而实施的，例如为隐瞒盗用公款而实施伪造行为。

在诉讼存在牵连的情况下，法官可以合并审理（CPP art. 17），也可以分别审理（CPP art. 18）。诉讼合并可以提高诉讼效率，节约司法资源（如数名被告人的证人可只接受一次询问），且在一些情况下可以更清晰、更完整地重构不同犯罪事实之间的证明框架及关系。《意大利刑事诉讼法典》规定了可以合并的情况：①诉讼处于相同阶段和审级；②诉讼属于同一法官的管辖权；③诉讼存在牵连或者存在第 371 条第 2 款第 2 项所规定的情况（即如果某些犯罪是在实施另一些犯罪时实施的，或者是为了使犯罪人或他人获取或者保护犯罪收益、报酬、产物或者使其不受处罚而实施的，或者是由数人以相互侵害的方式实施的，或者对某一犯罪或者某一情节的证明影响对另一犯罪或另一情节的证明）；④合并不妨碍迅速审结这些诉讼。

但合并审理并非强制要求。受当事人主义的影响，意大利学术界一般认为，应在单一的诉讼程序中对单一的被告人进行审判，这更有利于实现对被告人的权利保障。但实务界显然更倾向于合并审理，因此《意大利刑事诉讼法典》不得不确立一些原则上应强制进行诉讼分离的情况。《意大利刑事诉讼法典》第18条第1款规定，在下列情况下，法官应下令诉讼分别进行，除非法官认为诉讼合并对于查明事实非常必要：①在初步庭审中，如果对一个或数个被告人或者对一项或数项指控可以迅速作出判决（如适用简易程序或刑事协商程序），而对其他被告人或者对其他指控需要根据第422条的规定进一步了解情况；②如果对一个或数个被告人或者对一项或数项指控已决定暂缓进行诉讼；③如果一个或数个被告人因传唤通知或者送达行为的无效、因合法的阻碍原因或者因在无过错情况下不知道传唤通知而未出席法庭审理；④如果一个或数个被告人的辩护人因未得到通知或者因合法阻碍原因而未出席法庭审理；⑤如果针对一个或数个被告人或者针对一项或数项指控的法庭调查已经结束，而对于其他被告人或者其他指控还需要采取进一步的行动，以致不能及时作出判决；⑥如果一个或数个被指控犯有第407条第2款第1项列举之罪（有组织犯罪或类似犯罪）的被告人因缺乏其他羁押理由而将马上在羁押期限届满时被予以释放。

除上述情况外，如果法官认为诉讼分离有助于程序的快速推进，也可以根据当事人的协议实行诉讼分离（CPP art. 18. 2）。当然，如果法官认为诉讼合并对于"查明事实非常必要"（assolutamente necessaria per l'accertamento dei fatti），也可以决定合并审理，无论是否存在前述强制分离的条件（CPP art. 18. 1）。但法官在诉讼合并及分离方面的裁量权受当事人对席辩论（contraddittorio delle parti）的制约：法官应在"听取双方当事人的意见"后方可依职权作出决定（CPP art. 19）。

在合并审理的情况下，依下列标准确定有管辖权的法庭：如果重罪法庭与普通法庭均有管辖权，则重罪法庭有管辖权（CPP art. 15）；如果数个法官对数项相互牵连的犯罪都同样拥有案件管辖权，则负责审理最严重罪行（依据 CPP art. 16. 3 来确定罪行的严重程度[13]）的法官对所有诉讼拥有地域管辖权；在所有罪行都同样严重的情况下，首先进行审理的法官拥有地域管辖权（CPP art. 16.1）。如果所涉牵连诉讼案件既有属于合议审的案件，也有属于独任审的案件，在这种情况下，诉讼案件应交由合议审的法庭管辖（CPP art. 33-3）。

但《意大利刑事诉讼法典》也设立了诉讼牵连的限制，主要涉及未成年被告人：针对在行为时尚未成年的被告人的诉讼与针对成年被告人的诉讼不发生牵连关系；针对被告人在未成年时所犯之罪的诉讼与针对被告人在成年后所犯之罪的诉讼也不发生牵连关系（CPP art. 14）。

5. 自然法官原则（Il principio del giudice naturale）

《意大利宪法》第25条第1款规定："任何人均不得被剥夺业经法律规定之自然法官的裁判。"这在学理上称为"自然法官原则"。自然法官原则涵盖了若干具有宪法效力的基本原则：①管辖权的绝对法律保留原则。管辖权条款仅得源自于法律，而不得由次级法律渊源（法规或行政法令）确定。②涉及管辖权的法律条款应清晰、确定，不应赋予随意选择的权力。③管辖权条款的"预先确立"（precostituzione）原则。管辖权条款仅适用于条款生效后所实施的犯罪行为，禁止回溯适用。④任何立法、行政及司法机构均不得酌情将特定法官剔除出诉讼程序。

自然法官原则的核心目的是保障裁判的公正性及独立性：一旦依法确定裁判者，除存在法定的回避事由或诉讼转移事由，否则不得进行人员更替，以避免可能的司法干预或因事设人。

6. 管辖权冲突问题

考虑到司法实践的复杂性，管辖权冲突的现象无可避免：如果两名或多名法官对同一人的同一犯罪事实同时具有管辖权，则会产

---

[13] 重罪重于违警罪。在重罪或违警罪当中，法定最高刑较高的犯罪被视为比较严重的犯罪。在法定最高刑相同的情况下，法定最低刑较高的视为比较严重的犯罪。如果法定刑中有监禁刑和罚金刑，只在监禁刑相同的情况下才考虑罚金刑的差别。

生积极的冲突（conflitto positivo）；如果两名或多名法官同时拒绝受理同一人的同一犯罪事实，则产生消极的冲突（conflitto negativo）。

管辖权冲突可能发生在诉讼的任何阶段和审级（CPP art. 28. 1）。公诉人或者私当事人（parte privata）可以对产生管辖权冲突的其中一位法官报告（CPP art. 30. 2）。发现存在冲突的一位法官也可以依职权主动提出（CPP art. 30. 1）。发现存在冲突情况的法官以裁定形式宣告将解决冲突所必需的文书副本移送最高法院，并向最高法院指明当事人和辩护人。前述裁定和报告对于正在进行的诉讼活动不具有终止效力（CPP art. 30. 3）。最高法院根据《意大利刑事诉讼法典》第127条规定的程序在合议室就冲突问题作出判决，并确定哪个法官有资格继续进行诉讼程序（CPP art. 32）。除非新出现的事实导致上级法官的管辖发生变更，否则最高法院的裁决具有约束力（CPP art. 25）。

7. 无管辖权宣告（La dichiarazione di incompetenza）

如果未遵守管辖权的相关规定，则法官应进行无管辖权宣告。

如果未遵守事物管辖的相关规定，则应区分两种情况：如果普通法庭受理了应由重罪法庭裁判的犯罪，则可以宣告无管辖权，直至判决不可撤销（CPP art. 21. 1）。但如果重罪法庭受理了应由普通法庭所管辖的案件，则虽同样可以依职权查明无管辖权问题，但仅得作为宣布开庭前的初步问题，此后提出的，不在审理范围之列（CPP art. 491. 1）。可以看出，重罪法庭比普通法庭更具"裁判权限"。

如果未遵守地域管辖的相关规定，则当事人可提出抗辩，也可由法官依职权查明，但应在初步庭审的最终讨论结束前。如果未进行初步庭审，则应在庭审的预决问题阶段（questioni preliminari）中提出抗辩或依职权查明（CPP art. 21. 2）。

如果未遵守牵连案件管辖的相关规定（包括事物管辖与地域管辖），则当事人可提出牵连案件无管辖权的抗辩，也可由法官依职权查明，但应在初步庭审的最终讨论结束前。如果未进行初步庭审，则应在庭审的预决问题阶段中提出抗辩或依职权查明（CPP art. 21. 2）。

法官进行无管辖权宣告将产生一些法律后果。在预先侦查期间，如果法官承认自己因任何原因而无管辖权，则宣告裁定并决定将文书退还给公诉人。但该裁定仅仅对被请求作出的处置产生效力（CPP art. 22. 2），并不妨碍检察官进行调查。新证据仍有可能证明他对法官管辖权主张的有效性。在预先侦查结束之后，如果法官承认自己因任何原因而无管辖权，则以判决形式加以宣告，并决定将文书移送给有管辖权的法官身边的公诉人（CPP art. 22. 3）。最高法院就管辖问题作出的裁决在诉讼过程中具有约束力，除非新出现的事实导致适用不同的法律规范，从而使上级法官的司法管辖权或管辖发生变更（CPP art. 25）。

但应特别指出的是，即便作出了无管辖权宣告，法官此前所取得的证据依然有效（CPP art. 26. 1）。向无案件管辖权的法官作出的陈述，如果是可复述的，只可以在初步庭审中使用，并可用于第500条和第503条规定的反驳（CPP art. 26. 2）。被宣告无管辖权的法官所采取的或以前采取的预防措施在作出移送文书决定后的20日内保持临时效力。在此期间，有管辖权的法官认为有必要时应采取新的预防措施（CPP art. 27）。

8. 未遵守合议审或独任审相关条款的法律后果

如前所述，意大利刑诉学界一般认为，合议审较之于独任审更具保障性。但立法者并未采纳这一立场，认为"合议审或独任审并不涉及裁判能力问题"（CPP art. 33. 3）。因此，未遵守合议审或独任审相关条款的法律后果变得颇为复杂，大体可分为两种情况：依法应适用独任审却适用了合议庭审判（学者称之为"溢出"的违法，Le inosservanze per eccesso），以及依法应适用合议审却适用了独任庭审判（学者称之为"不足"的违法，Le inosservanze per difetto）。

（1）"溢出"的违法。"溢出"的违法存在两种情况：一是在初步庭审程序中，法官认为（可能依职权，也可能依当事人抗辩）本案可适用直接传唤令，而无须进行初步庭审。在这种情况下，法官应在第550条规定的情况下宣告裁定将有关文书移送公诉人，以便依照第552条的规定发布传唤审判令（CPP art. 33-5）。二是合议庭在庭审中发现本案件应该进行独任制审判。这种情况并不会导致程序回流：合议庭将以裁定形式将有关文书移送有权对犯罪作出裁决的法官（CPP art. 33-6.1）。

（2）"不足"的违法。"不足"的违法也存在两种情况：一是如果独任法官在庭审中发现本案件应该进行合议制审判，则以裁定形式将有关文书移送有权对案件作出裁决的法官（CPP art. 33-6.2）。二是在通过直接传唤令程序而进行的庭审中，独任法官认为所涉罪名应进行初步庭审。在这种情况下，程序应进行回流：在初步庭审程序中，如果法官认为应进行合议制审理（CPP art. 33-6.2），或者应进行独任制审理（CPP art. 550.3），则应将文书移送检察官。检察官将再次起诉。

如果一方当事人对适用合议审或独任审的问题提出异议，但法官并不认同这一异议，则该方当事人可以提起上诉，产生《意大利刑事诉讼法典》第33-7条的效力，即当上诉审法官或者最高法院法官认为合议制或者独任制法庭未遵守关于案件审理权限的规定，只要有关抗辩系及时提出并且在上诉理由中被重新提出，则可撤销有关判决，并裁定将有关文书移送一审法官身边的公诉人。如果上诉审法官认为犯罪应由独任制法庭审理，则可就此问题宣告判决。

需要特别强调的是，"未遵守关于合议制或者独任制法庭构成的规定不导致有关的诉讼文书无效，也不致使已获取的证据不可使用"（CPP art. 33-8）。

9. 刑事判决的先决问题（Le questioni pregiudiziali）

（1）刑事裁判自给原则（Il principio di autosufficienza della giurisdizione penale）。如果刑事法官在认定被告人刑事责任前，需要对其他法律事实作出判断，则产生刑事判决的先决问题。例如刑事法官在判定被告人实施盗窃罪前，必须首先确定所涉盗窃物品是否属于他人（CP art. 624）。这里可能涉及对物品归属进行法律定性（民法的物权）。又如刑事法官在判定被告人实施接收赃物的罪行前，有必要确定所购买的物品是否为盗窃的物品。这里可能涉及对另一起刑事案件的法律定性（刑法的盗窃罪）。对这一问题，意大利刑事诉讼确立了较具特色的刑事裁判自给原则。

所谓刑事裁判自给原则，指刑事法官有权附带解决作出判决所依赖的任何先决问题，除非法律另有规定。但如果刑事判决的先决问题涉及民事诉讼领域或行政诉讼领域，则刑事法官通常不受民事证据规则或行政证据规则的限制。且"刑事法官在附带审理民事、行政或刑事问题时所作出的裁决，对于其他诉讼不具有约束力"（CPP art. 2.2）。例如在前所论及的案例中，刑事法官在判定被告人实施接收赃物的罪行前，可以事先认定所购买的物品为盗窃物品，但这一认定结果不能约束在盗窃一案中刑事法官的评价。因此，刑事法官的判决极有可能与其他刑事法官、民事法官及行政法官的判决产生冲突。作为"安全阀"，《意大利刑事诉讼法典》规定了在法定情况下撤销有罪判决的可能性（即再审，CPP art. 630）。

仅在涉及家庭状况和公民身份状况的先决问题时，刑事法官方必须遵守民法典所规定的"证据限制"（CPP art. 193）。在这类案件中，法律关系的确定性原则（il principio della certezza dei rapporti giuridici）占据主导地位，完全由民事法律确定，并对刑事法庭具有约束力。对此，《意大利刑事诉讼法典》第 3 条第 4 款所规定："民事法官就家庭状况或公民资格等争议问题所作出的生效裁决，在刑事诉讼中具有已决案的效力。"

（2）先决问题与后续问题的关系。如果先决问题也涉及刑事领域，则《意大利刑事诉讼法典》对先决问题与后续问题的关系进行了明确的规定，"当判决成为不可撤销时，可以用来作为证据对在该判决中认定的事实加以证明"（CPP art. 238-1）。例如在前述盗窃与购买赃物的两起刑事案件中，如果对盗窃行为的判决已成为不可撤销之判决，则对购买赃物的案件并不产生任何直接效力，但经核实且未有反证的情况下，可以作为书证。但如果在购买赃物的案件中，法官对"被盗物品"已然进行了定性，则不对盗窃罪案件产生任何影响。

如果先决问题涉及家庭状况和公民身份状况，则还可能存在刑事审判中止的情况。依《意大利刑事诉讼法典》第 3 条第 1 款之规定："裁决的作出有赖于对家庭状况或公民资格等争议问题的解决时，如果这类问题是重要的并且依据民事法律的诉讼正在进行，刑事法官可以暂缓刑事程序，直至就上述问题作出的裁决发生法律效力。"因此，刑事审判是否中止，由刑事法官进行裁断，主要依据的标准是"家庭状况和公民身份状况"这一先决问题对于刑事审判是否重要以及是否已经在民事诉讼中。例如，刑事法官需要判定公民是否持武器反对意大利国家（CP art. 242），则可能涉及需要判定被告人是否具有意大利公民的身份。如果法官认为这一问题对于后续的刑事审判至关重要且相关民事诉讼已然启动，则有权中止审判，反之则可以不中止审判。

如果先决问题是未涉及家庭状况和公民身份状况的民事或行政纠纷，则原则上不得中止刑事审判。尽管《意大利刑事诉讼法典》第 479 条第 1 款保留了中止刑事审判的可能性，即"除适用第 3 条的规定外，如果就犯罪是否存在问题作出裁决有赖于解决某个特别复杂的民事或行政争议，而且主管法官正在就此争议开展诉讼，在法律不限制对有争议的主体地位进行证明的情况下，刑事法官可以决定暂时中断法庭审理，直至上述问题通过生效判决得到裁决"，但一般认为这一规定仅具有理论上的可能性，因为民事法官或行政法官应自刑事审判中止之日起一年内作出不可撤销之判决，刑事诉讼的合理期限原则构成了中止审判的根本障碍。

（3）特殊的先决问题。《意大利刑事诉讼法典》还规定了一些特殊的先决问题，主要包括：对被扣押或没收资产的所有权如果存在争议，则应交由民事法官进行裁断（CPP art. 263.3，324.8，

676. 2）；对于法律或者具有法律效力的诉讼文件是否合宪如果存在争议，应交由宪法法院进行裁断［即合宪性的先决问题（pregiudiziale di costituzionalità），1953 年 3 月 11 日第 87 号法律第 23 条第 2 款］；对于涉及欧盟法的先决问题，应交由欧盟法院进行裁断［即合欧盟法的先决问题（pregiudiziale comunitaria），《建立欧洲共同体条约》第 234 条第 2 款，1938 年 3 月 13 日第 204 号法律第 3 条］。

三、检察官（Il pubblico ministero）

（一）检察官的组织体系及职能

1. 组织体系

意大利实行检、法同署。检察官在所驻法院履行职能（CPP art. 51. 3）。在组织体系上，意大利检察机关分为驻最高法院共和国总检察署（Procura Generale della Repubblica presso la Corte di Cassazione）、驻上诉法院共和国总检察署（Procura Generale della Repubblica presso la Corte d'Appello）以及驻普通法院共和国检察署（Procura della Repubblica），检察官在不同的检署内履行不同的职能。此外，一些特别的法院如军事法院也设有检察署，包括驻军事法院的军事检察院及驻军事上诉法院的军事总检察署，最高法院还设有特殊的"军事总检察署"。如果共和国总统涉嫌犯罪（C art. 90），且"议会在联席会议上根据议员绝对多数票对他提出控告"（1953 年 3 月 11 日第 1 号宪法性法律第 13 条），则由议会所选出的若干"特派员"担任检察官。

2. 职能

检察官的职能主要规定在《司法组织法》中，主要包括：

（1）确保遵守法律，保障司法快速、合法的运行，保护国家、法人及无行为能力人的权利（《司法组织法》第 73 条）。

（2）"推进对犯罪的刑罚"（《司法组织法》第 73 条），由此应进行必要的调查，以评估是否请求起诉或归档不诉。

（3）在不具备请求归档不诉的前提条件下提起刑事诉讼（CPP art. 50. 1）；通过调查找到可以用来支持法庭公诉的证据。

（4）"在法律所规定的情况下，请求法官执行其他措施"（《司法组织法》第73条）。

总体而言，检察官在刑事诉讼中承担公诉人的职责，代表国家–社区的一般利益，对侵害国家–社区一般利益的犯罪行为进行追诉。如果犯罪行为给国家财产造成损失，则有管辖权的检察官也可以在刑事诉讼中请求进行赔偿。

（二）检察权的性质

与审判权不同，检察权的性质在各国均有争议。意大利学说认为，检察权存在三种不同的形态：社会权、行政权及司法权。

1. 作为社会权的检察权

在这种定位下，检察官是"社会代表"，以公共指控者的形象出现。这一性质定位源于法国大革命的初期，检察官的遴选方式类似于议员，后在美国盛行。

2. 作为行政权的检察权

在这种定位下，检察官是"司法体系中行政权的代表"（rappresentante del potere esecutivo presso il potere giudiziario），其对案件的判断及职业生涯或多或少受到行政官员的影响。这一性质定位盛行于法国执政府及法兰西帝国时期，并在自由主义和法西斯政权时期为意大利所接受，但声誉不佳。

3. 作为司法权的检察权

现行《意大利宪法》将检察权视为纯粹的"司法权"，完全独立于行政权及立法权。检察官对案件的判断完全不依赖于政治，仅服从于法律。

即便在欧陆大陆，意大利对检察权的性质定位也是较具特色的，这主要是因为在经历法西斯独裁政权后，意大利的社会仍广泛存在深刻的意识形态冲突[14]，因此制宪者认为极有必要将检察官设定在"政治"争端之外，不受各政党的控制。

---

[14] 意大利有学说认为，美国之所以可将检察权定位于社会权，核心原因在于美国社会未存在深层次的意识形态冲突。

（三）检察院的内部关系

与法院不同，意大利的检察院存在内部的等级关系，这潜藏着两大对立的价值：一方面，如前所述，《意大利宪法》保障了检察官的独立地位，检察官应独立履职，完全不依赖于政治，仅服从于法律；另一方面，检察官在刑事诉讼中具有主动性及推动性。为确保检察职能得以有效履行，检察院内部往往需要进行必要的协调，包括强化相互之间的合作（如在有组织犯罪案件中），也包括避免相互之间可能的掣肘（如诉讼程序中的一些信息公开可能对其他检察官的工作产生影响）。检察官给司法警察的指示也必须是统一的（DACCP art. 9）。

意大利对这两大对立价值的协调经历了两个阶段：从"职能个别化"（personalizzazione delle funzioni）逐渐转向"弱层级结构"（gerarchia attenuata）。

1988 年法典确立了"职能个别化"的原则。"职能个别化"原则最早仅适用于法官，指院长依既定的标准确立表格系统，自动指派负责案件审理的法官。后最高司法官委员会以各种适用通令将该原则扩及适用于检察官。在"职能个别化"原则下，检察官亦随机指定，被指定的检察官拥有真正的行动自主权。检察长仅能作一般性指示，而不得介入具体个案。仅在法定非常严格的情况下，检察长方可撤销对检察官的指定，主要是检察官不遵循一般性指示或者在技术层面所提出的请求不受支持。

可以看到，"职能个别化"原则更强调检察官的独立履职，可避免检察长对个案的内部干预，符合检察权作为纯粹司法权的宪法定位，但缺点也是非常明显的，分散的检察力量不利于打击形式较为复杂的犯罪，尤其是自 20 世纪 90 年代起意大利日益猖獗的黑手党犯罪。因此，意大利在 21 世纪初分别通过了 2005 年第 150 号关于司法改革的委托立法、2006 年第 106 号立法法令以及 2006 年 10 月 24日第 269 号法律对"职能个别化"原则进行了调整，确立了当下的"弱层级结构"。

"弱层级结构"对"自动指派"的做法进行了调整，创设了"委派"（assegnazione）制度，即"共和国检察官是刑事指控的专属主体，可亲自或委派一名或多名检察官履行职责"（2006 年第 106 号立法法令第 2 条第 1 款）。共和国检察官在委派令中可确定对被委派之检察官的履职指示，既包括一般性指示，也包括对具体案件的专门指示（2006 年第 106 号立法法令第 2 条第 2 款）。接受委派的检察官如果违反了相关指示，或者与检察长的意见发生冲突，则共和国检察官可以通过载明理由之裁决撤销委派（2006 年第 106 号立法法令第 2 条第 3 款）。在发布撤销通知的 10 天内，接受委派的检察官可以向共和国检察官提交书面意见。如果委派令未对各自职责进行说明，则检察长和所涉检察官均可向最高司法官委员会进行报告，以撤销委派令。共和国检察官可通过一般性指示确定可使用的技术资源及财政资源，接受委派的检察官在使用司法警察时必须遵循这些一般性指示（2006 年第 106 号立法法令第 4 条）。

如果检察官参与庭审，则检察长的管理权将减弱。原则上，检察官将"完全"独立地行使其职权（CPP art. 53.1）。检察长仅得在利害关系方同意的情况下另行指派替代检察官，或者在未经利害关系方同意的情况下，因存在严重障碍、重大的工作需要的事由方可替换检察官。此外，如果共和国检察官在诉讼中存有"私人"利益，则有义务替换检察官（CPP art. 53.2）。在这种情况下，检察长应向最高司法官委员会提交附理由的替换检察官的裁定副本（《司法组织法》第 70 条第 4 款）。如果检察长未替换，则驻上诉法院的总检察官必须依《意大利刑事诉讼法典》第 53 条第 3 款的规定下令进行替换。总检察官也可以在庭审程序之外（如在预先侦查期间，参见 CPP art. 372.1.8）或者在指定的检察官自行回避或不得兼职且不可能及时实行更换的情况下（CPP art. 372.1.4）下令接管案件。

"弱层级结构"还体现在预防措施及媒体关系上。在预防措施方面，检察官向法官提出涉及人身预防措施（如羁押）或者财产预防措施（如预防性扣押）的请求时，必须获得共和国检察官的书面同意（2006 年第 106 号立法法令第 3 条第 2 款）。请求逮捕犯罪嫌疑人同样需要获得共和国检察官的书面同意（2006 年第 106 号立法法令第 3 条第 1 款）。但在请求认可逮捕或拘留（CPP art. 390）或者请求确认紧急的预防性扣押（CPP art. 321. 3-1）时，则不需要获得同意（2006 年第 106 号立法法令第 3 条第 4 款）。在媒体关系方面，共和国检察官应亲自与媒体保持联系（2006 年第 106 号立法法令第 5 条第 1 款）。所有涉及共和国检察官活动的信息都必须客观地提供给检察院，但不包括委派检察官的信息（2006 年第 106 号立法法令第 5 条第 2 款）。共和国检察院内的检察官禁止就检察院内的司法活动向媒体发表声明或提供信息（2006 年第 106 号立法法令第 5 条第 3 款）。对于违反这一禁令的检察官，共和国检察官有义务向最高司法官委员会报告违反禁令的行为，以行使监督及纪律惩戒权（2006 年第 106 号立法法令第 5 条第 4 款）。

（四）检察院之间的关系

依《意大利刑事诉讼法典》第 51 条第 3 款规定"每个检察院在所驻法院的管辖区内履行职责"，但该规则存在若干例外，可能导致履职的优先关系（rapporti di sovraordinazione），但并非等级关系。简而言之，上下级检察院之间并不存在一般意义上的等级性，上级检察院不享有直接的遵从权（un potere conformativo diretto），不可通过命令或指令要求下级检察院依法履行职责。上级检察院仅在组织及纪律惩戒方面享有单一、有限的监督权。驻最高法院的总检察官履行监督职能，因为他有权对所有检察官和法官提起纪律惩戒之诉，但最终由司法官最高委员会决定。驻最高法院的总检察官同样可以解决不同上诉法院管辖区检察院之间的消极冲突或积极冲突（CPP art. 54，54-1）。所谓消极冲突，指两个检察院在涉及既定犯罪的预先侦查中否定主体或地域管辖权而认为应由对方管辖（CPP art. 54）。而相反，如果两个检察院对同一被告人及同一犯罪事实均主张排他管辖权，则构成积极冲突。

驻上诉法院的总检察官对下属的检察院实施监督职能，主要表现在以下方面：

（1）有权在所驻上诉法院的管辖区解决下属检察院的管辖权争议，包括确认或撤销其中一个检察院的管辖权。

（2）在法律所规定的情况下，有权提审某一案件。

但上级检察院不能就个案的处理发布具有约束力的指令。

前述 2005 年第 150 号关于司法改革的委托立法及 2006 年第 106 号立法法令对检察院之间的关系也作了一些调整。依立法法令第 6 条之规定，为确保刑事起诉正确及统一行使、遵守公正审判的规定以及保障共和国检察官准确行使所赋予的指挥、监督及组织权，驻上诉法院的总检察官有权从管辖区的共和国检察院处获取数据和信息，并有权向最高法院的总检察官至少提交一份年度报告。

上级检察院在法定的情况下还享有提审权（Il potere di avocazione），这主要是为了在检察官独立原则（C art. 107.4）与合理期限原则（C art. 111.2）之间寻求合理的平衡。具体而言，如果下级检察院的检察长或检察官未能尽职，或者在任何情况下因检察官的不作为而导致刑事诉讼处于停顿状态，则驻上诉法院的总检察官可以提审共和国检察官的案件。依提审决定，驻上诉法院总检察院的一名检察官代替一审检察官实施正在进行的职务活动（如预先侦查或者出席庭审）。提审决定必须载明理由，并移送最高司法官委员会及"被替代的"检察官，后者可以向驻最高法院的总检察官提出申诉（《司法组织法》第 70 条第 6 款）。除法定的强制提审之外，司法实践中也存在裁量提审。

（五）检察官的主动回避

与法官不同，意大利的检察官不得因对方当事人的请求而回避，而仅得依职权主动回避，这主要是因为检察官同样是诉讼的一方当事人，尽管代表公共利益，也承担诉讼公正义务（CPP art. 358），但公诉者的职能显然不能允许对方当事人以"偏袒"为由提请回避。因此，检察官仅得在有重大适宜性理由的情况下有权主动回避（CPP art. 52.2）。所谓的"重大适宜性理由"，主要包括检察官与所分配的案件存有私人利益或者与一方当事人存有利益关系。对于主动回避请求，由共和国检察官和检察长作出裁决。如果共和国检察官或驻上诉法院的检察长要求主动回避，则分别由驻上诉法院的检察长和驻最高法院的检察长作出裁决（CPP art. 52.3）。这里需要特别提及的是，尽管《意大利刑事诉讼法典》第52条第2款规定的是"有权"主动回避，但如果检察官未主动提出回避请求，则可能受到纪律惩戒。

对于诉讼中存有私人利益且未主动提出回避请求的检察官，检察长有义务进行更换（CPP art. 53.2）。更换事由规定在《意大利刑事诉讼法典》第36条第1款第1、2、4、5项，包括：①如果检察官与诉讼有利害关系，或者某一方当事人或辩护人是该检察官的债务人或债权人，或者是其配偶或子女的债务人或债权人；②如果检察官是一方当事人的监护人、保佐人、代理人或雇主，或者一方当事人的辩护人、代理人或保佐人是他或其配偶的近亲属；③如果检察官或其配偶的近亲属与一方当事人之间存在严重的敌视关系；④如果检察官或其配偶的某一近亲属是犯罪的被害人、受损害人或当事人。如果检察长未能进行更换，则驻上诉法院的检察长从自己的检察院中为庭审指派一名检察官（CPP art. 52.3）。

（六）检察官的诉讼公正义务（Dovere di lealtà processuale）

尽管检察院内部具有一定的层级性，但检察官从根本上是独立的司法官和公共当事人，应与仅追求个人利益的私当事人区分开来。这尤其体现在检察官的诉讼公正义务上。依《意大利刑事诉讼法典》第358条之规定："检察官调查案件事实可开展一切必要的活动，并且也核实对被调查人有利的事实和情节。"检察官对于所有的调查结果（即便是有利于犯罪嫌疑人的调查结果）均应按时交存（CPP art. 366），且无论在何种情况下都应与侦查终结意见一并交存（CPP art. 415-1）。

（七）反黑手党及反恐怖主义的地区检察院及国家检察院（Le procure distrettuali e la procura nazionale antimafia e antiterrorismo）

意大利 1988 年改革在相当程度上纵容了黑手党犯罪：一方面，过于严厉的传闻证据排除令法庭上的控诉变得异常困难，因为庭审前所获得的供述大部分不可使用，而几乎没有证人愿意在黑手党案件中出庭作证；[15]另一方面，检察院内部的"弱层级结构"及外部的"非等级关系"固然有利于保障检察权独立运行，但松散的检察力量在应对复杂的刑事案件时存在协调性及有效性不足的严重缺陷。尤其是自 20 世纪 90 年代初起，黑手党的犯罪形态出现了明显的变化，它们不再与国家政权进行直接对抗，而是倾向于内部渗透与掌控，借由所占有的大量财务资源控制整个地区甚至国家机构。而与之相比，检察系统的内部力量整合还处于"自发"阶段，许多检察院不愿意共享侦查信息与证据。各个检察院的检察长随意决定是否组建专门团队以全职调查这一类最危险的犯罪。《意大利刑事诉讼法典》虽然也规定了关连侦查（Il collegamento tva le indagini）义务，但实施效果不佳。如《意大利刑事诉讼法典》第 371 条第 2 款规定，在下列情况下，检察院具有相互协调的义务（包括交换相关文件与信息，以及协调对司法警察的指示），以便迅速、经济和有效地进行侦查：①如果根据第 12 条的规定诉讼具有牵连关系（且未合并）；②如果某些犯罪是在实施另一些犯罪时实施的，或者是为了使犯罪人或他人获取或者保护犯罪收益、报酬、产物或者使其不受处罚而实施的，或者是由数人以相互侵害的方式实施的，或者对某一犯罪或者某一情节的证明影响对另一犯罪或另一情节的证明；③如果对数项犯罪的证据出自同一来源，或者部分地出自同一来源。1991 年第 356 号法律以及 1992 年第 8 号法律还专门规定了检察院在调查黑手党或非黑手党有组织犯罪案件中违反协调义务的制裁机制（CPP art. 372. 1-1, 371-1. 3. 8），但收效甚微。以黑手党为典型的有组织犯罪让意大利在欧洲乃至世界蒙羞，严重激发了意大利公众对政治

---

〔15〕 参见本书对 1988 年改革的研究。

环境和社会治安的担忧。

在这一背景下，意大利著名的反黑手党检察官法尔科内（Giovanni Falcone）主张在全国范围内筹建打击黑手党的专门检察院，自上而下整合各个层面的政治资源、经济资源及司法资源，对黑手党及相关的犯罪进行全方位、立体化的打击。这一建议在议会内经过反复辩论且进行了重大修改最终得到批准。反黑手党及反恐怖主义的地区检察院及国家检察院开始在意大利生根发芽，最终成为打击黑手党及相关犯罪的利刃。而法尔科内检察官也因此在1992年一场由黑手党策划的暗杀中殉职。

反黑手党及反恐怖主义的地区检察院由设在上诉法院26个管辖区首府的共和国检察官组成。地区检察院负责在一审程序中受理《意大利刑事诉讼法典》第51条第3-1、3-3、3-4款所规定之刑事案件，主要包括黑手党及类似犯罪（CPP art. 51. 3-1）、恐怖主义犯罪（CPP art. 51. 3-3）以及儿童色情制品、计算机犯罪以及未经许可的电话拦截等罪名（CPP art. 51. 3-4）。对于这些刑事案件，地区检察院在上诉法院管辖区内进行预先侦查，并在初步庭审及审判时履行公开指控的职能。因此，司法警察的所有调查活动都由该辖区的检察院协调。应当指出的是，对于前述案件，庭审法官仍然是最初对案件享有地域管辖权的法官。但在预先侦查及初步庭审程序中，法官职能应由检察官所驻辖区首府的法官负责（CPP art. 328. 1-1，328. 1-2）。地区检察院设有"地区反黑手党局"（direzione distrettuale antimafia，DDA），这是专门应对与黑手党有关的有组织犯罪及恐怖主义犯罪的检察官团体。这些检察官有义务彼此之间以及与总检察官之间进行紧密协调，互相沟通信息、指令及证据（《司法组织法》第70-1条第1、2款）。可以看到，改革后，与黑手党相关的犯罪专职交由26个地区检察院（奉行相同管辖权标准），而不是意大利全国130余个检察院。地区检察院内设有专门的业务检察官，各检察院之间以及各检察官之间形成了长效沟通机制。

反黑手党及反恐怖主义的国家检察院设在罗马。检察长由国家检察官担任（il procuratore nazionale），受驻最高法院总检察官的监督（《司法组织法》第76-2条）。国家检察官由最高司法官委员会在获得司法部部长同意（称为"意见一致"）后任命。国家检察院又称为"反黑手党及反恐怖主义的国家总局"（Direzione nazionale antimafia e antiterrorismo），由20名检察官组成。这些检察官由最高司法官委员会在听取国家检察官的意见后任命。

反黑手党及反恐怖主义的国家检察院享有协调权，其根本职责是"推动各辖区检察官实现侦查活动相互协调，确保有效发挥司法警察的各方面作用，确保调查工作的全面性和及时性"（CPP art. 371-1.1）。如果为推进或者实现协调而举行的会议未获成果并且协调工作由于法定原因而不可能进行时，则国家检察官可采用附理由命令的形式决定接管针对第51条第3-1、3-3款所列举的某一犯罪开展的初步调查，对于该决定可向驻最高法院总检察长提出异议。国家检察官对所采取的行动无须向政治机构汇报。他仅受驻最高法院总检察官的"监督"，当然也受最高司法委员会的监督。但需要特别注意的是，国家检察院的协调权不得损及各个检察院的独立性，即国家检察官不能给地区检察官发布具有约束力的指示，仅得召集各检察院的检察长，以查看他们是否相互协调工作。但国家检察官可以行使监督权，对那些有"严重惰性"或者不想与其他检察院进行工作协调的地区检察官进行调查（CPP art. 371-1.3.8）。

四、司法警察

（一）治安警察与司法警察

意大利共设五支警察队伍以维护国家秩序及政权的合法性，包括国家警察、宪兵队、财政卫队、狱警部队以及国家林业部队。但警察部门身兼多样职能，多数为行政职能与治安职能，而与刑事诉讼相关的主要为司法职能。

行政警察负责确保法律及行政条例得到遵守，履行行政机关应有的职能，如税务警察、卫生警察以及交通警察等。治安警察负责预防犯罪，确保社区免受危险以及公民社会生活的基本利益免受侵害（《公共安全法典》第 1 条）。而司法警察则负责刑事案件的侦查，"包括主动侦查犯罪，阻止犯罪行为造成更严重的后果，搜寻作案者，为保护证据来源而采取一切必要的措施，并且收集其他可能有助于刑事法律适用的材料"（CPP art. 55）。因此，与刑事诉讼关系较为紧密的主要为治安警察与司法警察，可作一简要比较。

因职能不同，治安警察与司法警察所享有的权力也不同。治安警察原则上不享有直接限制公民人身自由的权力（除极个别的情况）；而司法警察则可综合使用《意大利刑事诉讼法典》所设定的各种强制手段（不仅涉及人身自由，也可能涉及个人财产，当然应符合法定的条件），在紧急且必要的情况下，还可对现行犯及严重犯罪的犯罪嫌疑人实施逮捕（CPP art. 380-384）。但治安警察与司法警察在一定情况下也可以进行身份转化，如治安警察在巡逻时发现盗窃犯，即应以司法警察的身份作为，可进行逮捕、搜查，确定证据来源并收集有用的证据，以确保现场证据不会遗失。

治安警察和司法警察具有不同的职能隶属关系。在地方，治安警察履职时归省长和警官领导（1981 年 4 月 1 日第 121 号法律第13、14 条），在中央，治安警察的履职接受内政部部长的领导。而司法警察则在检察官的领导下履职（CPP art. 56），并受驻上诉法院总检察官的监督。总检察官可以就司法警察在履职中违反所涉义务启动纪律惩戒程序（DACCP art. 17）。因此，确保司法警察正确履职是意大利上诉法院 26 位总检察官的责任。在涉及黑手党及有组织犯罪的案件中，司法警察职能由"反黑手党调查局"（direzione investigativa antimafia, D. I. A.）的中央机构执行，该机构接受反黑手党国家检察官领导和监督。

但无论履行何种职能，警察在组织机构上仍隶属于行政权，即警察或警官的职业前景及晋升取决于所属行政机构的负责人。因此，司法警察在履职上归检察官领导，但在组织机构上主要还隶属于行政权力（驻检察院的司法警察部除外）。这里便存在行政机构负责人干预警察调查案件的情况。例如在一些官员牵扯其中的刑事案件中，高层行政官员可能阻挠警察遵循源自检察官的指示，消极取证甚至毁灭证据。

（二）检警关系的强化

为避免行政官员干预刑事案件，意大利立法者确立了强化检警关系的法律机制，以贯彻《意大利刑事诉讼法典》第 327 条所规定的检警一体关系，即"检察官领导侦查工作并且直接调动司法警察"。

在组织机构上，司法警察存在三种不同的行政隶属关系，《意大利刑事诉讼法典》及其实施细则分别确立了不同的检察领导机制。

1. 司法警察部（Le sezioni di polizia giudiziaria）

司法警察部直接设立在初审的检察院里，通常由国家警员、国家警官、经济警察和经济警官组成。如果因特殊的专业化需要，其他行政部门的司法警员及司法警官亦可以纳入其中（DACCP art. 5）。司法警察部归检察长领导，听从检察长的调配（DACCP art. 9）。检察官可直接任命司法警察部的任何一名警察进行案件调查。司法警察部内的警员在业绩、晋升、流动等方面也均由检察官决定。因此，司法警察部几乎完全依附于所驻的检察院。

2. 司法警察局（I servizi di polizia giudiziaria）

较之于司法警察部，司法警察局的职能依附程度较低。司法警察局是"受各主管部门委托的机构和单位……作为优先事项和持续执行司法警察的职能"（DACCP art. 12），如警察总部的流动小组、经济警察和经济警官所组成的调查小组等。司法警察局的负责人对驻法院的共和国检察官负责，"司法警长及其下属警员向执行任务所在地法院的共和国检察官负责"（CPP art. 59. 2）。但共和国检察官在进行案件侦查时不能亲自指派司法警察局内的某位警员，仅得将任务整体交由司法警察局，由司法警察局的负责人进行人员的遴选和指派。共和国检察官可影响司法警察局内人员的流动和晋升（DACCP art. 14, 15）。

3. 司法警察的其他机构

有些司法警察虽不属于司法警察部或司法警察局，但仍然应完成检察官所交付的职责。依《意大利刑事诉讼法典》第 59 条第 3 款之规定，司法警官和警员应当执行交给他们的任务。

除组织领导体制外，《意大利刑事诉讼法典》及其实施细则还设置了纪律惩戒制度，对拒不履行职责的警察进行处罚。检察院的纪律惩戒权由驻上诉法院的总检察官启动。纪律惩戒庭由 2 名法官及 1 名司法警官组成，对所有的司法警官和警员均有排他管辖权（包括司法警察部、司法警察局和其他机构的所有警官和警员）。纪律惩戒的范围为司法警察在履行刑事侦查职责时的所有违法行为。但对于其他与侦查职责无关的违法行为，仍由司法警察所附属的行政机构进行处罚。

2005 年第 144 号反恐法令（后转化为第 155 号法律）进一步强化了对司法警察的监管策略，包括提升司法警察的调查能力以及减少司法警察的非司法事务。例如，为了反恐需要，意大利内政部部长必须设立专门的跨机构调查部门，纳入涵盖各种警察部队的官方专家及警官，由检察官进行领导（2005 年第 144 号反恐法令第 5 条）。又如，司法警察不再承担其他非司法事务，包括司法送达。

（三）司法警官与司法警员

司法警官与司法警员大体分为两类：一类对所有的犯罪具有一般的管辖权，另一类对特定的犯罪具有有限的管辖权。

1. 具有一般管辖权的司法警官和司法警员

《意大利刑事诉讼法典》第 57 条第 1 款规定了具有一般管辖权的司法警官，主要包括：①国家警察组织的领导人员、警长、监察官、负责人以及根据公共安全管理制度被承认具有此种身份的国家警察机关中的其他人员；②宪兵部队、财经警察、特工警卫部队、国家森林部队的高级官员和下级官员，以及根据上述各机构的管理制度被承认具有这种身份的其他属员；③未设国家警察机构、宪兵部队指挥部或财经警察指挥部的市镇的市长。《意大利刑事诉讼法典》第 57 条第 2 款还规定了具有一般管辖权的司法警员，主要包括：①根据公共安全管理制度被承认具有此种身份的国家警察机构的人员；②宪兵、财经警察、特工警卫人员、森林卫队的成员；③在有关机构的管辖区域内，正在执勤的省警卫队和市镇警卫队的队员。

2. 具有有限管辖权的司法警官和司法警员

《意大利刑事诉讼法典》第 57 条第 3 款规定了具有有限管辖权的司法警官和司法警员："根据法律和条例被授权行使第 55 条列举的职能的人员，在执行特定任务的范围内并且依照各自的职责，也视为司法警察的警官和警员。"因此，这些人员必须有法律和条例赋予的特定职能（如劳动监察员，1955 年第 520 号共和国总统令第 8 条），平时主要履行行政警察的职能。仅在履职过程中为避免出现新的犯罪，司法警察的职能方被激活。这种类型的司法警官和司法警员仅在法律和条例所确定的职权范围内履职。

比较独特的是《意大利刑事诉讼法典》第 57 条第 2 款所规定的"市政警卫"（确切而言是 1986 年 3 月 7 日第 65 号法律第 3 条所设立的"市政警察局"）。"市政警卫"既具有所有犯罪的一般管辖权，也有对特定犯罪的有限管辖权（CPP art. 57.3）。

五、被告人[16]

（一）犯罪嫌疑人与被告人的区分（indagato e imputato）

在多数案件中，刑事侦查的启动主要针对"不明身份者"，因为报案人通常无法准确指出犯罪行为的实施者。司法警察将犯罪信息的报告转交检察官，检察官命令秘书处登记在名为"犯罪信息登记簿"（registro delle notizie di reato）的专门登记簿上（CPP art. 335）。

---

［16］《意大利刑事诉讼法典》第一编第四章并未将"犯罪嫌疑人"作为诉讼主体，原因是：受当事人主义的影响，意大利立法者认为仅在具有被告人资格后，诉讼的对抗结构方形成，犯罪嫌疑人并非正式诉讼程序的主体。但事实上，第四章的诸多条款既适用于犯罪嫌疑人，也适用于被告人。因此，将"犯罪嫌疑人"排除在诉讼主体之外，与意大利职权主义传统形成较鲜明的矛盾。

随着刑事侦查的推进，警方逐渐锁定涉嫌实施犯罪行为的人员，检察官亦应命令秘书处将所涉人员的名字记在专门登记簿上，并在旁边标注犯罪嫌疑人（l'indagato）。直到预先侦查终结的最后时刻，即"检察官提交移送审判的请求或者在特别程序中提交类似的指控请求"时，犯罪嫌疑人的身份方转化为被告人（l'imputato）。因此，被告人资格的获得与检察官提出指控请求紧密相关。《意大利刑事诉讼法典》第60条第1款详细地规定了被告人资格的获得。具体而言，在普通程序中，被告人资格是在提出指控请求时获得的。而在特别程序中，被告人的地位是在请求启动这一程序时获得：请求立即作出判决（CPP art. 453）；当事人请求适用刑罚（CPP art. 444.1）；启动直接审判的文件，包括在庭审中对指控的异议（CPP art. 451.4）或者出庭传唤（CPP art. 450）。在独任庭审判的诉讼程序中，发出传唤出庭受审令，被告人的资格即确立（CPP art. 552）。"被告人的身份在诉讼的所有阶段和审级中均予保留，直至不追诉判决、开释判决、有罪判决或刑事处罚令成为不可抗辩的、不可撤销的或者产生执行力时为止"（CPP art. 60.2）。"在撤销不追诉判决并且决定进行再审的情况下，有关人员重新取得被告人的身份"（CPP art. 60.3）。

意大利刑事诉讼之所以区分犯罪嫌疑人与被告人，主要出于权利保障的目的：一方面，《意大利刑事诉讼法典》要求检控方必须搜集足够充分的证据方可将犯罪嫌疑人转化为被告人（CPP art. 125，405），不得随意对公民提起刑事追诉；另一方面，意大利学界认为"犯罪嫌疑人"比"被告人"的称谓更为"中立"且"未带偏见"。《意大利刑事诉讼法典》第61条第1款将犯罪嫌疑人界定为"接受预先侦查的人员"，与临时指控（L'addebito provvisorio）相对应，而被告人则对应于正式指控（l'imputazione）。在具体的权利保障方面，"被告人的权利和所享有的保障扩展适用于接受初期侦查的人员"（CPP art. 61.1）。

（二）讯问规则与权利保障[17]

《意大利刑事诉讼法典》第 64、65 条详细规定了讯问规则及被告人在接受讯问（讯问主体可以是检察官，也可以是预先侦查法官）时的"自我辩护权"（diritto di autodifesa）。

1. 讯问的一般规则

《意大利刑事诉讼法典》第 64 条规定了讯问的两项一般规则：一是被告人有权决定是否作出陈述，法律保障被告人的自由选择（第 1、3 款）；二是"不得使用足以影响被讯问者自主回答能力或者改变其记忆和评价事实的能力的方法或技术进行讯问，即便被讯问者表示同意"（第 2 款）。

2. 知情权

依《意大利刑事诉讼法典》第 64 条第 3 款之规定（经 2001 年第 63 号法律修改），被告人在接受讯问前有权获取如下信息：

（1）"所作之陈述可能用于指控他本人"（CPP art. 64.3.1）。讯问人员应明确告知被告人，他所作之陈述可能在预先侦查、初步庭审和正式庭审程序中用于指控其本人，即便他未出庭或者在庭审中保持沉默。如果负责侦查的机构未进行此项告知，或者未完整地进行告知，则被告人的陈述不可用（CPP art. 64.3-1）。

（2）被告人有权不回答问题，但应如实交代他的个人身份（CPP art. 66.1；CP art. 495, 651）。被告人对所有问题或者其所选择的一些问题有权保持沉默。但讯问人员应告诉被告人，"即便他不回答问题，诉讼仍将继续进行"（CPP art. 64.3.2）。同样，如果负责侦查的机构未进行此项告知，或者未完整地进行告知，则被告人的陈述不可用（CPP art. 64.3-1）。

（3）被告人如果将针对涉及其他人责任的事实作出陈述，就该事实而言，他将具有证人身份（CPP art. 64.3.3）。如果负责侦查的

---

[17] 如前文所述，被告人的权利和所享有的保障扩展适用于犯罪嫌疑人。因此，下文所论及之权利保障既适用于犯罪嫌疑人，也适用于被告人。为了简洁论述，本书倘若未作专门说明，均仅以被告人为例。

机构未进行此项告知，或者未完整地进行告知，则将产生两种法律后果：一是被告人就涉及他人责任之事实所作出陈述不得用于指控该人；二是被告人不具有证人身份。这两种法律后果将一直维系至判决不可撤销之时（CPP art. 64. 3-1）。

3. 就实质问题进行讯问的规则

检察官在向被告人提问时，应当明确、精准地告知与指控有关的事实，并使他了解现有的证据材料，在不妨碍侦查工作的情况下，可以告诉他证据的来源（如证人的姓名）。但如果告知证据来源可能污染证据，则检察官可以拒绝进行披露。检察官在讯问被告人时可能存在三种情况：

第一种情况是被告人拒绝回答所有或部分问题。在这种情况下，检察官应在笔录中载明被告人行使了沉默权。

第二种情况是被告人如实回答了问题。如果被告人的回答对他本人不利，则构成"认罪"。

第三种情况是被告人作出了虚假供述。与证人不同，被告人作出虚假供述，并不构成《意大利刑法典》第372条所规定的伪证罪，也不构成《意大利刑法典》第371-1条所规定的向检察官提供虚假信息罪。被告人作出虚假供述即便涉及其他罪行，也受《意大利刑法典》第384条第1款豁免事由的保护，即"因保护自己或近亲属的自由或名誉免受严重的和不可避免的损害而被迫实施行为的，不受处罚"。但被告人作出虚假供述并非全然没有否定性后果：一方面，如果被告人滥用辩护权，则说谎行为可能构成犯罪。例如，被告人虚构发生了犯罪案件，但事实上并未有人实施犯罪行为，则构成"谎报犯罪罪"（CP art. 367）；或者被告人对明知无罪的个人提出犯罪指控，则构成"诬告罪"（CP art. 368）。另一方面，即便被告人说谎不构成滥用辩护权，但如果后续可证明被告人的陈述为虚假，则可以构成被告人不可信的证据，且他的陈述通常可用于作为指控他的证据。因此司法实践中，辩护律师通常会建议被告人保持沉默，而不是作出虚假陈述。

（三）被告人、证人与知情人（可能的证人[18]）的区别

如前所述，证人（广义）与被告人不同，证人必须如实作证。但意大利刑事诉讼区分了证人（狭义）和知情人［可能的证人（possibile testimone），类似于英美法系中的"未来证人"（future witness）］。狭义的证人，指了解案件事实且在法官面前作证的人（CPP art. 194）。而知情人则指为侦查工作提供有益信息的人（CPP art. 362）。证人（狭义）与知情人均应如实提供信息，否则将构成犯罪：如果证人在法官面前对其所了解的事实保持沉默或者提供虚假证言，则构成"伪证罪"（CP art. 372）；而如果知情人在检察官面前实施同样行为，则构成"向检察官提供虚假信息罪"（CP art. 371-1）。可见，证人（狭义）与知情人的地位基本类似，所不同的仅是知情人将来未必需要出庭作证。

无论是何种类型的证人，均与被告人的身份不兼容。因此，被告人既不得作为证人作证（CPP art. 197），也不得作为知情人作证（CPP art. 362）。这里便存在证人作出自证嫌疑陈述（Le dichiarazioni autoindizianti）的问题。

所谓"自证嫌疑陈述"，指证人或知情人在作证时有意识或无意识地"表明自己存在犯罪嫌疑"。《意大利刑事诉讼法典》第63条第1款规定了司法机关在获悉自证嫌疑陈述时的一系列义务以及相关陈述的效力。具体而言，如果证人或知情人作出自证嫌疑陈述，则询问人员（检察官或司法警察）应：①中断询问；②信息告知；继续作出类似陈述将可能启动对其本人的刑事诉讼；③要求其聘请一名律师。在此之前所作出的陈述不得作为指控证人或知情人的证据，而仅得作为对其本人有利的证据或者指控他人的证据。可见，《意大利刑事诉讼法典》也为证人及知情人确立了免于自我归罪的保障。

---

[18] 从语义上看，犯罪嫌疑人也是"知情人"，也可能为侦查工作提供有益信息，因此有学者认为，"知情人"（la persona informata）这一概念并不严谨，应以"可能的证人"取而代之。参见 Tonini, *Manuale di procedura penale*, Giuffrè, 2015, p. 138.

此外,《意大利刑事诉讼法典》第 63 条第 2 款还确立了预防侦查机关以证人或知情人为幌子规避被告人沉默权条款的法律机制。"如果侦查机关从一开始便应当将证人或知情人作为被告人或被调查对象进行询问,则证人或知情人所作出的陈述不可用。"因此,侦查机关不得刻意掩藏起诉意图,以询问证人或知情人的名义让被告人承担如实供述的义务,变相地规避沉默权条款。

(四)被告人身份的查明

刑事诉讼以查明案件真实为目的,必然涉及对被告人身份的查明,包括形体身份与户籍身份(identità anagrafica)。

1. 形体身份的查明

形体身份的查明主要指侦查机关通过证据确立被告人与犯罪行为实施者之间的关联性。例如,在犯罪现场检测到的指纹或 DNA 与被告人的指纹或 DNA 相同,可以锁定被告人是犯罪行为的实施者。被告人无抗拒接受侦查的权利,依《意大利刑事诉讼法典》第 349 条第 2-1 款之规定,如果被告人不配合,则"经公诉人预先书面批准或者口头的并书面确认的批准,司法警察在尊重有关人员个人尊严的情况下"进行强制提取。

形体身份的查明,并不意味着立即可锁定其户籍身份。尤其是在黑手党及恐怖主义犯罪中,被告人可能伪造多个身份,阻挠侦查机关作进一步的查明。但户籍身份的查明并非必须,"如果被告人的形体身份是确定的,不能准确了解被告人的一般情况不妨碍诉讼机关实施任何行为。"因此,即便侦查机关无法准确了解被告人的户籍身份,依然可以移交审判,请求法官科以刑责。故仅在被告人的形体身份查明出现错误时(CPP art. 68),法官才会作出无罪判决。

2005 年的《反恐法》还增设了一条规定(即 CPP art. 66-1):"在诉讼的任何阶段和审级中,当司法机关发现被调查人或者被告人是先于或者后于正在审理的案件实施的其他犯罪行为的作案者,包括采用不同姓名作案的情况,应当立即告知有管辖权的司法机关,以便适用有关的刑事法律。"设立该条款的目的是强化侦查工作的协调（CPP art. 371），并允许对虚假的个人身份陈述启动刑事诉讼。

2. 被告人户籍身份的查明

在绝大多数的案件中，侦查机关在查明形体身份后，还可进一步查明户籍身份。确定被告人户籍身份的主要手段是讯问（CPP art. 350）。被告人必须如实表明他的个人身份。从诉讼程序一开始，检察官（CPP art. 66）和司法警察（CPP art. 349）便要着手查明被告人的身份，要求被告人对个人情况作出陈述，并应警告"如拒绝说明自己的一般情况或者作出虚假陈述的，将面临刑事制裁"（CPP art. 66. 1；CP art. 651，495）。

（五）被告人无诉讼行为能力而导致诉讼中止

在一些较为特殊的刑事案件中，法官必须评估被告人是否"能够清醒地参与"刑事诉讼（CPP art. 70.1），这是因为被告人在刑事诉讼中的自我辩护权并不能由监护人和保佐人代为行使，故如果被告人无法意志清醒地行使自我辩护权，则法官仅得中止诉讼，除非是拟作出无罪判决（在庭审阶段）或者归档起诉裁决（在初步庭审阶段）。《意大利刑事诉讼法典》对无诉讼行为能力的确认及后续程序进行了详细的规定。

如果法官确认被告人患有精神疾病（CPP art. 70.1），无力行使自我辩护权，则应裁定中止刑事诉讼。对于上述裁定，公诉人、被告人及其辩护人以及为被告人任命的特别保佐人可以向最高法院提出上诉（CPP art. 71.3）。在中止诉讼的裁定中，法官为被告人任命一位特别保佐人，并应优先考虑他的法定代理人（CPP art. 71.2）。法官每6个月均可要求出具一份精神状况的技术鉴定，以确定被告人的精神状态（CPP art. 72.1）。

中止诉讼的裁定并不会导致诉讼活动完全停止，各诉讼主体依然可以实施法律所允许的诉讼行为。例如法官可应辩护人或特别保佐人的请求调取可能导致被告人获得开释的证据（CPP art. 71.4）。为避免延误，法官也可调取当事人所要求的其他证据（CPP art. 71.4）。如果中止刑事诉讼的裁定发生在预先侦查阶段，则法官可以根据当事人的请求，按照附带证明程序作出鉴定决定。检察官则只能进行不要求被调查人清醒参与的活动。当中止裁定有可能造成延误时，侦查机关可以收集第 392 条（附带证明）规定的证据（CPP art. 71.3）。一旦查明被告人的精神状况可以使其清醒地参加诉讼，或者应当对被告人宣告开释判决或不追诉判决，则法官应当立即以裁定形式撤销中止诉讼的决定（CPP art. 71.2）。

关于被告人的治疗方法，1988 年的立法者倾向于排除司法机构的管辖权，即司法机构仅负责告知主管机构（1978 年第 833 号市长法令）。只有在延误会发生危险的情况下，才允许法官下令在医院精神科的适当机构中安排被告人临时住院。一旦主管机构介入，则应立即转交被告人以作进一步的诊断和治疗。如果应进行预防性羁押的被告人处于理解或意思能力丧失或明显降低的精神病状态，羁押地的法官可以决定将其临时收容在适当的精神病治疗机构，并采取必要的措施防止其逃跑（CPP art. 286）。在这种情况下，收容的时间将计入羁押时间，以便于将来进行量刑折抵，最长不得超过临时羁押的最长时间。

中止诉讼将导致诉讼时效一并中止。《意大利刑法典》原第 159 条第 1 款之规定，如果诉讼程序因被告人的"障碍理由"而中止，而诉讼时效也应中止。如果在诉讼中确定被告人的无诉讼行为能力不可逆转，则将导致无限期中止诉讼时效。2015 年，意大利宪法委员会判定该条款违反了《意大利宪法》所确立的合理性原则（第 45 号判决），判定：其一，在被告人无行为能力出现暂时的不可逆转前，犯罪的诉讼时效依然中止；其二，一旦被告人的精神状态"已被确定为"不可逆转，被告人不能有意识地参与诉讼，则诉讼时效开始起算。

六、辩护人

在意大利刑事诉讼的语境下，辩护人是广义的概念，不独为犯罪嫌疑人、被告人所特有，还包括在诉讼中维护其他私当事人（被害人、私诉当事人等）合法权利的律师。[19] 辩护分为自我辩护和技术代理，前者指犯罪嫌疑人、被告人及其他私当事人在刑事诉讼中自行给出的辩护意见，而后者则指律师为犯罪嫌疑人、被告人及其他私当事人所进行的辩护。

（一）技术代理（La rappresentanza tecnica）

《意大利宪法》第 24 条第 2 款规定："在诉讼的任何阶段及任何情况下，辩护均为不受侵犯之权利。"在刑事诉讼中，任何抵御对主体权利攻击的诉讼行为均可界定为"辩护"。最典型的当属犯罪嫌疑人、被告人为获得无罪或者罪轻判决而提供的辩解意见。辩护权可以自己（自我辩护）或通过辩护人（技术代理）来行使。

辩护人是具有特定技术——司法能力[20]，在既定案件中接受客户委托并在诉讼中维护客户利益的专业人士（律师）。辩护人是自由职业者，在履职过程中应遵循法律规定（CP art. 359），以智力成果进行对价给付（《意大利民法典》第 2230 条）。

犯罪嫌疑人、被告人通过诉讼委托书（una procura ad litem）任命辩护人。上述任命通过向诉讼机关发表声明（载入笔录）或者由辩护人向诉讼机关（如检察院书记室）以挂号信形式邮寄声明的方式实行（CPP art. 96. 2）。被害人也可以以相同的形式聘请技术代理（CPP art. 101. 1）。其他当事人（民事当事人、民事负责人和对财产刑承担民事责任的人）在参加诉讼时可得到一名辩护人的帮助。该辩护人应持有采用公共文书或经该辩护人或者其他有资格者确认的私人文书形式授予的特别委托书（CPP art. 100. 1）。

技术代理并非赋予辩护人处置争议权利的资格，而仅是由其替代客户实施法典所规定的、本应由当事人实施的诉讼行为，但法典

---

〔19〕 这与中国刑事诉讼的惯常理解存在很明显的区别。在中国刑事诉讼的语境下，辩护人仅针对犯罪嫌疑人和被告人，维护被害人、附带民事诉讼当事人合法权利的律师或委托人，被称为诉讼代理人。但考虑到应尽可能客观如实地反映意大利刑事诉讼理论的原本面貌（即便未必合理），本书将依意大利的通说展开论述，特此说明。

〔20〕 与中国不同，意大利没有全国统一组织的律师资格考试。律师资格考试与司法官的资格考试也不同。律师资格考试由各省、大区分别组织，但考试试题是统一的。律师资格考试又分为在上诉法院出庭的律师考试和在最高法院出庭的律师考试。

规定应由当事人本人实施的诉讼行为除外（CPP art. 99.1，100.4）。对于应由当事人本人实施的诉讼行为，意大利刑事诉讼法典亦进行了区分：可进行自愿代理的个人诉讼行为（La rappresentanza volontaria per gli atti personali）以及不可进行代理的个人诉讼行为。对于可进行自愿代理的个人诉讼行为，当事人必须经过特别的授权方可让辩护人代为实施。《意大利刑事诉讼法典》第122条第1款规定："当法律允许通过特别代理人实施行为时，委托书必须通过公共文书或经公证的私人文书出具，并且除法律特别要求的事项外，它应当确切地载明委托的事项和所涉及的事实，否则，该委托书不被接受。如果委托书采用私人文书形式向辩护人出具，有关签名可以由该辩护人确认。委托书与诉讼文书附在一起。"可进行自愿代理的诉讼行为主要包括提出诉讼转移的请求（CPP art. 46.2）、撤回告诉（CPP art. 340）以及可能涉及实体权利处理的诉讼行为（如犯罪损害赔偿请求的数额）。不可进行代理的个人诉讼行为主要包括接受讯问或者交叉询问等。

客户与辩护人之间具有委托关系。在接受委托前，辩护人可以拒绝接受辩护委托。辩护人不接受聘请或者放弃其职务的，应当迅速通知诉讼机关和任命他为辩护人的当事人。不接受聘请的行为自诉讼机关得到通知之时起生效（CPP art. 107.1，107.2）。在当事人尚未得到新的自选辩护人或指派辩护人的帮助并且第108条所规定的期限尚未届满前，放弃辩护人职务的行为不发生效力（CPP art. 107.3）。在此之前，当事人应由放弃辩护人职务的律师代理。如果客户撤销辩护人的职务，则情况亦同（CPP art. 107.4）。

技术代理的后果由客户承担。但需要特别强调的是，犯罪嫌疑人、被告人的自我辩护在效力上优于技术代理。这里涉及刑事诉讼中的自由权（un diritto di libertà）。依《意大利刑事诉讼法典》第99条第2款之规定："被告人可以采用明确的反对声明撤销由辩护人实施的行为，但应当在法官根据该行为作出处置以前。"因此，在意大利，犯罪嫌疑人、被告人的律师不具有独立的诉讼地位。

私当事人的辩护人与检察官具有不同的职业伦理，核心区别在于辩护人仅具有端方义务（un dovere di correttezza[21]），而不具有诉讼公正义务，即辩护人应诚实和正直（CPP art.105.4），但没有义务查明不利于客户利益的真相，也无义务提供对客户不利的证据。因此，辩护人追求私人利益而非公共利益。律师有权评估一份证据是否"有利于"客户，并决定是否提交法官。依职业伦理规范，律师不得在刑事诉讼中提供明知是虚假的证据，但如果该虚假的证据系由他方当事人所提供，则律师可围绕这份证据提供辩护意见。

（二）犯罪嫌疑人、被告人的自选辩护与指派辩护

犯罪嫌疑人、被告人可以自行委托辩护人，在特定情况下也可以接受指派辩护。

1. 自选辩护

依《意大利刑事诉讼法典》第96条第1款之规定："被告人有权获得不超过2名自选辩护人的协助。"被告人可通过三种方式便捷地委托辩护人：①由被告人向司法机关发表书面或口头声明；②辩护人向司法机关提交书面声明；③以挂号信形式向司法机关邮寄书面声明。对于邮寄书面声明，司法机关并不需要对被告人的签名进行认定。如果被告人被拘留、逮捕或受到预防性羁押且尚未任命自选辩护人，则他的近亲属可以以挂号信形式向司法机关邮寄书面声明为其任命辩护人（CPP art.96.3）。

2. 指派辩护

如果被告人没有指定自选辩护人或者没有自选辩护人，则《意大利刑事诉讼法典》第97条规定了依职权指派辩护人的制度。在刑事诉讼中，被告人无论在何种情况下均应有辩护律师为其提供法律服务。即便被告人本身便具有律师资格，也不能以自我辩护取代技术代理。

---

〔21〕 "Correttezza"在意大利语中的原意为"正确"，此处指"行为不逾规矩，态度端正，光明磊落"，颇具文学意蕴。厦门大学徐国栋教授将"Correttezza"意译为"端方"，较准确地体现了这一表述的文采及内涵，故本书采用这一译法。

依 2015 年 1 月 30 日第 6 号立法法令，合法指派辩护人的清单由国家法庭委员会（Consiglio nazionale forense）制订。申请进入清单的律师应证明其具备法律所要求的技术能力。"为了保障指定辩护的效果，各上诉法院辖区的律师行业委员会通过专门的办公室事先准备好辩护人名单，以便根据司法机关或者司法警察的要求指派辩护人。上述律师行业委员会根据专业擅长、靠近诉讼地的情况和实行指定的可能性确定指派辩护人的标准"（CPP art. 97.2）。如果法官、检察官和司法警察需要实施依法应有辩护人参加的行为，而被告人没有辩护人时，将此行为通知第 97 条第 2 款提到的专门办公室所指派的辩护人（CPP art. 97.3）。

指派辩护的律师并非履行社会救助职能，而是为了保障《意大利宪法》第 24 条第 2 款所规定的基本权利（辩护权不受侵犯）以及贯彻当事人主义诉讼下的对抗原则。指派律师有权获得报酬，无正当理由不得替换（CPP art. 97.5），且不得弃置或者拒绝辩护，否则将受到处罚（CPP art. 105）。

在指派辩护人的协助下，被告人仍可充分自由地选择辩护路线：被告人可以撤销辩护人已实施的诉讼行为（CPP art. 99.2）。被告人也"可以任命自选辩护人"。在这种情况下，指派辩护人将停止履职（CPP art. 97.6）。

3. 辩护人的替代人

无论是自选辩护，还是指派辩护，辩护人均有权任命一名替代人（CPP art. 102.2）。辩护人任命替代人并不需要任何理由（不需要证明存在辩护阻碍事由）。

（三）被害人的辩护人（Il difensore della persona offesa）

被害人也可以自行委托辩护人，委托方式与被告人相同。但被害人无权获得指派辩护律师的协助。在刑事诉讼中，被害人的辩护人与被告人的辩护人在履职中有类似之处，但也存在区别：一方面，被害人的辩护人有权行使法律明确赋予被害人的权利（CPP art. 90.1）；但被害人也可以亲自完成诉讼行为，并不必然应获得辩护人的协助（被告人及其他私当事人则必须获得辩护人的协助）。另一方面，被害人不得在辩护人实施诉讼行为后予以撤销，而仅得撤销辩护人的任命，另行指定辩护人。

（四）其他私当事人（民事当事人、民事负责人和对财产刑承担民事责任的人）的辩护人

依《意大利刑事诉讼法典》第 100 条之规定，民事当事人、民事负责人和对财产刑承担民事责任的人在参加诉讼时应当得到一名辩护人的帮助。从"应当"的措辞可以推出，这些私当事人不能亲自出庭。

其他私当事人通过特别委托书（CPP art. 100.1）任命自己的律师。与被告人不同，其他私当事人的签名应由专门授权的人（如公证人）确认，或者签名应由所任命的辩护人加以确认（CPP art. 100.2）。如果未有不同的意思表达，"特别委托书被推定为是仅仅针对诉讼的某一特定审级而出具"（CPP art. 100.3）。接受特别委托后，辩护人可以代表当事人或为当事人之利益实施或接受"法律未明确保留的所有诉讼行为"。但如果辩护人未获得明确授权，则不得实施涉及实体权利处理的诉讼行为（CPP art. 100.4）。

对于法律规定应由其他私当事人本人实施的诉讼行为，《意大利刑事诉讼法典》亦规定了自愿代理制度（La rappresentanza volontària），即客户可以在法律规定的情况下指定特定委托的辩护人实施某些仅得由私当事人本人实施的诉讼行为。辩护人接受自愿代理后，便可以实施涉及实体权利处理的诉讼行为。自愿代理应有补充的特别委托，"委托书必须通过公共文书或经公证的私人文书出具，并且除法律特别要求的事项外，它应当确切地载明委托的事项和所涉及的事实，否则，该委托书不被接受。如果委托书采用私人文书形式向辩护人出具，有关签名可以由该辩护人确认。委托书与诉讼文书附在一起。"（CPP art. 122.1，经 1999 年第 479 号法令修改。）

（五）对穷人的诉讼救助（Il patrocinio per i non abbienti）

1990 年 7 月 30 日第 217 号法律（后由《司法费用统一法》取

代，2002 年 5 月 30 日第 115 号共和国总统法）确立了国家对年收入未超过 11 528.41 欧元（按个人所得税进行计算及更新）的人群进行诉讼救助。可以提出诉讼救助请求的，包括成为以及将来可能成为犯罪嫌疑人、被告人、罪犯、被害人、民事当事人、民事负责人和对财产刑承担民事责任的人（《司法费用统一法》第 74 条）。

诉讼救助请求由申请救助者签名。辩护人核实签字后，在同一诉讼中提交。是否同意诉讼救助请求，由受理案件的法官（在庭审前由预先侦查法官，在庭审中由庭审法官）作出决定。法官应参考申请救助者的司法档案记录、生活水平、个人及家庭状况以及所实施的所有经济活动进行评估。如果公民为获得诉讼救助而作出虚假声明，则将被科处 1~5 年的监禁刑以及并处 309.87 欧元至 1549.37 欧元的罚金。一旦法官同意进行诉讼救助，则将产生如下结果：①诉讼的"必要"副本免费送达。②传唤证人的费用、辩护人的费用、当事人可能的技术顾问的费用、助手的费用以及私人侦探的费用均由国家承担（《司法费用统一法》第 101 条）。法官可决定给辩护人支付专业费用，但不超过"平均费用"（《司法费用统一法》第 82 条）。③受救助人可在律师协会所推荐的名单中任命一名律师，但应对所提出的律师请求进行评估（2002 年第 115 号《司法费用统一法》第 80、81 条）。尽管费用由国家支付，但律师与客户之间的关系仍是私密的。④获得国家诉讼救助的人员可在鉴定专家之外任命一名技术顾问。辩护人也可以任命一名助手或者私人侦探，以进行辩护调查。

（六）多名被告人案件中辩护人的不兼容（l'incompatibilità del difensore）

《意大利刑事诉讼法典》第 106 条第 1 款规定："一名共同辩护人可以为数名被告人辩护，只要他们的地位不是互不兼容的。"这里所谓的"互不兼容"，并非指不同被告人之间的陈述或者程序立场存在一般性的差异，而应是"零和"的关系，即被告人所支持的某一辩护性论点必然不利于另外一位被告人。在这种情况下，一名辩护人显然无力为多名被告人辩护，这在学说上称为"辩护人的不兼容"。

如果司法机关发现辩护人不兼容的情况，应当予以指出并说明理由，同时为消除此一情况确定一个期限（CPP art. 106. 2）。解决辩护人不兼容有两种方式：一是辩护人不接受其中一项聘任或者放弃履行职务，以支持另外一项或多项的辩护（CPP art. 107. 1）；二是撤销对辩护人的任命（CPP art. 107. 4）。如果辩护人不兼容的情况在所指定的时间届满后未得到消除，则法官应对此作出裁定，以指派辩护人取而代之（CPP art. 106. 3, 97）。如果在初步侦查的过程中发现辩护人不兼容的情况，则法官根据公诉人或某一当事人的请求并在听取有关当事人的意见后，依照《意大利刑事诉讼法典》第106 条第 3 款作出决定（即由指派辩护人取而代之，CPP art. 106. 4，由 2001 年第 45 号法律修改）。

此外，依《意大利刑事诉讼法典》第 106 条第 4-1 款之规定："如果数名被告人在同一诉讼中、在根据第 12 条合并的诉讼中或者在第 371 条第 2 款第 2 项规定的牵连诉讼中就其他被告人的责任作出陈述，则同一辩护人不得为上述数名被告人担任辩护。"该条款的目的在于防止律师成为被告人之间交换信息的工具，避免形成攻守联盟。

（七）放弃辩护或者拒绝辩护

原则上，律师不得放弃辩护或者拒绝辩护。《意大利刑事诉讼法典》第 105 条第 1 款规定："对于官方指派的律师放弃辩护或拒绝辩护的，律师行业委员会拥有专属的纪律惩戒权。"如果指派辩护人放弃辩护、拒绝辩护，或者律师在诉讼中违反诚实和正直的义务，或者违反了《意大利刑事诉讼法典》第 106 条第 4-1 款所规定的禁止性规范，司法机关应当将上述情况报告律师行业委员会。

但这一原则存在例外，即律师可以以侵犯辩护权为由放弃辩护或拒绝辩护。如果律师行业委员会认为律师的做法是正当的，则不适用纪律惩戒，即便对辩护权的侵犯事实已被法官加以排除（CPP art. 105. 3）。意大利学术界认为，这是保障律师合法权利的重要机制，确立了律师行业委员会之于司法机构的独立性。

（八）律师自由实施辩护活动的保障

辩护人可在不受任何条件限制的情况下进行有利于客户的诉讼救助及咨询活动。《意大利刑事诉讼法典》为律师自由实施辩护活动设立了两种类型的保障机制：一种是一般性的保障机制，即律师的作证豁免特权，"律师没有义务就因自己职务或职业原因而了解到的情况作证"（CPP art. 200）；另一种是特殊的保障机制，律师的办公室、律师与客户的会谈内容受到特殊的保护，不受侦查机构任何形式的干预（C art. 24）。

律师的办公室受到如下特殊的保障：

第一，原则上禁止对辩护人的办公室进行搜查、检查和扣押。如果属于法律所规定的强制情况，则可以进行搜查、检查和扣押，但应严格遵循法律所规定的程序，否则所获得的结果不可用（CPP art. 103. 1，103. 2）。

第二，如果辩护人或者其他在同一办公室稳定从事工作的人员是刑事被告人，而且搜查的目的仅仅是调查他们被指控的犯罪，则可以对办公室进行搜查与检查（CPP art. 103. 1. 1）。在这种情况下，辩护人或其他人员应定性为被告人，相关的搜查与检查不涉及他所进行的辩护活动。

第三，"为了寻找犯罪痕迹和其他犯罪物品"，也可以进行搜查或检查（CPP art. 103. 1. 2），如警察在调查律所失窃案件。

第四，为了"搜寻（藏在律师办公室）特定的物或人"，也可以进行检查和搜查（CPP art. 103. 1. 2）。例如，警察在查找一位窝藏在律师办公室的逃犯，或者查找一份放在律师办公室的伪造票据。

第五，"不得在辩护人、获得批准并针对相关诉讼而受托的私人侦探以及技术顾问身边扣押同辩护事项有关的纸张或文件，除非它们是犯罪物品。"（CPP art. 103. 2）

对律师事务所的搜查行为不得进行委托。在法律所允许的情况下，法官应当亲自进行对辩护人办公室的检查、搜查和扣押。在预先侦查期间，公诉人根据法官的批准令亲自参加上述活动（CPP art. 103.4）。上述司法官（法官或者获得授权的检察官），在准备对辩护人的办公室进行检查、搜查或扣押时，必须通知当地的律师行业委员会，以便该委员会的主席或者由主席委派一名委员参加这一活动，否则相关诉讼行为无效（CPP art. 103.3）。但如果辩护人被指控实施了犯罪行为，则司法官不必通知律师行业委员会。

律师与客户的会谈也受到特殊的保障：

第一，"不允许对辩护人、获得批准并针对相关诉讼而受托的私人侦探、技术顾问以及他们的助手的谈话和通讯进行窃听，也不得对上述人员与受其帮助的人员之间的谈话和通讯进行窃听。"（CPP art. 103.5）

第二，禁止扣押被告人与其律师之间的通信，除非该通信属于犯罪物品（DACCP art. 35）。

第三，违反以上规定进行检查、搜查、扣押或窃听的，所取得的材料不可用（CPP art. 103.7）。在任何情况下，如果对客户及职业人士之间的通信或者对话进行拦截，并涉及辩护问题，则在《意大利刑事诉讼法典》第 271 条第 2 款[22]意义上及范围内不可用。

第四，犯罪嫌疑人、被告人可在第一时间与律师进行联系，司法机关应予以保障。不懂意大利语的被告人有权要求无偿得到一名译员的帮助，以便能够准确理解针对他所提出的控告、后续诉讼行为的运行以及庭审活动的内容。

七、犯罪的被害人及民事当事人

每一项犯罪行为均会产生两种损害结果：一种是对社会秩序的破坏，由检察官代表起诉犯罪的一般利益；另一种则对具体个人的伤害，犯罪被害人可作为民事当事人提起损害赔偿之诉。《意大利刑

---

〔22〕《意大利刑事诉讼法典》第 271 条第 2 款规定："当第 200 条第 1 款所列举人员所进行的谈话或通信涉及因其任务、职务或职业原因而了解的事实时，对上述人员谈话或通信不得使用监听手段，除非上述人员已对这些事实作过陈述或者以其他方式进行过传播。"

事诉讼法典》有限度地承认被害人作为诉讼主体，即仅当被害人提起附带民事诉讼时方享有主体的诉讼权利（CPP art. 90），而在检察官主导的公诉中，被害人更多仅是作为特殊的证人。《意大利刑事诉讼法典》第 90 条第 3 款还规定了被害人死亡的特殊情况，"如果被害人因犯罪的后果而死亡，法律所规定的权利由其近亲属行使，而无论继承产生的民事权利如何。"因此，对于因犯罪而死亡的被害人，法律所规定的职能和权利由"近亲属或者稳定的伴侣"行使（经 2015 年第 212 号法令修改）。

（一）犯罪行为的被害人

犯罪行为的被害人享有一些特殊的权利（权力[23]）：

1. 催促权（I poteri sollecitatori）

被害人虽然不能主导刑事诉讼，但可以催促侦查机关作为，例如在诉讼过程中发表声明或者提交证据，但不适用于撤销审（CPP art. 90. 1）。

2. 知情权

在欧盟诸多指令的推动下，被害人的知情权在过去 10 年里得到了很大的强化。司法机关自第一次与被害人接触后，便应及时清晰地向被害人提供诉讼的相关信息，包括拟指控的罪名、指控的策略、后续的诉讼行为、被害人的基本权利、对被害人的保护措施以及本地区的刑事政策等。《意大利刑事诉讼法典》设置了诸多被害人的知情权条款，例如，被害人有权请求查阅犯罪消息的登记簿（CPP art. 335. 3）；如果检察官进行不可重复的技术核查，应立即将为聘请技术顾问而确定的日期、时间和地点通知犯罪被害人，并通知其有权任命技术顾问（CPP art. 360）；应告知被害人初步庭审的日期和地点（CPP art. 419. 1）；应向被害人送达审判令（CPP art. 429. 4）；等等。

---

〔23〕《意大利刑事诉讼法典》包括许多权威学术文献均未严格区分"dritto"（权利）和"poteri"（权力），似乎有失严谨，但本书尽可能依照意大利学说及教义的固有逻辑展开。

3. 获得辩护人协助的权利

如前所述，被害人有权获得辩护人的协助。经济状况不佳的被害人也可以获得诉讼救助。在得知犯罪消息后，检察官和司法警察应第一时间向犯罪被害人告知任命辩护人的权利。

4. 诉讼参与权

如前所述，被害人在刑事诉讼中并非居于主导地位，仅可本人或通过律师有限地参与实施某些诉讼行为，比较重要的有不可重复的技术核查（CPP art. 360）和辩护调查（CPP art. 327-1）。需要特别指出的是，对于不能推迟至审判的证据，被害人可本人或通过辩护律师书面要求检察官启动附带证明程序。

5. 易受伤害被害人（La persona offesa vulnerabile）的特殊保护权

《意大利刑事诉讼法典》规定了两种不同类型的易受伤害被害人，即未成年被害人以及处于特别脆弱境况的被害人，并设立了特别保护条款。这里需要解释的是"处于特别脆弱境况的被害人"，《意大利刑事诉讼法典》确立了主、客观标准，符合其中一项标准即可。主观标准为司法人员依"被害人的年龄、虚弱状态或者精神缺陷状态"或者"犯罪类型、犯罪事实的形式和状况"可推断出被害人处于特别脆弱的境况。客观标准则是"如果涉及暴力犯罪、种族仇视犯罪、有组织犯罪或恐怖主义犯罪，甚至是国际有组织犯罪或者恐怖主义犯罪，或者贩运人口，或者犯罪行为的特点带有歧视性，以及被害人在情感、心理或经济上依赖于罪犯"，这可以认为被害人存在特别脆弱的状况。对易受伤害被害人的询问，应在心理学家或精神病学专家的协助下进行。在某些情况下，询问可进行录音记录或者视听记录，且必须在法庭外的房间内进行，可以使用带有对讲系统的镜子玻璃（CPP art. 134，143-1，190-1，351，362，392.1-1，398.5-1，498.4-3）。

6. 对检察官的监督权

如果检察官决定延长侦查时间（CPP art. 406.3）或者归档不诉

（CPP art. 408. 2），则应告知被害人。被害人有权直接与预先侦查法官取得联系，提交诉讼意见，以对检察官的决定进行监督。

（二）民事当事人

如前所述，被害人可以在刑事诉讼中以民事当事人的身份向被告人提起损害赔偿之诉。但民事当事人的资格不独为被害人所有，任何因犯罪行为而遭受损失的个人（persona danneggiata dal reato）均可作为民事当事人参与刑事诉讼。

1. 民事当事人的资格

《意大利刑法典》第185条规定："一切造成财产损失或者非财产损失的犯罪均使犯罪人和按照民事法律应当为犯罪人的行为承担责任的人负有赔偿的义务。"因此，任何因犯罪行为而遭受损失的个人均可主张赔偿责任，既可以单独向民事法官提出，也可以一并向刑事法官提出（CPP art. 74）。在后一种情况下，损害赔偿请求的提出者即具有民事当事人的资格。需要特别强调的是，被害人在刑事诉讼中所提起的附带民事诉讼仅得针对《意大利刑法典》第185条因犯罪行为而导致的财产或非财产损失，而不得提起具有不同目标的民事诉讼（如否认亲属关系）。

2. 损害赔偿的形式

意大利刑事诉讼既支持财产的损害赔偿，也支持非财产的损害赔偿（通常称为"精神损害赔偿"）。财产的损害赔偿主要包括因犯罪行为而导致的财产损失（如财物被盗）以及利润损失（如被害人有暂时或永久的残疾，无法进行工作及赚钱）。财产赔偿奉行等价原则，即"如果犯罪行为没有发生，应该恢复已经存在和应该继续存在的被害人的经济和财产状况"。非财产的损害赔偿主要涉及对被害人的精神损害赔偿。意大利宪法法院对《意大利民法典》第2059条进行了扩大解释，明确了精神损害赔偿的两种情况：一种是法律明确规定了应进行精神损害赔偿，例如《意大利刑法典》所明确规定的"应负赔偿义务的非财产损失犯罪"；另一种是法律虽未明确规定，但犯罪行为明确侵犯了宪法所保障的个人不受侵犯的权利（如

C art. 32 所规定的健康权）。非财产的损害赔偿数额交由法官进行裁量，主要参考的标准为犯罪行为的严重程度、被害人的年龄以及可能受到精神折磨的程度等，但被害人的个人收入水平不在考虑之列。

3. 民事当事人资格的确立：设立民事当事人的声明

设立民事当事人的声明应当遵循《意大利刑事诉讼法典》第78条的规定。声明必须由民事当事人的辩护人签署，因为被害人并非亲自出庭，而是通过持有采用公共文书或经该辩护人或者其他有资格者确认的私人文书形式授予的特别委托书的辩护人（CPP art. 100. 1）。声明事实上承担着民事诉讼的传唤功能（但不如民事传唤复杂），应包含如下要素，否则不予受理：

（1）作为自然人的民事当事人的一般情况；如果民事当事人是团体或机构，注明其名称及其法定代表人的一般情况。

（2）被提起民事诉讼的被告人的一般情况（或其他可以辨识的个人情况）。

（3）辩护人的姓名并附委托书。

（4）可证明"请求"正当性的"理由"说明。理由应附于向法官提起损害赔偿请求的申请书里。"理由"说明应载明犯罪行为导致财产损害赔偿或非财产损害赔偿的原因，但可不列明拟请求赔偿的数额。不过如果民事当事人提交书面结论要求赔偿损失，则该结论应包含对赔偿数额的确定（CPP art. 523. 2）。

（5）辩护人的签名。设立民事当事人的声明可以在初步庭审或正式庭审中提交给法官的助理。在庭审前，声明可以交给法院书记室（CPP art. 78. 1）。民事当事人必须通知检察官和被告人（CPP art. 78. 2），声明自通知发出之日起生效。如果在声明的下方或边空处未附加委托，并且委托是采用第100条第1款和第2款规定的其他方式授予的，该委托书在法官的文书室存放，或者在开庭时同设立民事当事人的声明一起出示（CPP art. 78. 3）。

设立民事当事人具有期限要求：被害人从初步庭审程序启动时便可以提出设立民事当事人的请求（CPP art. 79. 1）。但如果法官在正式审判前已经对民事当事人设立问题进行了核实（CPP art. 484），则不得再提起设立民事当事人的请求，否则构成逾期无效（CPP art. 79. 2）。

如果不符合设立民事当事人的实质要件或形式要件，则法官应依检察官、被告人或民事责任人附理由的请求（CPP art. 80）或者依职权裁定将其排除在外（CPP art. 81）。排除民事当事人的裁定不能上诉。

民事当事人的设立也可因明示或默示的撤销而失败。"当事人或者他的特别保佐人在诉讼的任何阶段和审级中可以当庭亲自宣布或者以书面声明宣布撤销民事当事人；上述文书应当在法官的文书室存放并且向其他当事人送达。"（CPP art. 82. 1）如果民事当事人未依照第523条的规定提交结论报告，或者如果他向民事法官提起诉讼，该当事人的设立被视为撤销（CPP art. 82. 2）。

4. 民事当事人的权利和义务

民事当事人拥有独立的证据调查权和证据接纳权。但在司法实践中，民事当事人更多可借助检察官的前期工作以支持自己的诉讼请求，这是提起附带民事诉讼的优势所在，因为被害人不需要额外支付刑事侦查所需的费用，且侦查效率更高。提起附带诉讼的民事当事人也应承担一定的义务。如果民事当事人被传唤，则有义务出庭作证并说出真相，否则将受到刑事制裁。相反，如果被害人单独提起民事诉讼，则不得要求其作为证人出庭如实作证（CPP art. 246）。

5. 在刑事诉讼中提起附带民事诉讼的特殊规则

《意大利刑事诉讼法典》确立了在刑事诉讼中提起附带民事诉讼的两项规则：一是民事诉讼"附带于"刑事诉讼；二是民事诉讼遵循刑事诉讼的规定。

第一项规则指民事诉讼依然保留着民事性质及民事特征。例如在诉讼的任何阶段和审级中，被害人可以当庭亲自宣布或者以书面声明宣布撤销民事当事人（CPP art. 82）。所以民事当事人可以随时与被告人进行调解和交易。此外，刑事法官在确定损害赔偿的数额时不得超出民事当事人请求的赔偿金额限度。

第二项规则确立了刑事诉讼规范的优先性。民事当事人的权利和诉讼行为受《意大利刑事诉讼法典》的约束。因此，如果民事当事人在刑事诉讼中提起附带民事诉讼，可能导致民事诉讼法典的某些条款不再适用。例如，检察官在预先侦查期间所获得的证据（包括给被害人造成损害的证据）均是保密的，直至侦查程序结束。民事当事人不得事先进行披露。相反，如果被害人单独提起民事诉讼，则不受此一规则限制。另外，刑事判决中所查证的事实对附带民事判决具有既判力（CPP art. 652）。但如果被害人单独提起民事诉讼，则刑事判决对民事法官没有约束力。司法实践中经常出现刑事法官作出无罪判决，但民事法官支持被害人获得损害赔偿的情形，这主要是因为民事诉讼的证明标准要低于刑事诉讼。只要被害人收集了足够的证据并履行了证明责任，民事法官均会予以支持。

因此，各诉讼主体对单独或者附带提起民事诉讼有不同的利弊考量。总体而言，立法者更希望两者分开。1988 年法典便主张废弃原先的法国模式，[24] 尽可能让被害人单独提起民事诉讼。但在司法实践中，检察官和法官则更青睐附带民事诉讼，主要是基于提高司法效率的考量。对被害人而言则利弊兼具：提起附带民事诉讼，成本更低，证明难度较小，效率更高（刑事审判的时间要短于民事审判的时间），且可借由民事当事人的身份影响刑事诉讼的过程及结果。但在附带民事诉讼中，被害人要承担如实陈述的义务，要屈从于检察官的主动权和选择权，且一旦刑事法官依《意大利刑事诉讼法典》第 652 条作出无罪判决，则禁止民事法官再次对损害赔偿请求作出判决。

八、刑事诉讼的其他主体

《意大利刑事诉讼法典》规定，还有一些其他主体可以参与刑事

---

〔24〕 法国迄今依然奉行"刑事附带民事"原则，但也允许被害人单独提起民事诉讼。关于法国与意大利在刑民交叉问题上的不同模式选择，笔者将单独撰文研究。

诉讼，主要包括代表被害方利益的机构和团体、民事负责人、对财产刑承担民事责任的人以及因其法人代表或管理人员实施犯罪而负责任的行政机构。

（一）代表被害方利益的机构和团体

依《意大利刑事诉讼法典》第 91 条之规定："在犯罪实施以前就依法负有保护被害方利益之义务的非营利性机构和团体，可以在诉讼的任何阶段和审级中行使赋予被害人的各项权利。"这些非营利性的机构和团体涉及各个领域，如公司及交易所国家委员会（la Commissione nazionale per le società e la borsa，CONSOB），依 1998 年 2 月 24 日法令的第 187 条，在涉及证券交易中使用机密信息的刑事诉讼（内幕交易）中，公司及交易所国家委员会有权作为代表被害方利益的机构参与刑事诉讼；又如动物保护协会，依 2004 年 7 月 20 日第 189 号法律第 7 条（后经部长令确认），动物保护协会在诸如虐待或捕杀珍稀动物的刑事案件中可作为代表被害方利益的机构参与刑事诉讼。

代表被害方利益的机构和团体应符合三项要求：其一，该机构或团体必须在犯罪行为发生前便得到法律的承认；其二，该机构或团体必须具有"代表性"的非营利性机构，目的是保护被害方的利益（集体性或者一般性的利益）；其三，必须获得被害人的同意（CPP art. 92）。被害人仅得授权一个机构参与刑事诉讼，也可以撤销该授权。但"已经撤销授权的被害人不得在以后向同一机构或团体或者其他机构或团体再次进行授权"。当然，被害人不可辨识（如不特定的受害人）或者无法进行授权的（如珍稀动物），不在此列。

代表被害方利益的机构和团体并非当事人，仅得通过辩护人参加初步庭审和正式庭审，享有有限的诉讼权利，例如"根据第 93 条的规定参加诉讼的机构和团体可以请求庭长向证人、鉴定人、技术顾问和接受询问的当事人提出问题。他们也可以请求法官采纳有助于查清有关事实的新证据材料"（CPP art. 505）。但这些机构和团体不得单独提起刑事诉讼或者民事诉讼。

（二）民事负责人

民事负责人指未参与实施犯罪但却有义务对犯罪行为实施者所导致的损害进行赔偿的人员。《意大利民法典》规定了为多种为"他人行为"承担责任的情况。例如《意大利民法典》第 2049 条规定："主人和雇主对他们的仆人和雇员在履行职务时的不法行为导致的损害承担责任。"因此，如果在履行职务时犯罪，则被害人不仅可以要求犯罪行为实施者进行损害赔偿，也可以要求在民法上应进行负责的人员进行赔偿（CP art. 185）。道路交通责任的保险公司同样可因交通肇事罪而承担赔偿责任。

民事负责人可以因民事当事人的请求而受到传唤（CPP art. 83），或者在设有民事当事人的情况下自愿参与诉讼（CPP art. 85）。民事负责人在刑事诉讼中有权请求接纳证据，提供民事免责事由或者证明被告人无罪。并非每个刑事案件均有民事负责人。即便有民事负责人，也未必一定参与刑事诉讼。因此，仅在民事负责人主动或被动参与刑事诉讼时，法官方可对其民事责任作出裁判。

（三）对财产刑承担民事责任的人

如果被告人被判处有罪且被科处罚金刑，但无力支付罚金或罚款，则《意大利刑法典》第 196 条及第 197 条所指明的自然人或法人应代为支付。这些自然人或法人便称为"对财产刑承担民事责任的人"。

依《意大利刑法典》第 196 条之规定："在从属于他人权力、领导或者监督的人实施犯罪的情况下，享有上述权力或者担负领导或监督职责的人有义务为无支付能力的被判刑人支付罚金或者罚款的钱款。"《意大利刑法典》第 197 条规定："除国家、大区、省和市镇外，拥有法人资格的机构，当其代表、经营者或者与其有从属关系的人受到处罚并且有关犯罪是对与犯罪人特有身份相关义务的违反时，或者当有关犯罪是为法人利益而实施时，则有责任为无支付能力的被判刑人支付罚金或者罚款的钱款。"

对财产刑承担民事责任的自然人和法人"仅得依检察官或被告

人的传唤而参与"（CPP art. 89）。因此，并非每个刑事案件均有对财产刑承担民事责任的自然人和法人。

（四）因其法人代表或管理人员实施犯罪而负责任的实体机构

意大利在 2001 年 6 月 8 日通过第 231 号立法法令引入了"因其法人代表或管理人员实施犯罪而负责任的实体机构"，主要包括法人公司或协会。在法人、公司或协会中，担任法人代表或者履行管理、监督职能的人员，或者事实上担任管理、监督职能的人员，或者高层人员缺乏监督的下属工作人员，因机构利益而实施了犯罪行为，则这些机构需要承担责任。但该责任仅限于法律所明确列举的犯罪行为，如敲诈勒索、腐败（2001 年第 231 号立法法令第 23 条）、不当接受资金、欺诈国家或公共机构资金、对国家或公共机构的信息欺诈（2001 年第 231 号立法法令第 24 条）。一旦罪名在刑事诉讼核实，则这些实体也应承担行政责任，如适用金融制裁或者禁令（包括禁止经营某些业务、暂停或撤销授权、禁止与公共行政部门签订合同、排除适用优惠条件）。

在前述罪名的诉讼程序中，检察官应传唤该实体机构作为当事人。实体机构可通过书面声明积极参与刑事诉讼。书面声明应载明企业名称、法定代表人的身份、律师的姓名、授权书、律师的签名及住所地（2001 年第 231 号立法法令第 39 条），否则不予受理。如果该实体机构选择不参加诉讼，则不构成当事人，将进行"缺席审判"（2001 年第 231 号立法法令第 41 条）。[25]

---

〔25〕 2016 年第 67 号法律已经撤销了缺席审判制度。因此，尽管 2001 年第 231 号立法法令第 41 条未作修改，但将自动适用"被告人缺席制度"。

诉讼行为理论研究

一、导论：诉讼行为，一个亟待厘清的比较法概念

大陆法系的诉讼行为理论在中国刑诉学界一直颇具吸引力，原因在于中国的刑事诉讼法虽历经四十年，相关的司法解释及部门规章也较为周密，却常因刚性不足、对公权力的违法行为缺乏有效的制裁手段而备受诟病。因此，许多中国学者希望从大陆法系的这套较为成熟的理论中获取灵感，构建有效制约公权力滥用的程序制裁机制，并取得了相当的学术成果。例如陈瑞华教授在《大陆法中的诉讼行为无效制度——三个法律文本的考察》中对法国、意大利和中国澳门地区刑事诉讼法典所确立的诉讼行为无效制度作了规范性实证分析，并总结了三个法律文本下诉讼行为无效制度的基本特征。陈瑞华教授还指出，"之所以将上述三个法律文本作为考察的对象，是因为德国尽管也属于有代表性的大陆法国家，但其刑事诉讼法典并没有确立诉讼行为无效制度，宣告诉讼行为无效也不是德国程序性制裁的一种法定方式。"[1] 陈永升教授在《大陆法系的刑事诉讼行为理论——兼论对我国的借鉴价值》[2] 一文中则对欧陆代表性国家尤其是德国的诉讼行为理论进行了较为系统的介绍，并展望了刑事诉讼行为理论在中国刑诉法理论体系构建中的价值。徐静村教授所主编的经典教材《刑事诉讼法学》也曾较早援引日本及我国台湾地区学者的研究，对诉讼行为的概念进行了界定，指出"刑事诉讼

---

〔1〕 陈瑞华：《大陆法中的诉讼行为无效制度——三个法律文本的考察》，载《政法论坛》2003 年第 5 期。

〔2〕 陈永生：《大陆法系的刑事诉讼行为理论——兼论对我国的借鉴价值》，载《比较法研究》2001 年第 4 期。

行为是指诉讼主体或其他主体实施的、构成诉讼程序内容的、可以产生诉讼上的特定效果的行为"[3]。笔者本人也曾对法国的程序无效理论作过系统研究，试图将这一套较为周密成熟的理论引入中国刑事诉讼的理论体系。[4]

从既有的代表性成果看，中国刑诉法学者眼中的诉讼行为理论事实上存在完全不同的版本。陈瑞华教授便认为，德国并无诉讼行为无效制度。陈永升教授则持完全相反的观点，认为现代意义上的法律行为概念和系统的法律行为理论的创立是由德国法学家完成的，并经由民事诉讼逐渐走向刑事诉讼。陈永升教授还梳理了从 1900 年德国学者贝林（Beling）的《德国刑事诉讼法教程》到 1925 年哥尔德斯密特（Goldschmidt）《作为法律状态的诉讼程序》中诉讼行为理论在德国刑事诉讼学理体系中的发展。两位学者的观点其实均不存在问题。德国诉讼法学界（尤其是民诉法学界）确实对诉讼行为（Prozeßhandlung）理论投入大量的精力。但德国刑事诉讼中的诉讼行为理论并未解决对公权力行为的制裁问题，而仅是对诉讼主体的行为样态进行概述，甚至许多主流的刑诉法学者不承认诉讼行为是刑事诉讼的专业术语。[5]

之所以出现这种概念上的混乱现象，核心原因还是不同的刑诉学者因所掌握的学术语言有差异而自然而然地接受了所研究国家刑事诉讼的基本范畴和理论体系，且互相之间缺乏较深层的理论交流与对话。因此，本书在对诉讼行为理论进行系统研究之前，必须先对这一争议较大的比较法概念进行理论背景的厘清，避免问官答花，陷入无意义的概念之争。

在德国法上，对刑事诉讼中公权力行为的制约适用基本权干预

---

〔3〕 徐静村主编：《刑事诉讼法学（上）》（第 3 版），法律出版社 2004 年版，第 100 页。

〔4〕 施鹏鹏：《法国刑事程序无效理论研究——兼谈中国如何建立"刚性"的程序》，载《中国法学》2010 年第 3 期。

〔5〕 如 [德] 克劳思·罗科信：《刑事诉讼法》（第 24 版），吴丽琪译，法律出版社 2003 年版，第 195 页及以下。更系统的介绍，参见 Bettina Grünst, "Prozeßhandlungen im Strafprozeß", *Aktiv Druck & Verlag Gmbh · Ebelsbach*, 2002, 尤其是第 117 页以下的介绍。

理论（strafprozessuale Grundrechtseingriffe）。传统的公法理论认为，应以四个要素来界定公权力的基本权干预行为：[6]其一，行为的目的性（Finalität des Handelns），即公权力行为必须导致对个人基本权的限制；其二，基本权影响的直接性（Unmittelbarkeit der Grundrechts-beeinträchtigung），即公权力行为必须直接导致基本权保护领域受到影响，而非间接影响或者附带效果；其三，法律行为（Rechtsakt），即公权力行为必须是具有法律效力的行为，而非事实行为；其四，命令性或强制性（Befehl und Zwang），即公权力行为必须具有命令及强制的性质，才可能导致基本权干预。现代的公法理论则主要采用扩张、广义的干预概念（der erweiterte bzw. weitere Eingriffsbegriff），或称现代的干预概念（der moderne Eingriffsbegriff），认为只要对公民的基本权行使产生全部或部分的影响，则构成基本权干预，而无须考虑传统的四大要素。公权力行为构成基本权干预的，将适用证据禁止的相关规定。因此，如果从构建中国刑事诉讼中的公权力行为制裁理论而言，德国法意义上的诉讼行为（Prozeßhandlung）无法提供必要的智识支撑。

法国的程序无效理论与意大利的诉讼行为理论具有同源性。程序无效制度创设于1808年的法国《重罪预审法典》（Code d'instruction criminelle），其根本的思想渊源便是希望在刑事诉讼尤其是侦查及预审中设立刚性的程序规则，杜绝各种损及公共秩序及基本人权的违法侦查、预审乃至裁判行为。而意大利第一部近代意义上的刑事诉讼法典颁布于1865年。1865年法典完全以法国的《重罪预审法典》为蓝本，充分吸收了拿破仑司法改革的先进成果（如自由心证原则、检察公诉原则等，当然也包括程序无效制度），构建了意大利现代职权主义诉讼的基本程序框架。但应当注意的是，因为刑事诉讼所涉及的各种程序细则纷繁复杂，立法及判例又不断发生转向，意大利和法国各自的刑事诉讼法学者依本国的国情构建了存在相当差异的理论体系，即我们现在所看到的诉讼行为理论（意大利）和程序无

---

〔6〕 林钰雄：《干预保留与门槛理论——司法警察（官）一般调查权限之理论检讨》，载《政大法学评论》2007年第2期。

效理论（法国）。如前所述，笔者曾在 2010 年系统研究过法国的程序无效理论，近期又系统地研究了意大利的诉讼行为理论，深感青出于蓝而胜于蓝，意大利当下的诉讼行为理论应当算是罗马法系国家中最完整也是最复杂的一套学说体系，影响了包括西班牙、葡萄牙甚至法国在内的诸多国家。因此，本书将主要（但不限于）以意大利的诉讼行为理论体系为着力点，详细解读这套复杂且逻辑自洽的理论体系。

二、刑事诉讼中的诉讼行为概念及其类型化

在大陆法系各国的刑事诉讼中，诉讼行为（l'atto）有广义和狭义之分。意大利刑事诉讼采用最广义的界定，即诉讼主体在整个刑事诉讼过程中所实施的所有行为及其产生的后果[7]。因此，诉讼行为贯穿刑事诉讼的全阶段，包括审前程序、庭审程序以及上诉程序，涉及所有诉讼主体，包括法官、检察官、司法警察以及私当事人，涵盖了行为意义上的诉讼行为（如侦查、强制措施、公诉、审判等）和结果意义上的诉讼行为（如刑事判决、令状或者裁定）。以程序法定的标准区分，诉讼行为还可分为受程序约束的诉讼行为（Atti a forma vincolata）和不受程序约束的诉讼行为（Atti a forma libera）。

（一）法官和当事人的诉讼行为

1. 法官的诉讼行为

法官诉讼行为的基本样态为判决（la sentenza）、裁定（l'ordinanza）和命令（il decreto）。

判决是法官履行裁判义务的诉讼行为。当刑事程序启动后，法官通过判决结束案件。如果一方当事人对判决提起上诉，则由另外的法官重新审判案件，直至案件不可上诉（CPP art. 648[8]）。判决应载明理由，法官应详细说明判决所遵循的逻辑，这是宪法义务（C

---

［7］ Tonini, *Manuale di procedura penale*, Giuffrè, 2015, p. 69; G. Conso, *I fatti giuridici processuali penali*, Milano, 1955, p. 132.

［8］ 法条翻译部分参考了黄风教授的译本，同时对最新版本法典新增的内容以及一些专有术语进行了部分的重译。黄风教授的译本，参见《世界各国刑事诉讼法》编辑委员会编译：《世界各国刑事诉讼法·欧洲卷》（下），中国检察出版社 2016 年版，第 1626 页及以下。

art. 111. 6），否则构成相对程序无效（CPP art. 125. 3）。2017 年的"奥兰多法"修改了意大利传统的判决理由结构。修改后，意大利刑事判决理由分成四部分，分别涉及指控事实的查明及法律定性、当罚性及所适用的刑罚（量刑与保安处分）、因犯罪导致的民事责任以及适用程序规则其他事实的查明。对于前述每个问题，法官应清楚地阐释据以作出判断的"事实和法律理由"，尤其是"所获得的结果""证据的评价标准"以及反证"不可信"的"理由"。[9]

裁定和命令均是法官解决并不涉及诉讼结果的单个问题。例如，依裁定，法官可以接受或者驳回采纳证据的请求（CPP art. 190. 1）。裁定应载明理由，否则将构成相对程序无效（CPP art. 125. 3），且一般而论，法官可撤销裁定。命令则由法官作出，除法律明确要求，否则无须载明理由（CPP art. 125. 3）。《意大利刑事诉讼法典》详细规定了在何种情况下法官应采用裁定或者命令的形式，理论界并未确立一般性的区分标准。但通常而论，裁定应经双方当事人对席辩论后作出，而命令则无此一要求。例如，撤销案件令便无须经过双方当事人的对席辩论（CPP art. 409. 1），而撤销案件的裁定则应经过合议室内庭审（双方当事人进行对席辩论）方可作出（CPP art. 409. 6）。

2. 当事人的诉讼行为

意大利 1988 年改革全盘引入了当事人主义的制度和技术，检察官在刑事诉讼中并不具有特殊的地位，称为公诉当事人，与受害人[10]、被告人（受害人和被告人统称为私诉当事人）尽可能保持平等的诉讼地位。《意大利刑事诉讼法典》第二编规定了当事人诉讼行为的基本样态，即请求（richieste）和答辩（memorie）。

请求，指当事人（包括公诉当事人和私当事人）向法官提出各种类型的申请，以请求法官作出裁决。例如附带证明的请求（CPP art. 392）、民事当事人请求临时执行返还和赔偿损失（CPP

---

〔9〕 Cfr. la Relazione al d. d. l. n. 2798, in Atti Parlamentari, Camera dei Deputati, XVII Legislatura, Disegni di legge e Relazioni, Documenti, p. 8.

〔10〕 受害人可以提起附带民事诉讼。

art. 540. 1）。对于当事人依正当程序所提出的请求，法官应立即作出决定（可能是裁定或命令）。除非法律另有专门规定（CPP art. 121. 2），否则法官作出决定的时间不超过 15 日。如果法官未遵守这一义务，则当事人可以依 1988 年第 117 号《司法官责任法》（responsabilità dei magistrati）第 3 条提出正式的请求。在这一情况下，法官应在 30 天内作出裁决。如果法官未如此为之，则可能构成拒绝裁判（diniego di Giustizia），需要承担民事责任和纪律惩戒责任，严重的还可能构成拒绝裁判罪。需要特别指出的是，意大利专设司法机构的负责人（Dirigenti degli uffici giudiziari），负责对司法官的纪律惩戒，主要针对司法官未遵循《意大利刑事诉讼法典》相关规定的情况。

答辩，指当事人为获得有利于己方的决定而阐述事实或法律问题的诉讼行为。《意大利刑事诉讼法典》充分保障了当事人的答辩权，例如第 90 条规定，受害人可在诉讼的任何阶段和审级提交答辩状。

但需要特别指出的是，当事人的诉讼行为并不仅限于请求和答辩。《意大利刑事诉讼法典》从第五编起规定了当事人的其他诉讼行为，亦极具重要性，例如在庭审终结时提交结论（conclusioni，CPP art. 523），同意（consenso，CPP art. 423. 2，444，446，449. 2，518. 2，566. 5），接受（accettazione，CPP art. 340），放弃（rinuncia，CPP art. 419. 5，495. 4-1，569. 2，589），撤销（revoca，CPP art. 82）以及上诉（CPP art. 581）等。

（二）行为意义上的诉讼行为和结果意义上的诉讼行为

意大利语 l'atto 一词原本便具有多义性，既可指诉讼行为，也可指诉讼文书。意大利刑事诉讼理论界在使用 l'atto 一词时并不刻意区分，读者只能在所描述的制度背景中自行理解，绝大部分情况下并不会造成混淆。但在比较法上，为便于清晰介绍，我们可以将诉讼行为（l'atto）区分为行为意义上的诉讼行为和结果意义上的诉讼行为，后者便指因诉讼行为而产生的诉讼文书。

《意大利刑事诉讼法典》非常详细地规定了诉讼文书的语言

（CPP art. 109.1）、署名（CPP art. 109.2，109.3）、签发的时间和地点（CPP art. 111.1，111.2）、发布细则（如 CPP art. 114）以及副本、摘录和证书等（CPP art. 116.1）。违反这些规则，亦构成无效事由。

（三）受程序约束的诉讼行为和不受程序约束的诉讼行为

受程序约束的诉讼行为，指刑事诉讼法典明文规定的、应遵循特定程序规定的诉讼行为。前所论及的诉讼行为便均属于受程序约束的诉讼行为。但如果刑事诉讼法典并未明文规定某一诉讼行为应遵循特定的程序规范，则属于不受程序约束的诉讼行为。例如《意大利刑事诉讼法典》第 125 条第 1 款规定，即"法律规定在哪些情况下法官采用判决、裁定或者命令的形式作出决定"。这便属于典型的受程序约束的诉讼行为。第 125 条第 6 款规定："其他决定的作出可以不遵循特殊的程序；在无其他规定的情况下，也可以口头作出决定。"这便属于不受程序约束的诉讼行为。例如，为保障庭审公开，法官可以以言词形式确立旁听人数、对妨碍法庭秩序的人员作出处理等（CPP art. 471.6）。

三、诉讼行为无效的界定及其类型

诉讼行为概念的提出，核心内容便是督促法官及各方当事人遵循刑事诉讼法的规定，否则将导致各种否定性后果。[11] 但需要特别注意的是，诉讼行为无效对私当事人和享有公权力人员的制裁后果略有不同，对私当事人的制裁主要反映为诉讼行为无效（invalidità）及可能的败诉后果；但对公权力人员的制裁则主要反映为诉讼行为无效[12]和纪律惩戒。对于前者，《意大利刑事诉讼法典》在各个篇

---

〔11〕 G. Conso, *IL concetto e le specie di invalidità*, Milano, 1955, p. 92.

〔12〕 意大利刑事诉讼的相关立法（如 CPP art. 124 以及一些委托立法）及许多学术著述中也存在"程序制裁"（sanzione processuale）这一表述。但主流观点认为，这一表述并不准确，因为在严谨的法律表述中，"制裁"是对某一行为作出不利评价而导致的实体后果，如刑事制裁、民事制裁或者纪律惩戒制裁等。因此，"程序制裁"的表述容易引发误解。但在意大利，无论是立法还是司法实务，"程序制裁"这一表述均被广泛使用，在内涵和外延上接近于诉讼行为无效。具体的解读，参见 Tonini, *Manuale di procedura penale*, Giuffrè, 2015, p. 199.

章里作了零散且详细的规定；而对于后者，《意大利刑事诉讼法典》第 124 条第 1、2 款则进行了集中、专门的规定，即"司法官员、法官的书记官和其他助理人员、司法执达吏、司法警察机关的警官和警员必须遵守本法典的各项规定，即使不遵守有关规定将不导致行为无效或者诉讼制裁"，"各司法办公室的负责人对诉讼规范的执行情况进行监督，包括在涉及纪律责任情况下的监督"。第 124 条第 1 款还确立了诉讼行为无效的程序法定原则（Il principio di tassatività）[13]，即仅当《意大利刑事诉讼法典》明文规定了诉讼行为无效的情况，不遵守程序法方成为无效事由。例如，在初步庭审前，无地域管辖权可由当事人申请或者法官依职权主动查明，否则可能构成"逾期无效"（decadenza，CPP art. 21.2）。但如果不遵守程序的行为并未被规定在《意大利刑事诉讼法典》的总论或专门条款中，则该行为仅构成不合规（irregolare）。不合规的诉讼行为是有效的，法官可以在判决中自由评价其证明力。但涉及公权力人员实施不合规诉讼行为的，依然可能导致纪律惩戒责任。

《意大利刑事诉讼法典》规定了四种类型的诉讼行为无效，分别是不予受理（l'inammissibilità）、逾期无效、程序无效（nullità）以及不可用（inutilizzabilità）。其中，程序无效和不可用是最为常见的诉讼行为无效类型，学理体系也最为复杂。考虑到篇幅及结构，本书将单独介绍程序无效和不可用。

（一）不予受理

不予受理，指如果一方当事人（包括真实或潜在的当事人）所提出的请求不符合法律所规定的要求，则法官对此将不进行实质审查。法律所规定的要求可能是诉讼行为应当完成的期限（如未遵守

---

〔13〕 程序法定原则仅规定在《意大利刑事诉讼法典》第 177 条（程序无效）及第 173 条（逾期无效）中，但意大利的主流学说认为，这一原则适用于所有类型的诉讼行为无效。Tonini, *Manuale di procedura penale*, Giuffrè, 2015, p. 69；G. Conso, *I fatti giuridici processuali penali*, Milano, 1955, p. 199.

《意大利刑事诉讼法典》第 591 条第 1 款第 3 项[14]之规定，对于超出上诉期限而提出上诉请求的，不予受理），可能是诉讼行为的内容（如 CPP art. 78.1 关于设立民事当事人的手续，[15] 对于未符合民事当事人程序要求的，以民事当事人身份参与诉讼的请求将不予受理），可能涉及程序的某一方面（如 CPP art. 122.1[16] 关于特别委托的程序，对于未符合特别委托程序要求的，不予受理），也可能涉及完成诉讼行为的合法性（如 CPP art. 41[17]，对无权主体提出回避请求的，不予受理）。

---

〔14〕《意大利刑事诉讼法典》第 591 条第 1 款第 3 项规定，未遵守……第 585 条的规定（关于上诉期限的规定），上诉是不可接受的。

〔15〕《意大利刑事诉讼法典》第 78 条"设立民事当事人的手续"：

1. 设立民事当事人的声明应当在进行诉讼或主持庭审的法官的文书室存放，并且应当包含以下内容，否则不可接受：

（1）被设立为民事当事人的自然人的一般情况，或者被设立为民事当事人的团体或机构的名称以及它的法定代表人的一般情况；

（2）对之提起民事诉讼的刑事被告人的一般情况或者有助于辨别其身份的其他介绍材料；

（3）辩护人的姓名并附委托书；

（4）列举提出有关要求的正当理由；

（5）辩护人的签字。

2. 如果声明是在庭审以外提出的，应当由民事当事人负责向其他当事人送达，并且自对各当事人执行送达之日起对其发生效力。

3. 如果在声明的下方或边空处未附加委托，并且委托是采用第 100 条第 1 款和第 2 款规定的其他方式授予的，该委托书在法官的文书室存放，或者在开庭时同设立民事当事人的声明一起出示。

〔16〕《意大利刑事诉讼法典》第 122 条"为某些行为出具的特别委托书"：

1. 当法律允许通过特别代理人实施行为时，委托书必须通过公共文书或经公证的私人文书出具，并且，除法律特别要求的事项外，它应当确切地载明委托的事项和所涉及的事实，否则，该委托书不被接受。如果委托书采用私人文书形式向辩护人出具，有关签名可以由该辩护人确认。委托书与诉讼文书附在一起。

2. 公共管理机构出具的委托书可以由诉讼地辖区办公室领导人签名并且加盖该办公室的印章。

3. 当法律规定必须出具特别委托书时，任何在不持有委托书的情况下为他人利益实施的行为均不得获得批准。

〔17〕《意大利刑事诉讼法典》第 41 条"对回避要求的决定"：

1. 如果回避的要求是由无权提出此要求的人提出的或者未遵守第 38 条规定的期限或程序，或者所援引的理由显然没有根据，法院立即以裁定形式宣布该要求是不可接受的；对于这一裁定，可以向最高法院提出上诉。最高法院根据第 611 条的规定在合议室作出裁决。

……

不予受理这一类型的诉讼无效，既可以由当事人提出，也可以由法官依职权查明。如果是后者，则法官可直接宣布诉讼请求不予受理（通过裁定或判决），后续将不对实体问题作出判决。《意大利刑事诉讼法典》并未在一般意义上规定提出不予受理请求的期限以及宣布不予受理的期限。因此，在一般意义上，法官在判决生效且不可撤销前，均可以依职权查明这一无效事由，除非法典另有明确规定（如 CPP art. 81.1，对设立民事当事人请求不予受理的声明应在开庭前作出）。

（二）逾期无效

逾期无效规定在《意大利刑事诉讼法典》第 173 条，指在不能推迟的期限内因未实施诉讼行为而导致丧失确立诉讼行为的权力。未在不能推迟的期限内完成诉讼行为的，在法律上无效。因此，逾期无效与《意大利刑事诉讼法典》第 172 条所规定的诉讼期限制度紧密相关。在《意大利刑事诉讼法典》中，诉讼期限分为四种类型，有的可构成逾期无效，有的则不构成逾期无效：

（1）不可延期的期限（又称为"强制性的期限"，termini perentori），指在既定时间内并且不得迟于该规定的时间内实施诉讼行为。如果超过该期限，则诉讼主体将失去有效完成该诉讼行为的权力。鉴于不可延期的期限所可能带来的严重后果，《意大利刑事诉讼法典》第 173 条第 1 款规定，"只有在法律规定的情况下，期限才具有逾期无效的意义。"例如《意大利刑事诉讼法典》第 79 条第 1 款及第 2 款规定："设立民事当事人可以在初步庭审中进行，并且在第 484 条规定的行为完成之前均可进行。""第 1 款规定的期限逾期无效。"类似的条款还包括第 182 条第 3 款（提出无效抗辩的期限逾期失效），第 458 条第 1 款（在送达立即审判令后的 15 日内，被告人可以请求实行简易审判，逾期失效）以及第 585 条第 5 款（上诉的期限，本条规定的期限必须遵守，逾期无效）。

（2）设定的期限（termini ordinatori），指法律条款规定了一个时间段，诉讼行为必须在这一时间段内实施。但与不可延期的期限相反，未在设定期限内完成诉讼行为并不会产生任何"程序"后果：诉讼行为在期限届满后仍可有效完成。但诉讼主体未在设定的期限内完成诉讼行为的，且未有有效的理由，则将受到纪律惩戒（CPP art. 124）。

（3）延缓的诉讼期限（termini dilatori），指在既定时间结束前不得完成的诉讼行为，实践部门又称之为"空闲期限"（termini liberi）。这种类型诉讼期限的目的是确保一个（或多个）诉讼主体有必要的时间来准确完成某一特定的诉讼行为。例如《意大利刑事诉讼法典》第429条第3款规定"发布审判令和审判之间的间隔期不少于20日"，第364条第3款规定"犯罪嫌疑人的辩护人应至少提前24小时收到通知"，以保证各方当事人有必要的时间组织辩护（C art. 111. 3 也作了类似的规定）。

（4）加速的诉讼期限（termini acceleratori），指法律规定既定的诉讼行为必须在某一期限内完成，目的是确保诉讼程序在合理的期限内完成，这也是《意大利宪法》第111条第2款的要求。

延缓的诉讼期限或加速的诉讼期限也有可能构成逾期无效，但严格遵循程序法定主义，即法典有明文规定的，才可构成逾期无效，反之则不构成。如前所述，一旦构成逾期无效，则诉讼行为无效力。这里与不予受理存在交叉地带，即超出法定期限完成诉讼行为的，可能也同时构成不予受理。

立法对逾期无效规定了一种特殊的救济方式——期限复原（La restituzione nel termine），即在某些情况下，对公平的要求超过了对期限确定性的要求，因而允许违反诉讼期限而导致逾期无效的当事人重新实施诉讼行为的制度。《意大利刑事诉讼法典》规定了两种类型的期限复原制度[18]：一种是具有一般性质的期限复原。这体现在

---

[18]　事实上，《意大利刑事诉讼法典》原先还规定了缺席审判制度的期限复原。2014年第67号法律废除了原先的缺席审判制度，以新的被告人缺席制度取而代之，并对缺席审判的期限复原制度进行了全新的规定。但考虑到被告人缺席制度在意大利的司法实践中几乎很少适用，此处不再赘述。参见笔者在"修改后刑事诉讼法实施重点问题研讨会"上的发言。龚云飞：《新设三项诉讼制度如何落地生根》，载《检察日报》2018年12月13日，第3版。也可参见意大利学者的相关研究，如 C. Conti, "Processo in absentia a un anno dalla riforma: praesumptum de praesumpto e spunti ricostruttivi", in *Dir. pen. proc.*, n. 4, 2015, p. 461.

《意大利刑事诉讼法典》第 175 条第 1 款，"如果公诉人、当事人和辩护人证明由于意外事件或不可抗力而未能遵守期限"，则逾期无效的期限可以复原；另一种是具有特殊性质的期限复原，仅针对刑事处罚令。"受到刑事处罚令处罚的被告人，如果没有及时地实际知晓该处罚决定，可以要求对为提出异议所规定的期限实行复原，除非他自愿放弃这一请求。"（CPP art. 175. 2）

期限复原也遵循特定的程序要求，以一般性质的期限复原为例[19]，有权提出一般性质期限复原请求的，可以是"检察官、民事当事人以及被告人"。"对于每一方当事人而言，在每一审级中只能获准实行一次期限复原。"（CPP art. 175. 3）。《意大利刑事诉讼法典》并未规定法官作出期限复原裁定所应遵守的程序，也未提及合议程序。意大利最高法院联合法庭对此作了弥补，法官对期限复原请求可直接作出裁定，无须经过对席庭审。但如果期限复原请求依附于主程序，则依主程序的程序要求作出裁定。作出期限复原的裁定应载明理由（CPP art. 125）。当接受上诉或异议的期限复原请求时，法官可以根据需要裁定释放在押的被告人，并采取一切必要的措施使因期限届满而产生的效力暂时中断（CPP art. 175. 7）。对于允许上诉或异议的期限复原的裁定，只能同就有关上诉或异议作出的判决一起成为上诉的对象（CPP art. 175. 5）。相反，对于驳回期限复原请求的，可以向最高法院提起撤销之诉（CPP art. 175. 6）。

四、程序无效[20]

程序无效，指某一诉讼行为未遵守《意大利刑事诉讼法典》相关法律条款的规定，且该条款明确规定将科以"无效"的处罚。故程序无效遵循严格的程序法定主义（又称为"无效法定主义"，

〔19〕 刑事处罚令的期限复原制度较为特殊，囿于篇幅及主题，此处略去不述。

〔20〕 意大利语的 nullità，直译为"无效"，但和诉讼行为无效（invalidità）容易产生混淆。从比较法的角度看，意大利的"无效"制度，功能上类似于法国的程序无效，故此处作了意译。关于对程序无效的权威解释，参见 T. Rafaraci, "voce Nullità（dir. proc. pen.）", in *Enc. dir.*, Vol. II Aggiornamento, Milano, 1999, p. 597.

Tassatività delle nullità），"只有在法律规定的情况下，未遵守有关诉讼行为的规定才构成程序无效的原因"（CPP art. 177）。严格的程序法定主义可延伸出程序无效适用的两项前提性原则：一是不得类推适用程序无效；二是一旦程序无效得以确认，原则上并不需要考虑所保护的利益是否受到具体的损害，或者无效的诉讼行为是否达到预期的后果。按照《意大利刑事诉讼法典》的规定，程序无效可分为特别的程序无效（nullità speciali）和一般的程序无效（nullità gen-erali）。顾名思义，特别程序无效，指在具体案件中诉讼行为未遵循特定的程序规则而导致的无效事由，例如《意大利刑事诉讼法典》第 193 条第 3 款规定，"（在诉讼中未使用意大利语的），将导致诉讼行为无效"。而一般程序无效则指在具体案件中诉讼行为未遵循一般性的程序规则而导致的无效事由。一般的程序无效规定在《意大利刑事诉讼法典》第 178 条，主要包括：①担任法官的资格性条件，关于司法制度的法律为组建合议庭规定的法官数目；②公诉人为提起刑事诉讼而应采取的主动行为以及诉讼参与；③被告人和其他当事人的参与、对他们的救助和代理、传唤犯罪被害人和告诉人参加诉讼。

按违法严重程度的高低，程序无效可分为三种：绝对程序无效（nullità assoluta）、中间程序无效（nullità intermedia）和相对程序无效（nullità relative）。[21]

（一）绝对程序无效

绝对程序无效，指诉讼行为极其严重地违反了程序规则，无可补救。绝对程序无效明确规定在《意大利刑事诉讼法典》第 179 条，即"第 178 条第 1 款第 1 项规定的无效情况、因公诉人提起诉讼中的行为而造成的无效情况、因未传唤被告人或者未让必须在场的辩护人在场而引起的无效情况是不可补救的，并且当然地可在诉讼的

---

〔21〕 C. Mancinelli, "voce Nullità degli atti processuali penali", in *Noviss. Dig. it.*, Vol. XI, Torino, 1965, p. 488. Circa l'interpretazione dell'art. 184 c. p. p., P. Moscarini, *Esigenze antiforma-listiche e conseguimento dello scopo nelprocesso penale italiano*, Milano, 1988, p. 89. V., inoltre G. Conso, *I fatti giuridici processuali penali*, Milano, 1955, p. 111.

任何阶段和审级中指出";"由法律条款专门列举的无效情况也是不可补救的,并且当然地可在诉讼的任何阶段和审级中指出"。根据这一条款可以看出,绝对程序无效分为两类:一类是一般性的绝对程序无效,如违反了法官资格条件的规定、合议庭人数不符合法律规定、检察官错误起诉(如在普通程序中直接请求将被告人提交审判)等。尤其要强调的一点,"未传唤被告人"亦构成绝对的程序无效。这是因为被告人是刑事诉讼中最为重要的当事人,相比之下,其他的私当事人不如被告人地位重要,因此,未传唤被告人以外的其他私当事人,构成中间无效。"未传唤被告人",包括未向被告人发布传唤到庭令,也包括传唤到庭令未有效送达。在法律明文规定辩护人必须在场的情况下,未让辩护人在场的,也构成绝对的程序无效。另一类是特定的绝对程序无效,散见于《意大利刑事诉讼法典》的各个具体条款中,如《意大利刑事诉讼法典》第525条要求,"参加法庭审理的法官均应参加评议,否则诉讼行为完全无效"。无论是一般的绝对程序无效,还是特定的绝对程序无效,均可在诉讼的任何阶段和审级中指出,且不可补救。

(二) 中间程序无效

《意大利刑事诉讼法典》第180条对中间程序无效进行了排除式的界定,即"除第179条之外,第178条所规定的其他一般无效",主要包括:①未遵守检察官"参与"程序的条款,如在对席程序中未让检察官参与(未通知检察官初步庭审的日期),或者在法律规定必须征求检察官意见的情况下未作意见征求(如在更换或撤销预防措施时未征求检察官的意见,CPP art.299)。②未遵守"被告人和其他私当事人的参与、对他们的救助和代理,以及传唤犯罪被害人和告诉人参加诉讼"的规定。这里的"参与",包括个人辩护,如未向被调查人和被害人寄送关于担保的通知(CPP art.369[22])。"救

---

〔22〕《意大利刑事诉讼法典》第369条规定:"只有在应当实施辩护人有权参加的活动的情况下,公诉人才通过带有回执的挂号信向被调查人和被害人寄发关于担保的通知,说明被认为触犯了的法律规范、有关行为的时间和地点,并且告知有权指定自选辩护人。"因此,未寄送关于担保的通知,影响了被调查对象的个人辩护。

助和代理"，主要指未告知私当事人及其辩护人有权参与这类诉讼行为的完成，如侦查人员在讯问时未事先通知犯罪嫌疑人的辩护人。对于被告人以外的私当事人（如民事当事人、民事责任人等）未进行传唤的，也构成中间无效。对于在庭审阶段未传唤被害人或者告诉人的，如果两者并未构成民事当事人，在技术上还不属于诉讼"当事人"，亦构成中间无效。中间程序无效同样可由法官依职权主动查明，但具有一定的时间限制，即只能在宣告第一审判决之前指出。如果中间程序无效事由出现在审判期间，则只能在随后审级的判决作出之前提出。中间程序无效可以补救（CPP art. 183）。

（三）相对程序无效

相对程序无效是指除绝对程序无效和中间程序无效之外的其他特别程序无效（CPP art. 181）。相对程序无效仅得依当事人的控辩而宣告，且仅得在短期限内进行。相对程序无效同样可以进行补救。只有利害关系方提出抗辩，法官才可宣布相对程序无效，换而言之，原则上法官不得依职权认定相对程序无效。如果因某种理由法官在庭审前未对相对程序无效作出宣告（CPP art. 181.3，如初步庭审），当事人应再次就初步庭审的问题提出新的抗辩（CPP art. 491）。如果庭审法官未作宣告，则相对程序无效应在针对有关判决提出上诉时一并提出（CPP art. 181.4）。

综上，可以看出，程序无效的类型及事由，是由立法者依据所损及的法益进行了预先的设定，严格贯彻程序法定主义以保证规则的刚性。绝对程序无效涉及刑事诉讼中最核心的法益，故可在诉讼的任何阶段和审级中指出，且不可补救。而中间程序无效和相对程序无效则可进行补救。立法规定了两种补救方式，即抗辩的限制（limiti di deducibilità）和"补救"（sanatorie）。所谓抗辩的限制是指，提出抗辩请求之当事人的正当性资格缺失，导致所提出的中间程序无效或者相对程序无效不成立。《意大利刑事诉讼法典》第182条第1款规定，中间程序无效和相对程序无效不得由"造成或者参与造成无效原因的人以及同未遵守有关规定的行为无利害关系的人提出"。例如，律师在办公室内未准备必要的手段以履行接收紧急通知的义务，则不得在重审的庭审中主张未进行有效送达。又如犯罪嫌疑人无任何利益的情况下主张对受害人的传唤令无效。补救，则指缺陷行为发生后采取必要的法律行为，使其成为有效的诉讼行为。一旦实施补救行为，则阻止任何当事人提起诉讼行为无效抗辩，也禁止法院依职权主动查明。该制度源于行为保留原则（principio di conservazione degli atti）。《意大利刑事诉讼法典》区分了一般补救（Le sanatorie generali，CPP art. 183）及特殊补救（CPP art. 184）。一般补救适用于中间程序无效或相对程序无效。依《意大利刑事诉讼法典》第 183 条之规定，如果有关当事人明确表示放弃提出无效抗辩，或者接受了有关行为的后果，则对无效行为进行一般补救。例如未告知被告人的辩护人进行了不可重复的技术核查（CPP art. 360. 1），但辩护人使用了这一技术核查的结果，并请求法官接受。一般补救的另一种情况是当事人运用了未实施的行为或无效行为所涉及的权利。例如未告知被告人的辩护人进行了不可重复的技术核查，但被告人的辩护人任命了参与技术核查的人员作为技术顾问。特殊补救则涉及三种情况（CPP art. 184）：其一，涉及传唤、通知和送达的无效情况，如遇有关当事人出庭或者放弃出庭，可以获得补救；其二，如果当事人决定出庭只是为了指出不合法的情况，也有权获得不少于 5 日的期限为自己辩护；其三，如果无效情况涉及传唤当事人出席法庭审理时，则上述期限不得低于 20 天。

值得一提的是，2011 年，意大利最高法院联合法庭创设了另一种新的程序无效抗辩事由，即权利滥用（abuso del diritto）。[23] 在这个判例中，辩护方以变更律师后未获得适当的时间（CPP art. 108）援引《意大利刑事诉讼法典》第 178 条第 3 款的规定，提出了一般的程序无效抗辩。最高法院认为，对于未依第 108 条第 1 款之规定给予辩护律师适当的时间，或者对辩护时间进行缩减，如果这一请

---

〔23〕 Cass., sez. un., 29 settembre 2011, Rossi, in *Cass. peri.*, 2012, 2410, con nota di F. Caprioli, Abuso del diritto di difesa e nullità inoffensive.

求未符合任何实质的辩护需要，或者被告人的技术辩护权未受到任何损害或减弱，则不构成程序无效。因为在这种情况下，被告人可能会在庭审结束前不断地更换辩护人，并非出于真正的辩护需要，而唯一功能便是拖延诉讼时间，以让追诉时效过期。

（四）程序无效的后果

绝对程序无效，或者未有抗辩限制实施补救的中间程序无效和相对程序无效，将产生两方面的后果：一是程序无效的后续延展（estensione della nullità）；二是无效行为的重新实施（rinnovazione dell'atto nullo）。

程序无效的后续延展指"宣告某一行为无效使依赖于该行为的后续行为丧失效力"（CPP art. 185.1）。因此，程序无效的一大后果便是导致在逻辑上和法律上依赖于该无效行为的"后续行为"（consecutivi）无效，但不涉及其他的诉讼行为。例如，未向被调查对象寄送担保通知的，仅导致担保通知所指向的诉讼行为无效，但不涉及此后的无担保行为。确认现行犯羁押或逮捕无效的庭审无效，并不扩及法官在这一庭审中所确认的其他强制措施。但如果程序无效涉及诉讼推进行为，则将产生极为严重的后果。例如审判令行为被宣布为无效，则后续所有的诉讼行为无效。

无效行为的重新实施指，宣告某一诉讼行为无效的法官，有必要并且可能时决定重新实施该行为，并要求因其故意或严重过失而导致无效行为的个人为此承担费用（CPP art. 185.2）。但如果诉讼行为自始便不可重复，或者在此后变成不可重复，则不得重新实施。宣告无效意味着使诉讼程序退回到出现无效行为的阶段或审级（CPP art. 185.3）。但如果涉及证据的无效情况，则同一法官在必要且可能的时候进行重新取证（CPP art. 185.4）。

五、不可用（Inutilizzabilità）

在意大利的刑事诉讼中，"不可用"这一概念描述了同一现象的两个方面：一方面，它表明诉讼行为存在非常严重的"缺陷"；另一方面，它表明缺陷诉讼行为的"效力"，即不能作为法官裁决，或者检察官、司法警察令状的依据。因此，不可用其核心特征并非否定诉讼行为本身，而是对该诉讼行为所获得的证据进行排除。因此，不可用从根本上构成了意大利刑事诉讼中的非法证据排除规则。

首先要对程序无效与不可用进行区分。程序无效并非禁止既定主体完成某一类型的诉讼行为，而是实施诉讼行为的方式违法。因此，程序无效是在行使合法权力时形成的。例如未遵守第 213 条第 1款及第 2 款所规定之程序而进行的辨认活动无效（CPP art. 213. 3）。在行为完成前，法官应要求辨认者描述有关人员的情况，列举一切他所记得的特征；然后再询问他在以前是否对该人进行过辨认；是否见过被辨认者的照片。如果未遵循这些实施方法，则构成相对无效。但如前所述，程序无效可通过法典所规定的方法予以矫正（CPP art. 183）。在这种情况下，诉讼行为依然有效及可用。显然，这并不是说法官认为诉讼行为所获得的证据是可靠的。而不可用则相反，并不涉及诉讼行为本身，而是涉及其可否作为证明的依据。因此，不可用制裁的是诉讼主体行使了程序法所禁止的权力。例如《意大利刑事诉讼法典》第 220 条第 2 款规定："为执行刑罚或保安处分的目的而作出的各项规定保持不变，不允许为确定是否具有犯罪的惯常性、职业性或倾向性或者为确定被告人的特点和人格以及与病理性原因无关的心理特点而实行鉴定。"违反了该条款所实施的取证行为，构成不可用。

不可用可按不同标准进行类型化。例如按排除的程度，不可用可分为绝对不可用与相对不可用（Inutilizzabilità assoluta e relativa）。[24] 如果法官不能依据该诉讼行为来作出任何裁定，则构成绝对不可用。如果依法律规定，既定诉讼行为不能适用于特定的人，或者不能依特定行为作出特定类型的判决时，即构成相对不可用。又如按法条的抽象程度，不可用可分为特别不可用和一般不可用（Inutilizzabilità speciale e generale）。如果法典的条款明确规定未遵守

---

〔24〕 N. Galantini, *L'inutilizzabilità della prova nel processo penale*, Padova, 1992, pp. 170-184.

获取既定证据的条件，即构成特别不可用。例如依《意大利刑事诉讼法典》第271条之规定，在法律授权的情况外所实施的监听不可用。但如果法典仅作类型化的抽象概述，即构成一般不可用。最典型的就是《意大利刑事诉讼法典》第191条第1款所规定的，"违反法律禁令的情况下获取的证据不得加以使用"。

但最具影响也颇具意大利特色的划分标准是按诉讼行为无效的原因，不可用可分为病理不可用与生理不可用（Inutilizzabilità pato-logica e fisiologica），这也是意大利1988年改革的重要成果。[25] 两种类型不可用适用完全不同的程序制度，值得认真研究。

（一）病理不可用

所谓的病理不可用，指由于证明程序中一些最为严重的缺陷而导致诉讼行为不可用。病理不可用的一般性规定在前所论及的《意大利刑事诉讼法典》第191条第1款中有所规定，即"在违反法律禁令的情况下获取的证据不可用"。在1988年法典的立案草案报告中明确对第191条中的"证明禁令"（divieto probatorio）进行了细化解释，即这里所谓的"法律禁令"，专指违反了《意大利刑事诉讼法典》的禁止性规定，而不包括刑事实体法。换而言之，违反刑事实体法所获得的证据（如非法获取的证据，prove illecite）原则上是可以用的。

《意大利刑事诉讼法典》第191条第1款所规定的证明禁令具有两大特征：一方面，证明禁令适用于所有诉讼主体所实施的取证行为，包括法官。例如《意大利刑事诉讼法典》第234条第3款规定，禁止法官调取含有涉及案件事实的公众传闻信息或者涉及当事人、证人、技术顾问和鉴定人道德情况的文书。另一方面，证明禁令严格贯彻不可用的程序法定原则。如果仅是违反了调取证据的一般性"规定"，则通常并不构成不可用。例如询问证人应就"具体事实的

---

[25] 也有学者认为，除病理不可用、生理不可用外，判例还创设了诉讼行为不存在（L'atto inesistente）和诉讼行为异常（l'atto abnorme），但似乎并未形成通说。此一观点，参见Tonini, *Manuale di procedura penale*, Giuffrè, 2015, p. 222.

问题"发问（CPP art. 499.1）。但如果一方当事人请求证人自发对其拟作证的事实进行阐释，则证人证言是可用的。仅在《意大利刑事诉讼法典》明确规定不可用的制裁方式，才构成证明禁令。[26] 例如《意大利刑事诉讼法典》第188条规定："不得使用足以影响人的自由决定权或者足以改变对事实的记忆和评价能力的方法或技术，即便利害关系人同意。"如果取证行为影响了利害关系人的自由决定权或者可能改变对事实的记忆和评价能力，则构成不可用。

法官可依职权，或依当事人之申请，声明诉讼行为不可用。不可用可以在诉讼的任何阶段和审级中指出（CPP art. 191.2）。不可用不可补救，构成不可用的诉讼行为禁止进入诉讼，尤其是不得将其作为法官的判决依据。这里还涉及延伸的不可用（L'inutilizzabilità derivata），即所谓的"毒树之果"。与程序无效不同，不可用不存在后续延展。换而言之，意大利并不承认延伸的不可用，即前一诉讼行为的不可用并不扩及后续的行为（所谓的"错误获取，妥善持有"理论，teoria del male captum bene retentum）。

（二）生理不可用

生理不可用是1988年法典的重大创设，即原则上，未经对席辩论的证据不能在庭审中使用。庭审是获取证据的唯一场所，遵循直接言词及对席原则。如果证人面临特殊情况（如受到威胁或者身患重病）无法在庭审程序中出庭作证，则检察官或者犯罪嫌疑人应在预先侦查程序中提出启动附带证明程序的申请，由法官提前组织对证人的听审程序。附带证明程序与普通的庭审程序完全相同，控辩双方可对证人进行交叉询问。证人的陈述会记录在案，相应的笔录将作为证据在后续的庭审中被宣读，并可成为最终判决的依据。"法官在评议中不得采用不是依法在法庭审理中调取的证据"（CPP art. 526）。

---

〔26〕 近年来，意大利刑诉学界对隐含的证明禁令（I divieti probatori impliciti）和不合宪的证据（La prova incostituzionale）投以关注，目的是扩大不可用的规范依据。N. Galantina voce Inutilizzabilità（dir. proc. pen.），in *Eric*，*dir.*，Agg. I，Milano，1997，p. 698.

六、诉讼行为理论的简要评价

事实上，诉讼行为具有双重性，例如侦查行为既是推进刑事诉讼最根本的诉讼行为，也可能面临着实体意义上对犯罪嫌疑人基本权的干预，两者并不产生实质的排斥。因此，在构建有效制约公权力滥用的制裁机制时，德国和法国、意大利各有侧重：德国在二战后立足《基本法》的法治国理念逐渐确立了完备的基本权干预体系，从实体层面确立了对公权力行为的制裁机制；[27] 而法国和意大利则沿袭传统的诉讼行为制裁体系。应当说，两者各有利弊。德国立足《基本法》的基本权干预体系，固然能更灵活地应对司法实践中层出不穷的权力滥用行为，但如林钰雄所说，"一味诉诸过于抽象的宪法及其基本权规范的审查基准，往往忽略了刑事诉讼本身特殊的结构与原则，甚而导致刑事诉讼问题泛宪法化、泛抽象化的危机"[28]。而法国和意大利传统的诉讼行为制裁体系虽然更符合传统刑事诉讼法的基本理论，也更易于刑事法官操作，但与基本权干预理论相比，诉讼行为制裁显得更为僵化，严格的程序法定主义在面对侦查手段不断翻新尤其是高科技手段不断发展所可能存在的滥权行为时显得乏力。尤其是当下以大规模监控、大规模数据储存以及大数据分析为特点的刑事诉讼"情报机构化"（Vergeheimdienstlichung）现象。将所有公民均置身于"普遍嫌疑"之中，而此时的刑事诉讼甚至还尚未启动，诉讼行为制裁便面临全面失灵的困境。似乎可以认为，在比较法上，各主要法治发达国家虽均设置了一套较为有效制约刑事诉讼中公权力滥用的机制，但均非十全十美。因此，"采他山之石以攻玉，纳百家之长以厚己"，这也是比较法的应用之意。

笔者认为，相比于德国，意大利的诉讼行为理论体系似乎更契合当下中国刑诉法学界所倡导的程序制裁理论，理论和实践的可接

---

〔27〕 Vgl. Amelung, *Rechtsschutz gegen strafprozessuale Grundrechtseingriffe*, 1976, S. 13 ff.

〔28〕 林钰雄：《干预保留与门槛理论——司法警察（官）一般调查权限之理论检讨》，载《政大法学评论》2007 年第 96 期。

受度更高。[29] 而与法国相比，意大利的诉讼行为理论则更为周密完整。因此，意大利诉讼行为理论的核心体系值得中国学术界认真研究和凝练，未来甚至可作为立法借鉴的重要思想渊源。

意大利诉讼行为理论体系的核心便在于严谨、周密的程序规则设定。所有主体诉讼行为的构成要件以及违反这些要件所导致的诉讼行为无效后果以及补救措施等均作了完整的规定。尤其是程序无效制度，绝对程序无效、中间程序无效和相对程序无效的条款几乎贯穿整部法典，且确立了层级效力差异。诉讼行为不可用则构建了意大利的非法证据排除规则。很难想象，涉及刑事诉讼各个主体、贯穿刑事诉讼各个阶段、涵盖性质迥异的各种诉讼行为，均能在法条中体现。从这个意义上讲，1988 年法典在立法技术上确实有过人之处。

意大利诉讼行为理论也为学术界提供了一个非常宏大且相对完整的分析框架。这套理论以诉讼行为及其制裁为主线，将侦查行为、公诉行为、司法审查行为和裁判行为纳入同一理论体系，将不符合程序要件的诉讼行为和导致非法证据排除的滥权行为作为不同类型的诉讼行为一并研究，较为特色的学理分类也为中国的刑诉法学者提供了全新的视角。

但也应看到，过于宏大的分析框架，可能忽略了各种具体诉讼行为的特质。且不予受理、逾期无效、程序无效以及不可用是否能完整地反映所有诉讼行为的全貌，四种诉讼行为无效据以区分的标准是否明确、统一，尤其是最重要的程序无效与不可用是否可作为同一层面的理论进行并列研究，这都有待作进一步考量。公允而论，笔者在研究意大利诉讼行为理论时时常感到乏力，常有包罗万象之感，一套逻辑起点似乎极为简单的理论却几乎将《意大利刑事诉讼法典》的所有规则全部纳入研究视野，理论的精密度成疑。对此，法国学者和德国学者似乎也有共鸣。如法国学者冉·达内（Jean Da-

---

[29] 此外，《中华人民共和国宪法》处于较为孱弱的地位，也无力为基本权干预提供实体层面的支撑。

net）教授所言："程序无效概念系历史的生成，又随着历史的变迁而变化，现已很难三言两语勾勒出其轮廓。"[30] 严谨的德国刑诉法学者甚至拒绝承认诉讼行为是刑事诉讼的基本范畴。当然，在比较法研究层面，我很喜欢歌德的一句名言，"你要批评指点四周风景，首先要爬上屋顶。" 所以即便是一套不甚完美的理论，也值得我们作一批判式的全景研究。

---

〔30〕 Jean Danet, "Brèves remarques sur la typologie et la mise en oeuvre des nullités", *Actualité Juridique Pénal*, 2005, p. 133 et s.

"双重卷宗"制度及其检讨

导　论

在比较刑事诉讼层面，卷宗制度一直是区分职权主义与当事人主义的重要标签。通常而论，职权主义奉行的是"卷宗并送主义"，即检察官在起诉时要将起诉状以及在侦查过程中制成的笔录、鉴定报告以及搜集的证据全都移送给法官。法官在审判前便已详细阅读相关卷宗材料，以在庭审中主导庭审，发现真实。而英美法系实行的则是"起诉状一本主义"，法官消极中立，不能事先了解案情，控方在起诉时仅提交起诉状，不能附带其他证据。

意大利在 1988 年改革前奉行的也是"卷宗并送主义"：从侦查阶段起，司法警察便将各种诉讼行为所形成的文书尤其是证据信息分门别类纳入卷宗，既涉及实体问题，也涉及程序问题。这主要是便于共和国检察官、预审法官或者庭审法官在后续案件处理过程中能较全面地把控各项证据材料。1988 年改革提出了"无预审"（senza istruzione）的改革思路，即"诉讼证据出示在法庭，案件事实查明在法庭"[1]，尝试阻断预审对庭审的影响。1988 年法典的起草者认为，刑事诉讼的事实查明不应奉行认知累加的逻辑，预审仅是"准备阶段"，而庭审才是事实认定的"唯一阶段"。"双重卷宗"制度便是落实这一立法理念的重要创设。

所谓"双重卷宗"，指的是预先侦查法官发布审判令后，初始的

---

[1]　相关的表述与中国当下所推行的"以审判为中心""庭审实质化改革"的论述极其类似。例如 2017 年最高人民法院所出台的《人民法院办理刑事案件第一审普通程序法庭调查规程（试行）》在立法目的上便明确提出了要确保"诉讼证据出示在法庭、案件事实查明在法庭、诉辩意见发表在法庭、裁判结果形成在法庭"。

侦查卷宗便一分为二：一份是庭审卷宗，内容包括双方当事人在对席状态下所实施之诉讼行为的内容笔录（主要为附带证明[2]所获得的笔录）以及检察官和司法警察所实施的不可重复的诉讼行为笔录。这些笔录应交由庭审法官查阅，可以在庭审中宣读，并可成为最终判决的依据。另一份为公诉人卷宗，[3]包括检察官、司法警察和律师所实施之诉讼行为而形成的所有笔录及材料。这份卷宗仅为控辩双方所有，庭审法官不得接触，以避免在庭审前全面了解案件材料。

可以看到，"双重卷宗"介于"卷宗并送主义"和"起诉状一本主义"之间：庭审法官既未完全掌握所有的卷宗材料，也并非仅了解起诉状。仅从立法目的及文本规定上看，"双重卷宗"似乎更偏向"起诉状一本主义"，因为庭审法官所掌握的材料主要是非常特殊的诉讼文书，具有零碎化及偶发性的特点。但在实际操作层面，"双重卷宗"则更接近于"卷宗并送主义"，因为预先侦查法官通常对"不可重复的诉讼行为笔录"及"与犯罪有关的物品"作最广义理解（CPP art. 431）。1999年，意大利立法者又对"双重卷宗"作了进一步的改革，允许双方当事人合意形成庭审卷宗，促成了"双重卷宗"进一步的扩大化和实质化。

事实上，与意大利类似，中国理论界一直以来对传统的"卷宗并送主义"持较鲜明的批评态度，认为这是导致法官未审先定、庭审虚化的重要原因。1996年，《中华人民共和国刑事诉讼法》（以下简称《刑事诉讼法》）对卷宗制度进行了尝试性的改革，将传统的"全案移送"制度修改为"主要证据复印件"移送制度，希望以此实现诉、审阻断，确保法官中立裁判。但这一改革举措非但未达到

---

〔2〕 附带证明指的是，如果证人面临特殊情况（如受到威胁或者身患重病）无法在庭审程序中出庭作证，则经当事人申请，由法官提前组织对证人的听审程序。附带证明程序与普通的庭审程序完全相同，控辩双方可对证人进行交叉询问。证人的陈述会记录在案，相应的笔录将作为证据在后续的庭审中宣读，并可作为最终判决的依据。

〔3〕 严格意义上讲，"公诉人卷宗"的称谓存在问题，因为该卷宗也一并被纳入被告人及辩护人经辩护调查所获得的信息材料。但在司法实践中，刑事卷宗主要以控诉方的材料居多，故意大利还是习惯性称之为"公诉人卷宗"，这也能在一定程度上说明意大利刑事诉讼与当事人主义刑事诉讼之间还存在非常明显的区别。

预期，反而引发了相当程度的混乱，浪费了大量的人力和物力，实施效果极不理想。故 2012 年《刑事诉讼法》的再修改又重回"全案移送"制度。至此，中国的刑事卷宗制度经过了近二十年的修改又回到了原点。这无疑给中国刑诉法学界提供了全面反思及检讨卷宗制度改革的良机：究竟是改革出现了方向性的错误，还是替代制度的技术设计存在问题？

在比较法层面，意大利的"双重卷宗"制度是有一定冲击力的，至少在技术层面为中国立法者提供了某种可借鉴的思路[4]，这也是本书的写作动机。但随着研究的深入，笔者却发现结论是否定性的，因为大量资料表明，意大利的"双重卷宗"制度改革基本是失败的。尽管意大利立法者希望通过卷宗制度的折中改革实现左右逢源的目的，但却陷入了进退维谷的窘境：现行的"双重卷宗"制度根本无力进行信息阻断、促进庭审对抗，反倒妨碍了法官的庭审指引及实质查明，以至于法官往往通过扩大化解释获取案件更多的背景资源。这在一定程度上也说明，脱离了职权主义传统的卷宗制度改革，很容易沦为"无源之水，无本之木"。

一、"双重卷宗"在意大利的历史形成

在 1988 年改革前，意大利刑事诉讼深受法国拿破仑《重罪法典》的影响，司法警察、检察官以及预审法官在履职时应形成完整书面卷宗，既涵盖各种诉讼行为的过程信息，更包括未来将影响定罪量刑的各项证据，如犯罪嫌疑人供述、证人证言、勘验检查笔录、电话窃听等等。因此，卷宗不仅具有司法管理的功能，还在很大程度上作为证据使用。尤其是 1930 年法典允许宣读并使用未到庭的证人证言甚至被告人供述，审前侦查所涉及的几乎所有证据材料借由案卷的形成和流转在很大程度上决定了庭审的方向和结果。

这一状况受到意大利刑事诉讼法学者的抨击，最核心的批评意

---

[4] 事实上已有中国学者关注到这一问题，并进行了初步的比较法探索。唐治祥：《意大利刑事卷证移送制度及其启示》，载《法商研究》2010 年第 2 期。

见是：法官对诉讼中的证据具有预先控制权，庭审中的事实调查并非各方当事人所构建的场景，而是法官通过诉讼卷宗所进行的自我重构。受这种过度权力伤害的通常是被告人，因为无助的检察官通常会得到法官的帮助。书面证人证言在庭审中大行其道，且预审程序对证言获取的方式缺乏法治化的约束（参见《意大利刑事诉讼法典》修改前的第 462 条第 3 款）。[5]

1978 年卡尔内卢蒂委员会开始着手卷宗制度改革，基本思路是保留卷宗的司法管理职能，但削弱其作为证据材料的功能。在后一方面，卡尔内卢蒂委员会主张确立所谓的"生理不可用"制度，即原则上，未经对席辩论的证据不能在庭审中使用。庭审是获取证据的唯一场所，遵循直接言词及对席原则，禁止法官以庭审前单方获得的证据作为裁判依据。法律草案理由书明确指出，这是保证庭审法官"纯洁性"的前提。

卷宗由书记员制作（法律草案第 445 条），不得纳入任何具有调查内容的文书，但不包括法庭审判长在审判前作出的"紧急文书"。尤其是预审法官所实施的"预审行为"以及检察官所实施的不可重复的行为都不得纳入卷宗，仅是一份"清单"，由预审法官决定，附在移送审判令上。按卡尔内卢蒂委员会的思路，"清单"仅是让庭审法官了解是否以及执行了何种诉讼行为，但庭审法官不应对审判前的诉讼材料有任何了解，所有的证据材料应在庭审中呈现。虽然法律草案尚未提出"双重卷宗"的概念，但庭审卷宗的基本雏形便源于此。

卷宗的司法管理职能也因此受到削弱。庭审法官对控辩双方拟在法庭上呈现的证据一无所知，尤其是一些不可重复的诉讼行为无法在庭审中展现，应事先作出安排，否则将造成庭审的拖沓，如非陈述性的证据。因此，法律草案又综合考虑了一些应纳入卷宗的特殊情况，主要涉及不可重复诉讼行为的笔录和无须以言词形式展现的证据形式（犯罪的物证和与犯罪有关的物品）。

---

〔5〕 Tonini, *Manuale di procedura penale*, Giuffrè, 2015, p. 30.

此外，控辩双方的平等对抗还意味着当事人在庭审前应进行充分的证据展示，尤其是保障辩方的阅卷权。因此，1988 年法典保留了原有的公诉人卷宗，仅是查阅主体发生了变化，庭审法官无权调阅公诉人卷宗，仅当事人有权查阅。至此，"双重卷宗"制度得以成型。

1988 年法典所规定的"双重卷宗"是比较极端的：一方面，庭审卷宗遵循法定原则，法律未作规定的诉讼文书，一律禁止纳入庭审卷宗，否则构成"生理不可用"，双方当事人无权对此进行商定；另一方面，严禁庭审法官宣读陈述性的证据，证人不出庭的，证言不可用。但这一改革所带来的弊端也是显而易见的。事实上在司法实践中，当事人对很多证据材料并无异议，法官何必浪费大量的时间组织无意义的质证？这也是 1999 年意大利引入合意型卷宗形成制度的原因。

但最大的争议还在于传闻证据的大量排除。从 1988 年至 1991 年，意大利当局在刑事审判中被迫无罪释放了大量的黑手党要犯，原因是这类案件的证人容易受到威胁利诱，翻供的情况太过频繁，严重地动摇了意大利刑罚体系的根基。1992 年，意大利宪法法院作出了三个著名的判决（第 24、254、255 号），否定了 1988 年法典所确立的以彻底"直接言词原则"为特征的审判中心体系。意大利宪法法院认为，"禁止庭审法官对初步侦查所获得的所有书面供述进行评估"是不合理的，因为刑事诉讼的首要目的仅仅在于发现案件真相，因此法官有权评估并使用各种可能的证据，自然也可能包括虽未经对席辩论但准确性可以保障的书面供述。在宪法法院明确立场后，立法者迅速作出反应，并很快强行通过了一系列相关的法律，增设了诸多传闻证据规则的例外。其中最具代表性的当属 1992 年 6 月 8 日关于"新刑事诉讼法典紧急修改暨打击黑手党犯罪各项措施"的法令（后来转化为 1992 年 8 月 7 日的法律）。1992 年的法律对庭前供述的效力作出了重大修改，适用范围也远远超过有组织犯罪领域，基本上重塑了 1988 年法典的证明体系。例如修改后的法律规定,"如果存在其他的证据可证明有效性,则证人在审前的陈述可以作为确认案件事实的证据";"但如果证人面临暴力、威胁、金钱承诺或者其他利益诱惑时,可能导致证人不作证或者提供虚假证言的情况,或者证人面临着其他可能损害证言纯洁性的情况,则庭审前所作的陈述可作为证据使用,且无须其他证据证明其有效性"(修改后的 CPP art. 500.5);"初步庭审期间所作出的供述亦可以作为证据使用"(修改后的 CPP art. 503);庭审中可进行宣读的笔录范围也作了极大扩张,"司法警察和检察官所作的供述笔录可作为证据在庭审中宣读"(原先仅限于"司法警察所作的供述笔录且不可能重作的情况",修改后的 CPP art. 512);"法官可在未经当事人同意的情况下,直接使用其他案件中的附带证明笔录或庭审笔录"(修改后的 CPP art. 238);在有组织犯罪案件中,当事人请求询问证人的,法官仅在"十分必要"(assolutamente necessario)的情况下方批准该申请。当事人的质证权受到了极大的限制。

可以看到,"双重卷宗"制度改革从一开始便显得很挣扎,严格意义上讲,直接言词原则(传闻证据排除)的贯彻并不以卷宗制度的改革为前提。而"双重卷宗"制度所尝试构建的诉讼阶段阻隔确实能保证法官在庭审前的"认知纯洁性",但这是否更有利于法官发现案件真相,仍然值得作进一步探究。尤其是法官的"一无所知",容易导致庭审的无序与拖沓,这在实务界也有不少的批评意见。卷宗的司法管理功能依然相当重要。

二、"双重卷宗"的制度原理及运行

如前所述,"双重卷宗"的基本原理便是隔离庭审法官与审前的卷宗,确保庭审成为证据呈现及事实认定的唯一场所。因此,"庭审卷宗"的内容及宣读是"双重卷宗"制度最核心的部分。

(一)"庭审卷宗"的法定内容

在1988法典中,庭审卷宗内容主要体现在第431条,依审判令,书记员制作诉讼卷宗,依法官的预选,卷宗汇集如下材料:①与提起刑事诉讼和民事诉讼有关的文书;②由司法警察实施的不可重复行为的笔录；③由检察官实施的不可重复行为的笔录；④在附带证明中所实施之诉讼行为的笔录；⑤司法档案的一般证明书和第236条列举的其他材料；⑥犯罪的物证和与犯罪有关的物品，如果它们不需要另地保存。1999年第479号法律第26条对1988年法典第431条进行了重大修改，新规定如下：其一，在发布审判令后，法官应立即决定在当事人对席状态下为法庭审理形成卷宗。如果一方当事人提出请求，法官可以决定在不超过15日的期限内再次庭审以形成卷宗。庭审卷宗中收入以下材料：①与提起刑事诉讼和民事诉讼有关的文书；②由司法警察实施的不可重复行为的笔录；③由检察官和辩护人实施的不可重复行为的笔录；④通过国际司法协助在国外取得的文书和采用同样方式获取的关于不可重复行为的笔录；⑤在附带证明中所实施之诉讼行为的笔录；⑥在国际委托调查之后在国外获取的、不同于第4项规定之文书的行为笔录，上述行为进行时为辩护人提供了参加并行使意大利法律所允许行使之权利的可能性；⑦司法档案的一般证明书和第236条列举的其他材料；⑧犯罪的物证和与犯罪有关的物品，如果它们不需要另地保存。其二，当事人可以协商同意将公诉人卷宗中的文书以及与辩护调查活动相关的文书材料纳入庭审卷宗当中。

《意大利刑事诉讼法典》的实施细则对应收录在庭审卷宗中的侦查行为材料清单作了进一步的规定，主要包括：①司法警察依《意大利刑事诉讼法典》第354条之规定对地点、物品和人员的紧急核查和扣押，以保证犯罪痕迹不会消失；②扣押、搜查以及检查笔录；③逮捕笔录；④追踪活动的笔录，以及该追踪活动的证据或证明笔录（如录像或照片）；⑤现场勘验笔录；⑥查明和返还从所有权人处窃取之财产的笔录，目的是描述从被返还之所有者处可能被转让或改造的财产；⑦依《意大利刑事诉讼法典》第360条由检察官所实施的不可重复的技术核查，未有附带证明的明确保留（如样本的破坏性评估）；⑧辩护人在检察官在场情况下所实施的不可重复的技术核查笔录；⑨辩护人在查看场所或物品的状况、进行描述、实施相关的技术、绘图、测量、拍摄或录像时所实施的不可重复行为的笔录。

在理论及司法实践中，"双重卷宗"法定内容的主要争点集中在两方面：一方面，什么是"不可重复的行为"？另一方面，什么是"犯罪的物证和与犯罪有关的物品"？

关于"不可重复的行为"，1988年法典的立法者有意避免对这一概念进行规范上的界定，而是希望由判例进行确定。从立法目的上看，诉讼行为的"不可重复性"应指十分特殊的例外情况，即"客观上不可能也不允许重复这一行为"。例如检察官在侦查阶段聘请并咨询了技术顾问，除非无法对技术顾问进行对席审查或者对鉴定意见进行庭审质证，否则这一鉴定意见不得纳入卷宗。但司法实践中，很多控方所主导的鉴定意见非法渗透到官方的庭审卷宗中，法官认为诉讼行为的"不可重复性"难以辨认。判例也支持这样的扩张性解释，除搜查、电话拦截、扣押、技术核查等传统意义上不可重复的诉讼行为外，警察的现场勘验甚至侦查报告也被允许纳入庭审卷宗（Cass.，14 giugno 2000，Guasta-legname）。这与1988年法典设立"双重卷宗"之立法目的有明显的割裂。如前所述，"庭审卷宗"最重要的一项功能便是防止庭审法官先入为主、过早详细地了解侦查内容，故"不可重复的行为"在立法目的层面应属例外，但判例将其扩展为原则。这也可以反映"双重卷宗"制度在适用过程中呈现了立法与实践之间较明显的矛盾：立法者更希望庭审法官接触较少的信息，证据的审查判断及案件事实的认定应主要发生在庭审阶段，而法官本身则更希望在庭审前能接触尽可能多的材料，以更好地指挥庭审及主导庭审结果。尤其是许多警察抱怨，因所涉刑事案件众多，警察出庭作证事实上也只能借助卷宗辅助记忆（CPP art. 514.2，499），这与直接宣读庭审卷宗并无太大区别。所谓的"双重卷宗"只是形式，对庭审的事实认定并无实质助益。

而对于"犯罪的物证和与犯罪有关的物品"，一些学说和判例同样作了扩张性解释。甚至有少数派观点认为，在侦查过程中所收集或所形成的所有文件材料（既包括书证，也包括笔录）均属于"与犯罪有关的物品"，应被列入庭审卷宗。当然更多的学者认为，依立法的目的，这里的"物品"不应作泛化理解，应专指非陈述性的证据，因此警察的各种侦查笔录肯定不属于"与犯罪有关的物品"。而这里"有关的"，指司法证明意义上的相关，不是一般意义的有联系，这应交由预先侦查法官进行审查判断（在立即审判程序、直接审判程序和处罚令程序中由检察官决定）。

（二）"庭审卷宗"的协议内容

控辩双方可对"庭审卷宗"的内容形成合意，这是 1999 年改革的结果。改革的动因也是源自于司法实践的现实诉求。如前所述，1988 年法典所创设的"双重卷宗"制度过于僵化，许多刑事案件的庭审不可避免地进行大量无意义的重复作证，控辩双方无法将"证明的注意力转向那些真正有争议的观点以及能真正发挥作用的程序"，这既浪费了大量的司法资源，也对被告人的权利保护不利。1999 年的立法者部分认同判例"扩张"（庭审卷宗）的基本立场，承认在相当多的情况下，书面的卷宗比形式的庭审辩论更为经济有效，因此只要当事人双方均同意将侦查过程中所形成的文件材料（包括侦查调查和辩护调查的相关材料）纳入"庭审卷宗"，则预先侦查法官原则上应允许。例如控辩双方均认同将无争议的技术核查或警察笔录纳入庭审卷宗，让庭审法官事先接触非法定内容的卷宗材料，尽快了解控辩双方的证明路径及诉讼请求。当然，控辩双方在庭审中仍有权对这些协议内容进行质证。

在实践操作层面，庭审卷宗"协议"也存在两方面的争议：

一方面，按立法原意，控辩双方"协议"所涉及的仅是法官可在庭审前获悉的材料（程序问题），并不涉及这些材料的实质审查（实体问题）。但实际上，对于侦查调查或辩护调查的笔录，如果对方当事人认为没必要对这一单方的调查进行"核实"，才会同意将这些笔录纳入庭审卷宗。因此，双方当事人在审前阶段讨论法官可接触何种卷宗材料时，事实上早已涉及对相关证据材料证明力的审查判断。这必然形成大量的传闻证据规则例外，既与1988年法典所倡导的"无预审"改革思路相悖，也是最高法院判例所反对的（这与意大利宪法法院的立场刚好相反。如前所述，意大利宪法法院主张扩张传闻证据规则，以有效打击黑手党以及其他各种有组织犯罪）。意大利最高法院在2003年的一起判例中再次明确强调，"庭审卷宗的形成旨在允许选择将由庭审法官预先知道的文书和文件，但对于证据的采纳程序没有任何预定效力"（Cass., 6 febbraio 2003, Sindoni）。

另一方面，控辩双方进行"证据"交易的做法也大量存在。在很多情况下，控方或者辩方以同意将己方调查笔录纳入庭审卷宗作为交易条件，承认将对方调查笔录亦纳入其中，由此摆脱法官对证据及相应事实的实质审查，最终有损实质真实。这里还涉及大量的非法证据"交易"问题。意大利的非法证据主要通过诉讼行为理论予以排除。《意大利刑事诉讼法典》规定了四种类型的诉讼行为无效，分别是不予受理、逾期无效、程序无效以及不可用。可能涉及非法证据的，主要为程序无效和不可用。按违法严重程度的高低，程序无效可分为三种：绝对程序无效、中间程序无效和相对程序无效。按诉讼行为无效的原因，不可用可分为病理不可用与生理不可用。依《意大利刑事诉讼法典》的相关规定及诉讼行为的基本法理，绝对程序无效与病理不可用不能通过当事人的合意进行矫正。绝对程序无效明确规定在《意大利刑事诉讼法典》第179条中，即"第178条第1款第1项规定的无效情况、因公诉人提起诉讼中的行为而造成的无效情况、因未传唤被告人或者未让必须在场的辩护人在场而引起的无效情况是不可补救的，并且当然地可在诉讼的任何阶段和审级中指出"；"由法律条款专门列举的无效情况也是不可补救的，并且当然地可在诉讼的任何阶段和审级中指出。"病理不可用的一般性规定体现在《意大利刑事诉讼法典》第191条第1款中，即"在违反法律禁令的情况下获取的证据不可用"。法官可依职权，或依当事人之申请，声明诉讼行为不可用。不可用可以在诉讼的任何阶段和审级中指出（CPP art. 191. 2）。不可用不可补救，构成不可用的诉讼行为禁止进入诉讼，尤其是不得作为法官的判决依据。至于中间程序无效和相对程序无效，是否可由当事人的协议进行矫正，目前意大利学术界依然有争议。主流学说认为，依《意大利刑事诉讼法典》第 183 条之规定，如果有关当事人明确表示放弃提出无效抗辩，或者接受了有关行为的后果，则对无效行为进行了一般补救。生理不可用则显然可以通过当事人协议进行矫正。事实上，1999 年所进行的修改便是对生理不可用制度的限制。

（三）"庭审卷宗"作为庭审先决问题的对席讨论

如前所述，"庭审卷宗"形成于初步审查阶段，依预先侦查法官指示，由书记员进行制作。但随着司法实践的推进，庭审卷宗的功能愈发重要，可决定哪些证据材料在将来的判决中使用。这便形成了很鲜明的矛盾：一方面，为避免庭审法官过早了解过多的证据材料，形成先入为主、未审先定的庭审虚化现象，1988 年法典授权预先侦查法官负责对"审前程序结果"作出裁断；另一方面，预先侦查法官的裁断结果事实上决定了庭审的范围以及部分重要证据材料的证明问题，由此事实上分享了庭审法官的裁判权，这可能与《意大利宪法》所规定的裁判体制相悖（C art. 3）。如果预先侦查法官并没有依《意大利刑事诉讼法典》第 431 条所规定的方式形成卷宗，是否应设立必要的救济机制？1999 年的立法者决定设立庭审阶段的卷宗"控制"环节，在正式庭审开始前将"庭审卷宗"内容的争议部分作为庭审先决问题进行对席讨论，由庭审法官决定是否增加或剔除相关的诉讼文书。依修改后的《意大利刑事诉讼法典》第 491 条之规定：①关于地域管辖权或对牵连案件的管辖权、第 181 条第 2 款和第 3 款列举的无效情况、民事当事人的设立、对民事负责人和对财产刑承担民事责任的人的传唤以及上述人员的出席和第 91 条规定的机构与团体的参与等问题，如果不是在对当事人的设立问题进行首次审查之后立即提出的并且立即加以解决，则不在审理范围之内。②第 1 款的规定也适用于关于庭审卷宗材料的内容、诉讼的合并或分离等问题，除非只在法庭审理期间才出现提出这些问题的可能性。③初审中的问题由公诉人和各方当事人的辩护人加以论述。有关的论述应严格以说明该问题所需的时间为限。不允许进行答辩。④关于哪些文书必须收入庭审卷宗或者应从中排除问题，由法官以裁决形式决定。⑤对于上述初审中的问题，法官以裁定形式作出裁决。

从法条的内容上看，"庭审卷宗"作为先决问题的讨论主要涉及仅在庭审中才可能出现的争议问题，主要包括预先侦查法官在庭审卷宗中遗漏了部分内容或者进行了不准确的评估，或者将生理不可用的诉讼文书纳入庭审卷宗。"庭审卷宗"作为先决问题的启动权由双方当事人所有，各自进行简要的对席陈述，不允许答辩。如果庭审法官认为，预先侦查法官在庭审卷宗中遗漏了内容，则应以裁决的形式予以补充；而如果庭审法官认为，预先侦查法官纳入庭审卷宗的诉讼文书构成"生理不可用"，则应在庭审卷宗中予以剔除，将其退还检察官（DACCP art. 148）。

1999年的这一改革机制受到了很大的批评，因为庭审先决问题的对席讨论是一个"令人疲倦且收效甚微"的过程，利害关系人几乎不感兴趣，涉及实体问题的核心争议部分完全可以通过上诉机制予以解决。尤其是，烦琐的程序设计与"双重卷宗"的初衷存在较明显的冲突。庭审法官对证据生理不可用的判断已然涉及证据可采性的判断问题，必然影响后续的裁判心理。立法者建构了如此复杂且耗时的程序，却夹杂着诸多与制度初衷背道而驰的规则，委实令人费解。

（四）"庭审卷宗"的宣读

"庭审卷宗"包含了许多不能通过言词方法获得的信息文件，因此需要在庭审期间或庭审后进行必要的充实以及质证，故法官可以依职权或依当事人之申请宣读"庭审卷宗"的内容。依《意大利刑事诉讼法典》第511条之规定："①法官可以主动决定全部或部分地宣读收录到法庭审理卷宗中的文书。②宣读陈述笔录只能在询问陈述人之后进行，除非不对该人进行询问。③宣读鉴定报告只能安排在询问鉴定人之后进行。④只有当以核实是否存在追诉性条件为目的时，才允许宣读关于口头佐诉或申请的笔录。⑤除宣读外，法官也可以主动列举在作出裁决时可加以采用的具体文书。上述列举等同于对这些文书的宣读。当属于陈述笔录并且一方当事人提出请求时，法官应决定全部或部分地加以宣读。如果属于其他文书，只有在针对有关文书的内容存在严重分歧时，法官才受到宣读请求的约束。⑥根据第93条的规定参与诉讼的机构和团体也有权依照第1款和第5款的规定请求宣读或者列举有关文书。""庭审卷宗"的宣读涉及直接言词原则的贯彻及例外，是1988年法典30年内频繁修改的重要内容，因此受到极大的关注。

庭审法官有义务也应依职权宣读"庭审卷宗"中的文件，包括法定内容（CPP art. 431.1）和协议内容（CPP art. 431.2，493.3）。原则上，庭审法官不得宣读"公诉人卷宗"的其他内容，否则构成程序无效，但特殊情况除外。[6]一般认为，宣读"庭审卷宗"是特殊的证明方式，是特殊情况下对席辩论证明方式的一种替代或补充，符合《意大利宪法》第3条第4款中"客观不能"的例外规定。例如福斯基尼教授认为，"庭审卷宗"的宣读仅是让诉讼的所有参与者对诉讼行为有"共同背景认知"，并让不同"司法职能主体"（起诉、辩护和审判）"交换自己的意见，以及立即的感知和反应"。科尔代罗教授则认为，宣读"庭审卷宗"是职业法官完成证明链条以及履行判决说理义务的重要工具，有助于在"法官和当事人之间"形成对证据的"集体判断"。因此，虽然庭审法官也可在合议室内自行通过研判"庭审卷宗"达至心证，但在开放的法庭内及各方当事人面前进行宣读，可以更全面地进行证据合法性评估及证据证明力评价，规避激发上诉程序的不确定因素，节约司法成本。所以依《意大利刑事诉讼法典》第511条第5款之规定，法官还可主动列举"作出裁决时可加以采用的具体文书"，其目的与卷宗宣读相同，旨

---

〔6〕 下文有详述。

在形成"集体判断"。"如果属于其他文书，只有在针对有关文书的内容存在严重分歧时，法官才受到宣读请求的约束。"

在"庭审卷宗"的宣读中，最受关注也容易引发争议的当属笔录宣读及其与直接言词原则之间的特殊关系。《意大利刑事诉讼法典》第511条第2、3款明确规定，宣读笔录只能在询问之后，但并未规定询问笔录的效力必然低于当庭陈述。因此，如果证人在庭审中发表相互矛盾、不完整或与已掌握的证据相冲突的陈述，法官应依当事人之请求或依职权，向证人重申如实作证义务的警告。而证人当庭证言的真实性由法官综合笔录及其他证据进行审查与判断。因此，可以认为陈述笔录和鉴定报告也属于特殊的证据，主要目的是帮助法官及各方当事人对当庭的证人证言及鉴定意见进行核实。当然如果法官未按照法定顺序宣读证言，则违反证明禁令，将导致判决被撤销（Cass., n. 8828/2000）。如果庭审因某种原因而重启（如程序无效或者法官变更），证人证言或鉴定人意见已经是原先庭审笔录的一部分，但双方当事人依然可向新法官提出请求，要求询问此前已经完成作证的证人或鉴定人，但前提是未有明显不相关或者多余（CPP art. 190）。

法官也可以"决定包括主动决定宣读第238条所列举之行为的笔录，适用第511条第2款的规定"（CPP art. 511-1）。《意大利刑事诉讼法典》第238条主要规定了"其他诉讼中的证据笔录"。换而言之，如果相关的笔录并未在本案的卷宗（包括"庭审卷宗"和"公诉人卷宗"）中，而在其他案件的卷宗中，则《意大利刑事诉讼法典》明确区分了若干情况：①刑事案件经正当程序获取的证据笔录可同等调取。依第238条第1款之规定："如果其他刑事诉讼的证据笔录是附带证明程序或者在法庭审理中获取的，则允许调取该证据笔录。"②民事案件判决产生既判力后，证据笔录可以调取。依第238条第2款之规定："可以调取司法机关在已决的民事审判中的证据笔录，只要在该审判中作出的判决已取得已决案的效力。"③如果证据笔录涉及被告人供述，则必须被告人的辩护人参与了相关的取证活动，或者有关判决是针对被告人宣告的，才可以调取使用（CPP art. 238. 2-1）。④如果另案的文件材料因后发的事实或情况而不可能重复制作，且这些事实或情况是不可预见的，则可以调取使用（CPP art. 238. 3）。⑤经被告人同意，可以调取使用针对被告人的陈述笔录。但如果被告人不同意，应依第 500 条和第 503 条所规定之程序使用笔录（CPP art. 238. 4）。⑥无论调取何种陈述笔录，当事人均有权对陈述者进行审查（CPP art. 238. 5）。

"公诉人卷宗"原则上不得进行宣读，但如果"不可预见的事实或情形而不可能重复有关的证明行为时，根据当事人的请求，法官决定宣读由司法警察、公诉人、当事人的辩护人或法官在初期庭审过程中取得的文书"（CPP art. 512）。被告人在预先侦查或初步庭审中作出的陈述在一定条件下也可能进行宣读，主要涉及被告人或者关联诉讼的被告人在审判中缺席或者拒绝接受询问，或者因不可预见的情形无法接受询问，则依当事人的请求，法官决定宣读由司法警察、公诉人、当事人的辩护人或法官在初期庭审过程中取得的文书。但如果被告人行使沉默权，则必须经双方当事人达成协议，法官方可进行笔录宣读（CPP art. 513）。《意大利刑事诉讼法典》还详细规定了一些特殊情形下的笔录宣读，如宣读居住国外者的笔录（CPP art. 512）。

三、"双重卷宗"制度的初步检讨

不难看出，"双重卷宗"制度由一套非常复杂的程序规则所构成，其烦琐程度远甚于"卷宗并送主义"和"起诉状一本主义"，这是因为意大利立法者希望在当事人主义与职权主义之间寻求最微妙的法益平衡，不免在诸多程序细节上辗转反复、蜿蜒曲折。但折中的卷宗制度是否能达至最优的目标组合，形成真正意义上的第三条道路，这值得我们作一认真研判。笔者的观点是批判性的，不可否认意大利的"双重卷宗"制度展现出了很强的想象力和创造力，也是意大利刑诉理论界对丰富世界刑诉学说的重大贡献，但该制度从一开始便陷入了价值混乱、技术杂糅的窘境，既无力实现真正意义上的当事人主导，也削弱了法官在推进诉讼、实现真实方面的职能。我们可从"双重卷宗"制度的频繁立法改革以及乏力的实践效果得以佐证。

（一）错综复杂的立法改革：在当事人主义与职权主义之间

1988年法典的立法者希望通过一场较激进的改革彻底地改变1865年以来意大利以职权主义为特征的刑事诉讼传统，尤其是庭审虚化现象。在原先的诉讼模式下，庭审法官的心证往往立足预审法官的卷宗材料，判决结果几乎仅是对预审法官先前结论的确认。应该说，这一现象在职权主义传统的国家里普遍存在，也是职权主义刑事诉讼饱受诟病的重要顽疾。与意大利类似，欧陆许多代表性国家（如德国和法国）从19世纪中叶起便纷纷对拿破仑《重罪法典》所确立的程序结构进行较全面的检讨，并针对各自刑事司法实践中所出现的种种问题进行符合国情的改革，包括吸收当事人主义诉讼模式的合理要素，确立了极具个性、差异程度明显的职权主义类型。但几乎未有国家像意大利这般激进，试图全盘引入当事人主义，又不得不考虑诉讼传统所形成的桎梏，以至于形成"非驴非马"的"双重卷宗"制度。

"双重卷宗"制度的首要目的是实现庭审法官的纯粹化，摆脱对审前诉讼卷宗的依赖，让当事人在庭审中真正发挥作用，实现"诉讼证据出示在法庭，案件事实查明在法庭"。但与"起诉状一本主义"不同，"双重卷宗"制度又保留了"庭审卷宗"，允许纳入法定内容及协议内容。预先侦查法官、庭审法官以及双方当事人将耗费大量时间和精力来决定"庭审卷宗"的内容，殊不知在这一复杂的过程中，庭审法官所接受的信息虽然不够完整，但也必然影响后续判断。所以"庭审卷宗"的形成既复杂，耗费诸多司法资源，又无力实现既定的立法目的。庭审法官因此处于非常尴尬的境地，既不能像传统职权主义国家通过卷宗掌控庭审，却还必须全程引导庭审的运行，甚至在特殊情况下还应依职权查明真相。在意大利新近发生的阿曼达·诺克斯案件中，因为被告人诺克斯是美国人，故意大利现行的刑事诉讼受到美国刑事诉讼法学者的关注。主流的美国学者及舆论圈对这种混杂式的程序设计可谓口诛笔伐，无法接受这是当事人主义化的结果。正如比较法学者米拉贝拉所调侃的，"美国人喜欢意大利，因为这个国家有一种浪漫的、几乎异想天开的想法：美丽的艺术、令人难以置信的美食、古雅的广场以及宏伟的罗马。但意大利又是一个经济崩溃的国家，充斥着暴民文化以及脆弱的政府……新近美国人又对意大利增加了一种看法，即有一套混乱、低效及失败的刑事司法制度。"[7]

"双重卷宗"制度的另一目的是贯彻直接言词原则，避免大量的陈述笔录进入法庭。这里涉及卷宗制度与传闻证据排除规则的关系问题。事实上，两者并不存在直接的联系。毋庸讳言，在传统职权主义的国家里，卷宗往往涵盖所有的陈述笔录，涉及证人证言、被告人供述、受害人陈述等，陈述笔录也确实经常在法庭上直接宣读，严重损及直接言词原则。但卷宗内容与笔录宣读并非因果关系。现代职权主义国家的卷宗亦涵盖所有的陈述笔录，但基本上均禁止在法庭上宣读笔录，而要求证人、被告人等必须出庭接受质证。意大利1988年改革较激进地确立了直接言词原则，几乎未设任何传闻证据规则例外，故在涉及黑手党的犯罪案件中，证人普遍不敢出庭，担心受到报复。这也是1992年改革的重要动力。但事实上，直接言词原则的落实与卷宗制度改革并无太大关系。如前所述，"双重卷宗"制度下依然承认传闻证据规则的例外，在特殊情况下，宣读陈述笔录也是允许的，且效力未必低于证人的当庭陈述。所以在理论上，我们必须对"将陈述笔录纳入卷宗"与"在庭审中承认陈述笔录的证据效力"进行严格区分。对这一观点的另一比较法佐证是，德国和法国虽适用"卷宗并送主义"，但直接言词原则的贯彻要比意

---

〔7〕 Julia Grace Mirabella, "Scales of Justice: Assessing Italian Criminal Procedure through the Amanda Knox Trial", 30 *B. U. Int'l L. J.*, 2012.

大利更为严格，不过发展趋势是弱化，即扩大传闻证据规则的例外。[8]

从1988年至今，意大利对"双重卷宗"制度进行了多次改革，尤其是1999年的重大改革，这在相当程度上反映了决策者对当事人主义刑事诉讼的核心元素缺乏成熟、系统的思考，也严重低估了职权主义传统对意大利刑事诉讼的影响。而实务界对这种影响的感受更为直接深刻。

（二）乏善可陈的实践效果：在立法理性与实践理性之间

实务界对"双重卷宗"制度一直持较为排斥的态度，核心体现为"庭审卷宗"内容的扩大化解读以及卷宗协议的实质化应用。如前所述，意大利最高法院的判例倾向于对"庭审卷宗"的法定内容进行扩展，主要通过对"不可重复的行为"和"犯罪的物证和与犯罪有关的物品"进行宽泛的解释，甚至也允许将侦查报告纳入"庭审卷宗"。理论上，"庭审卷宗"的法定内容应是较为明确刚性的，第431条的规定虽为判例留下了相当的解释空间，但立法目的还是具有相当的指向性，即"庭审卷宗"所纳入的诉讼文书应是例外的存在，多数诉讼文书不应涵盖其中。故司法实践的扩张趋势只能表明，司法实务人员还是更为依赖职权主义传统的程序思维以及诉讼卷宗。而这里的司法实务人员不仅包括法官、检察官和警察，也包括刑辩律师。如果说"庭审卷宗"的法定内容更能反映法官、检察官和警察的态度，协议内容则更能凸显刑辩律师的观点和判断。在司法实践中，刑辩律师并非如1988年立法者所预判的在庭审程序中对审前的所有诉讼行为进行积极的抗辩，相反更愿意将精力集中在真正有争议且可能影响裁判者心证的事实和证据方面，因为诉讼拖延对于被告人的权利保护更为不利。可以看出，在职权主义传统的国家，刑辩律师并非简单地依附于当事人，而在某种意义上系了解

---

〔8〕 德国《整体刑法学杂志》2014年第1期对欧陆主要代表性国家刑事诉讼中的直接原则进行了较详细的研究。参见 *Zeitschrift für die gesamte Strafrechtswissenschaft*, Vol. 126, 2014, pp. 173–276.

案件事实的"第一位法官"。在刑事诉讼中，法官、检察官、律师、受害人和被告均是"集体真相"的参与者。卷宗协议的实质化现象也极为明显，即双方当事人在审前阶段讨论"庭审卷宗"内容时，事实上已涉及对相关证据材料证明力的审查判断，未来庭审的焦点将不再集中于达成共识的证据和事实，这显然与"双重卷宗"的功能相悖，也容易出现"非法协议"的情况。

因此可以认为，如果说1988年的立法者秉承的是"当事人主义"的立法理性，则实务界更愿意固守"职权主义"的实践理性。事实上，在意大利，无论是实务人员还是社会公众均无法接受以技术化的程序细则排斥实质真实。这也是为何意大利的刑事诉讼改革自1988年起便呈现钟摆式的振荡，这给一线的司法官员造成极大的困扰。而卷宗制度仅是其中的一个缩影。

四、中国卷宗制度改革的反思——与意大利"双重卷宗"制度失败教训的参照

意大利"混合式"的刑事诉讼模式在比较法上极具诱惑性，因为"博取百家之长为己所用"是所有比较法学者的梦想。但诉讼制度整体功能的发挥却往往取决于各配套制度及程序技术的协同，而非各种程序技术的简单叠加。"双重卷宗"制度也曾受到一些中国学者的青睐，因为仅从立法目的上看，这似乎既能实现庭审程序与审前程序的信息阻断，促进审判中心主义与庭审的实质化，也能保留原有卷宗制度的司法管理功能和部分证明功能。殊不知，制度功能的实现本身可能存在内在且不可调和的矛盾，例如强调庭审程序与审前程序的信息阻断，必然意味着庭审法官指挥庭审以及职权查明功能的弱化，而强调卷宗制度的司法管理功能和证明功能，必须在一定程度上损及当事人的证明权以及诉讼的主导权。这也是为何职权主义与当事人主义刑事诉讼虽日益趋近，却仍然存在根本的差别。

与意大利极为类似，中国卷宗制度的改革也呈现了一定的反复性，主要体现在1996年"主要证据复印件"改革以及2012年"全

案移送制度"的回归。这其实已经给中国刑诉学界敲响了警钟，在"起诉状一本主义"与"卷宗并送主义"之间可能并不存在两全齐美的中间道路。所以大陆法系的卷宗制度重新引发了关注。比如，不少中国学者引用澳大利亚学者布朗·麦克罗波（Bron Mckillop）对法国轻罪案件审理的研究，发现法国刑事审判高度依赖卷宗，与中国极为类似。[9] 麦克罗波的研究基本符合法国的司法现状，且可扩及重罪案件。[10] 例如依《法国刑事诉讼法典》第 81 条之规定："预审法官依法进行其认为有益于查明事实真相的一切侦查活动……侦查行为的各项文书以及各项诉讼材料，均应制作副本。……书记官负责审查副本与原本的一致性。"适用通令更是明确规定，"这些预审行为，在书面的程序制度中，应体现并汇集在预审卷宗中。预审卷宗应完整描述这些预审行为。"预审行为，既包括预审法官本人所实施的行为，也包括司法警官依委托调查所实施的侦查行为。在司法实践中，证据按获取的顺序被纳入卷宗。涉及实体问题的证据标注大写的字母 D 以及阿拉伯数字，例如从 D1 一直至 D20000（特别重大的案件）；涉及人格的证据标注 B 以及阿拉伯数字；羁押的证据（例如临时羁押裁定）标注字母 C 以及阿拉伯数字；涉及程序问题的证据标注 A 以及阿拉伯数字。在实体证据部分，卷宗也设有侦查人员的总结报告，汇总了所采取的所有侦查行为。在预审程序终结时，检察官会制作最终的起诉意见书（réquisitoire définitif），对受审查者的指控罪名进行总结。之后，预审法官制作移送轻罪法院或重罪法庭的裁定。这一裁定将再一次对案件进行总结。自 2007 年 3 月 5 日的法律后，裁定还应清楚地载明对移送法院的每个人的有罪证据及无罪证据。这里便引发了一个有趣的比较法问题，法国会不会出现意大利和中国所担忧的"未决先定""庭审虚化"现象以及书面证据大行其道、当事人证明权受到极大限制的情况？

---

〔9〕 Bron Mckillop, "Readings and Headings in French Criminal Justice: Five Cases in the Tribunal Correctionnel", 46 *Am J Comp L.*, 1998, p. 757.

〔10〕 多数违警罪案件甚至可以通过卷宗进行审判，但因为违警罪案件相当于中国的治安处罚案件，故不具有比较法的价值。

得承认，职权主义传统的国家（如法国和德国），法官在庭审前便对刑事案件的基本情况有较全面、深入的了解，因此庭审的主导权主要交由法官负责，而非当事人。但这一庭审权力结构的基本前提是法官完全的独立，既独立于检察官、警察，也独立于当事人。追求实质真实是刑事法庭最核心也是最重要的目标。所以职权主义国家的法官并不受制于当事人的诉讼主张和所提出的证据，而普遍享有依职权的主动调查权，即为查明真相，庭审法官（或审判长）可不受控辩双方所提供之证据材料的约束，而依职权主动调查及收集所有可能对揭示真相有意义的事实和证据。庭审法官（或审判长）可亲自或委托相关机构或个人采取各种类型的侦查行为，包括勘验、检查、查封、扣押、鉴定甚至是技术侦查。这在各代表性职权主义国家的法典中均有明确规定（如《德国刑事诉讼法典》第238条、《法国刑事诉讼法典》第310、328、422条及《西班牙刑事诉讼法典》第688条）。我国《刑事诉讼法》第196条也作了类似的设定，"法庭审理过程中，合议庭对证据有疑问的，可以宣布休庭，对证据进行调查核实。人民法院调查核实证据，可以进行勘验、检查、查封、扣押、鉴定和查询、冻结。"在实质真实的诉讼观下，法官必然希望在庭审前尽可能掌控更多的信息以便在庭审中进行印证以及在特殊情况下启动庭外调查。也正因为如此，职权主义国家的庭审相对"平和"，法庭并不承认所谓的控方事实与辩方事实，一切皆为法庭的事实。法官主导庭审的进行，并引导控辩双方对案件的争点及疑点进行"讨论"（discussion）。庭审法官并非消极中立的第三方，而应积极探明事实，承担部分证明责任。[11] 如果法官未充分查明即依"存疑有利被告"作出无罪判决，则将构成重审事由。法官更不得因案件未查明而拒绝作出裁判，否则将构成拒绝裁判罪。从这个意义上讲，职权主义国家的庭审并非"虚化"，仅是"对抗性较

---

　　[11]　Jean Pradel, "Le rôle du juge pénal dans la charge de la preuve. Approche comparée des systèmes de common law et romano-germanique", *Deuxièmes journées juridiques franco-polonaises Cracovie*, Novembre 2012, pp. 23-24.

弱"，而法官也确实存在"未决先定"的可能，但一切以实现"实质真实"为导向。

至于"卷宗并送主义"会不会损及庭审的直接言词原则，导致大量书面证据取代证人证言或者被告人供述在法庭上被展示，这似乎是一个过时的命题。事实上，现代欧陆几乎所有国家的刑事诉讼均奉行严格的直接言词原则，并不会因卷宗移送后而在法庭上大范围宣读陈述性笔录以取代证人证言，除非存在极其特殊的情况。对此，《欧洲人权公约》第6条第4项明确规定，被告人"有权询问不利于他的证人，并在与不利于他的证人具有相同的条件下，让有利于他的证人出庭接受询问"。故无论是作为普通公民的证人，还是享有侦查权的警察，均应出庭接受询问，鲜有例外。欧陆主流学说认为，唯有当面听取证人供述，并保障被告人的对质权，裁判者的心证方具有亲历性和真实性，这是确保实质真实的重要机制。

可见，无论是意大利的"双重卷宗"制度改革，还是中国1996年"主要证据复印件"改革，均存在对卷宗制度功能的部分误读。毋庸讳言，中国当下庭审虚化现象非常严重，证人出庭率极低，法官高度依赖卷宗，"未决先定"的现象也较为普遍，但这些问题背后的成因应作更细化严谨的研判。甚至可以认为，中国刑事诉讼当下的许多弊端既与卷宗制度无关，甚至也与职权主义诉讼模式无关，而与中国刑事司法独特的功能设置以及与之配套的刑事职权体系有关。倘若未找准病因并对症下药，则许多改革举措必然瞎折腾，消耗原本便紧缺的制度资源。而意大利"双重卷宗"制度的改革便是重要例证。

刑事诉讼中的被告人缺席制度研究

在刑事诉讼中，被告人[1]是最为重要也是最具利害关系的当事人。因此，无论基于查明案件真相，还是基于保障公民个人的基本权利，被告人到庭或出庭是各国刑事诉讼的基本要求。对此，大部分国家（如普通法系国家、西班牙和德国）采用"必要出庭模式"（modelli a presenza necessaria），即除个别特殊情况外（如被告人因特殊原因无法到庭，或者案件显著轻微，法律规定可由律师代表等），被告人均应到庭接受审讯。也有一些国家（如贝尔本法通过前的法国、比利时和中国）更为极端，采用"强制出庭模式"（modelli a presenza obbligatoria），无论何种类型的案件，被告人均应到庭接受审讯，否则将强制到庭，甚至科以刑事处罚。无论何种模式，被告人到案或出庭是基本原则，不到案或不出庭是非常极端的例外，但意大利几乎是独一无二的存在。《意大利宪法》第24条规定："在诉讼的任何阶段和任何情况下，辩护均为不得侵犯之权利。"意大利宪法法院作了广义的解读，认为此一辩护权既涵盖被告人一般意义上的沉默权（ius tacendi），还包括被告人"拒绝合作的权利"（diritto di non collaborare）。[2]因此，在意大利，被告人拒绝参加刑事诉讼也应当是一项权利，原则上不设任何形式的强制，即便是处

---

〔1〕 与传统大陆法系国家类似，意大利也按诉讼阶段区分犯罪嫌疑人和被告人，本书出于论述的方便在广义上使用"被告人"的概念，即在外延上既包括预先侦查阶段的犯罪嫌疑人，也包括初步庭审和庭审阶段的被告人。

〔2〕 C. Conti, "Processo in absentia a un anno dalla riforma: praesumptum de praesumpto e spunti ricostruttivi", in *Dir. pen. proc.*, n. 4, 2015, p. 461.

于被羁押的状态，被告人仍然可以拒绝出席庭审。[3] 因此，司法实践中，被告人不到案或不出庭的情况时有发生。这也是为何意大利在 1930 年的《科第斯·洛可法典》中确立了缺席审判制度（contumacia）。

缺席审判制度自确立起便受到了普遍质疑，核心争点在于：对于未到案或不出庭的被告人，其基本的诉讼权利如何得到保障？原先的缺席审判制度对于未有过错的被告人设定了诸如期限复原、重启庭审的保障举措，但欧洲人权法院在一系列判决中认定意大利的缺席审判制度并未达到《欧洲人权公约》第 6-1 条所规定的公正程序标准，对被告人的基本权利保障乏力，尤其是被告人的对质权和辩护权。在欧洲人权法院的持续压力下，意大利于 2014 年 4 月 28 日出台了第 67 号 "关于非监禁羁押刑以及刑罚体系改革的政府委托立法（Deleghe al Governo in materia di pene detentive non carcerarie e di riforma del sistema sanzionatorio）和关于交付考验而中止程序的机制以及因下落不明的中止程序机制（Disposizioni in materia di sospensione del procedimento con messa alla prova e nei confronti degli irreperibili）"。法律公布于 2014 年 5 月 2 日意大利的官方公报上，并于 2014 年 5 月 17 日正式生效。顾名思义，这部法律很重要的一部分内容便是对原先的 "缺席审判" 程序（contumacia）[4] 进行重大改革，以新的 "被告人缺席制度"（absentia）取而代之。较之于原先的 "缺席审判" 程序，"被告人缺席制度" 强化了对被告人到庭参加诉讼的权利，严格限定了在被告人缺席状态下可继续审理的条件，在相当程度上回应了欧洲人权法院的要求。但 "被告人缺席制度" 对被告人 "下落不明" 的解释以及所新创设的 "推定" 制度也

---

〔3〕 Emilia Francesca Aceto, "Il processo in assenza dell'imputato: problemi interpretativi ed applicativi", in *In primo piano*, Penale, Pubblicato 16 December 2016.

〔4〕 将 "contumacia" 译为 "缺席审判"，其实并不完全准确，因为被告人也可能因下落不明而缺席整个刑事诉讼，包括预先侦查阶段和初步庭审阶段，而不独为庭审阶段。但鉴于通译，以及该制度已被 "absentia" 取而代之，故本书还是拟将 "contumacia" 译为 "缺席审判"，将 "absentia" 译为 "被告人缺席制度"。

受到了普遍的批评。

一、意大利原有的缺席审判制度

在 2014 年改革前，意大利缺席审判制度规定于《意大利刑事诉讼法典》原第 420 条及后续条款中。立法者将被告人缺席审判分成两种情况：一种是被告人未出席庭审，另一种是被告人主动缺席或者离开。

（一）被告人未出席庭审

依《意大利刑事诉讼法典》原第 420-3 条[5]之规定，处于自由或者羁押状态的被告人未出席庭审，同时不具备下列条件的（即原 CPP art. 420.2，420-1，420-2），法官在听取双方当事人意见后可作出对被告人缺席审判的声明：①送达（notificazione）、传唤（citazione）、通知（avviso）、通告（comunicazione）无效；②被告人无法有效了解初步庭审的通知且没有过错（incolpevole），同时司法机构未依《意大利刑事诉讼法典》第 159 条、第 161 条第 4 款以及第 169 条将上述通知发给辩护人；③被告人出庭存在合法阻碍原因。因此，被告人未出席庭审也分为如下两种情况：

一种是被告人并非无故不出席庭审，且不存在过错。在这种情况下，"如果证实或者可能出现被告人无法获悉诉讼进程的状况，法官可以依职权要求按第 419 条第 1 款的要求重新发布预先侦查的通知，但如果是因被告人过错，或者依第 159 条、第 161 条第 4 款及第 169 条之规定将通知转交辩护人的，不在此列"（原 CPP art. 420-1.1）。"被告人未获得通知的可能性由法官进行自由的评价。这一评价不构成随后讨论的事项，也不构成抗辩的理由"（原 CPP art. 420-1.2）。而"如果被告人包括被羁押的被告人未出席庭审，并且查明他的缺席是由于意外事件、不可抗力或其他合法阻碍原因而不可能

---

〔5〕 在法典化国家，为避免新法修改（如增删条款）改变原有的条款目次，立法者往往在条款后加入续条，如第 420bis、420ter、420quater 等，有译者直译为第 420-2、420-3、420-4 条，这个译法并不存在问题，但容易让中文读者产生误解，为何没有第 420-1 条，所以本书在不造成误解的情况下依中文阅读者的习惯译为第 420-1、420-2、402-3 条，特此说明。

出庭时，法官可以依职权以裁定形式主动将庭审时间推迟，并决定重新按照第 419 条第 1 款的规定向被告人通知"（原 CPP art. 420-2.1，2014 年对此未作修改）。"当看起来被告人的缺席可能是由于意外事实或不可抗力而根本不可能出庭时，法官采用第 1 款规定相同的方式加以处理。上述可能性由法官进行自由评价，且不构成随后讨论的事项，也不构成抗辩理由"（原 CPP art. 420-2.2，2014 年对此未作修改）。"当被告人包括被羁押的被告人未出席随后的庭审，并且具备第 420-2 条第 1 款所规定的条件时，法官可以主动推迟庭审，以裁定形式确定新的庭审时间，并决定向被告人实行送达"（原 CPP art. 420-2.3，2014 年对此未作修改）。

另一种则是被告人无故缺席庭审的，法官应在听取双方当事人意见后可作出对被告人缺席审判的声明。在作出缺席审判声明后，被告人由其律师代表（原 CPP art. 420-3.2）。但如果被告人在宣告不追诉判决或者提交审判令前出庭，则法官应撤销缺席审判的裁定。在这种情况下，被告人可自动作出陈述，并请求接受讯问（原 CPP art. 420-3.3）。如果在作出缺席审判声明时，有证据证明被告人的缺席是因为不知道第 420-1 条所规定的通知，或者因意外事件、不可抗力或其他正当阻碍事由绝对不可能出庭的，则该声明裁定归于无效（原 CPP art. 420-3.4）。如果第 4 款所论及的缺席声明是在第 1 款所规定的缺席审判裁定之后但在宣告不追诉判决或者提交审判令前，则法官撤销缺席审判裁定，如果被告人依然未出庭，则法官应依职权宣布推迟庭审。但此前完成的行为依然有效，但如果被告人提出申请，并证明此后获得的证据并非己方过错，则法官应了解情况，并对其认为有助于作出不追诉判决或者提交审判令的相关文件进行重新通知（原 CPP art. 420-3.5）。

（二）被告人主动缺席或者离开

"即便有阻碍事由，如果被告人自行请求或者允许初步庭审在其缺席的情况下进行，或者如果被告人被监禁，但拒绝参与诉讼，则第 420-1 条及第 420-2 条的规定不适用。在这种情况下，被告人由辩护人代表"（原 CPP art. 420-5. 1）。"被告人在出庭后离开庭审场所，则由辩护人代理，并视为出席"（原 CPP art. 420-5. 2）。可见，被告人主动缺席或者离开，主要包括被告人主动提出缺席审判申请、同意进行缺席审判或者自行离开三种情况。无论何种情况，法官均应作出缺席审判声明，被告人由辩护人代表。

（三）缺席审判的救济机制

改革前，意大利刑事诉讼为缺席审判设置了两项救济机制：一项是期限复原，允许在缺席审判中受到刑事处罚令处罚的被告人，"要求对为提出异议所规定的期限进行复原，除非他此前已经知道处理结果，并自愿放弃提出异议"（原 CPP art. 175. 2）。对此，司法机关应进行必要的审查。另一项是重新进行法庭调查。"如果未出席第一审的被告人提出请求，并且证明他没能出庭是由于意外事件、不可抗力或者未获知传唤令而造成，则法官也可以决定重新进行法庭调查。如果在第 159 条、第 161 条第 4 款以及第 169 条规定的情况下已向辩护人送达了一审的传唤令并且被告人未有意躲避对诉讼活动的了解，则法官同样可以作出上述决定"（原 CPP art. 603. 4）。

二、欧洲人权法院对缺席审判制度的总体看法及对意大利的批评

欧洲人权法院在多个判例中对各成员国的缺席审判制度均有所批评。欧洲人权法院认为，缺席审判制度与《欧洲人权公约》的公正审判条款[6]并不存在冲突，但应受其中若干权利保障条款

---

〔6〕《欧洲人权公约》第 6 条（公正审判条款）规定："①在决定某人的公民权利和义务或者在决定对某人确定任何刑事罪名时，任何人有理由在合理的时间内受到依法设立的独立而公正的法院的公平且公开的审讯。判决应当公开宣布。但是，基于对民主社会中的道德、公共秩序或者国家安全的利益，以及对民主社会中的少年的利益或者是保护当事人的私生活权利的考虑，或者是法院认为，在特殊情况下，如果公开审讯将损害公平利益的话，可以拒绝记者和公众参与旁听全部或者部分审讯。②凡受刑事罪指控者在未经依法证明为有罪之前，应当推定为无罪。③凡受刑事罪指控者具有下列最低限度的权利：（a）以他所了解的语言立即详细地通知他被指控罪名的性质以及被指控的原因；（b）应当有适当的时间和便利条件为辩护作准备；（c）由他本人或者由他自己选择的律师协助替自己辩护，或者如果他无力支付法律协助费用的，则基于公平利益考虑，应当免除他的有关费用；（d）询问不利于他的证人，并在与不利于他的证人具有相同的条件下，让有利于他的证人出庭接受询问；（e）如果他不懂或者不会讲法院所使用的工作语言，可以请求免费的译员协助翻译。"

的限制：[7]

第一，被告人享有出庭权。虽然《欧洲人权公约》第 6 条第 1
款并未明确规定被告人有权出庭，但基于目的解释及体系解释的逻
辑，如果被告人不出庭，则意味着无法行使第 6 条第 3 款所设定的
自我辩护权、对质权等各项基本权利。[8] 因此，各成员国应尽力保
障被告人到庭接受审判，这是公正程序条款的应有之意。欧洲人权
法院并不禁止被告人以自由意志明示或默示放弃自己所享有的公正
审判权，包括出庭权。[9] 但司法机关应提前全面告知被告人所涉指
控的具体情况。告知的范围应包括对被告人指控的全面、详细资料
以及法院对该案件所可能的法律定性等，这是确保诉讼公正的必要
先决条件。[10] 被告人放弃此类权利必须以明确的方式作出表示，且
获得与其出庭重要性相称的最低限度保障。[11] 此外，放弃出庭权不
能与重要的公共利益相冲突。[12] 如果被告人以默示的方式含蓄地表
明其将拒绝出庭，则必须有证据表明被告人可以合理预见到自己的
行为将产生的后果。[13]

第二，被告人应有获得律师辩护的权利。依《欧洲人权公约》
第 6 条第 3 款第（c）项之规定，"每个被告人都有权得到律师的有
效辩护"，这是公正审判的基本特征之一。[14] 因此被告人不应因不
出庭而丧失此项权利。[15]

第三，被告人有获得重新审判的权利。如果被告人未明示放弃
出庭权和自我辩护权，但因受到缺席审判而被定罪，则应赋予被告
人在后续程序中获得法院对法律与事实指控重新裁决的权利，这才

〔7〕　See Sejdovic v. Italy, 1 March 2006, no. 56581/00, Paras. 81–95.

〔8〕　See Colozza v. Italy, 12 February 1985, Series A no. 89, para. 27.

〔9〕　See Kwiatkowska v. Italy（dec.）, 30 November 2000, no. 52868/99.

〔10〕　See Pélissier and Sassi v. France〔GC〕, no. 25444/94, ECHR 1999-II, para. 52.

〔11〕　See Poitrimol v. France, 23 November 1993, Series A no. 277–A, para. 31.

〔12〕　See Håkansson and Sturesson v. Sweden, 21 February 1990, Series A no. 171–A,
para. 66.

〔13〕　See Jones v. the United Kingdom（dec.）, 9 September 2003, no. 30900/02.

〔14〕　See Poitrimol v. France, 23 November 1993, Series A no. 277–A, para. 31.

〔15〕　See Mariani v. France, 31 March 2005, no. 43640/98, para. 40.

符合公平正义的要求。[16] 如果法院在没有任何迹象表明被告人自愿放弃出庭权利的情况下拒绝对缺席定罪的被告人进行重新审判，则构成"公然的拒绝裁判"（flagrant denial of justice），"明显违反了《欧洲人权公约》第 6 条的规定及其所确立的原则。"[17]

第四，不得适用对缺席审判被告人不利的证据规则。欧洲人权法院将不出庭的被告人分为三类，并适用不同的"放弃出庭权"证明规则：一是在案表明立场的被告人。此类被告人本人得到通知，了解对自己的指控及不出庭的后果，但以明示或默示的方式明确表示放弃出庭。对于这种情况，法庭可以进行缺席审判。二是"下落不明"的被告人。此类被告人之所以未出庭，并非因故意拒绝或逃避送达而未得到出庭通知，而通常是因为司法机关无法追查到其下落而无法将相关文书送达。在这种情况下，"下落不明"的被告人不应承担证明责任，即证明自己并非故意逃避司法或者缺席审判是由于不可抗力的原因。相反，司法机关应证明被告人故意逃避司法或者并非由于其不可控制的原因缺席。[18] 司法机关为追查被告人下落所作出的努力是否足够充分，也是法院审查判断被告人缺席是否合理的因素之一。在追查被告人的努力存在明显不足的情况下，不能推定为被告人故意逃避审判。[19] 三是"潜逃"的被告人。此类被告人为故意逃避司法审判而不出庭，通常采用隐匿身份、地址等信息而使相关文书无法送达。证明被告人"潜逃"的责任依然由司法机关承担。但欧洲人权法院认为，对于"下落不明"的被告人，不能推定其放弃出庭权，而对于"潜逃"的被告人，则可以认为被告人明确放弃了出庭权，[20] 可以对其进行缺席审判。

可以看到，意大利原先的缺席审判制度与欧洲人权法院的立场存在一定的冲突。欧洲人权法院在 2004 年（第一审判庭）及 2006

---

[16]　See Colozza v. Italy, 12 February 1985, Series A no. 89, 29.

[17]　See Stoichkov v. Bulgaria, 24 March 2005, no. 9808/02, paras. 54-58.

[18]　See Colozza v. Italy, 12 February 1985, Series A no. 89, para. 30.

[19]　See Colozza v. Italy, 12 February 1985, Series A no. 89, para. 28.

[20]　See Battisti v. France (dec.), 12 December 2006, no. 28796/05.

年（大审判庭）"瑟约德维奇诉意大利"（Sejdovic v. Italy）一案中的观点对意大利的影响尤为重大，这也是 2014 年新法修改的重要动因。[21]

被告人瑟约德维奇出生于 1972 年，现居德国汉堡。1992 年 9 月 8 日，S 先生在罗马的吉普赛营地遭到枪击，受重伤。警方从目击者处获得的初步证词显示，瑟约德维奇有重大嫌疑。1992 年 10 月 15 日，罗马的预审法官下令将瑟约德维奇羁押候审，但无法追查到其本人。意大利当局认为他蓄意逃避司法，并于 1992 年 11 月 14 日宣布他为"在逃犯"。由于无法联系到瑟约德维奇，罗马法院为他指派了律师，并进行了缺席审判。1996 年 7 月 2 日，法院判处瑟约德维奇构成过失杀人和非法携带武器罪，判处他 21 年零 8 个月监禁。瑟约德维奇的同案被告人因同样的罪行被判处 15 年零 8 个月监禁，而其他三人则被判无罪。1999 年 9 月 22 日，德国警方依罗马检察院签发的逮捕令在汉堡将瑟约德维奇逮捕。1999 年 9 月 30 日，意大利司法部长要求德国引渡瑟约德维奇，并允诺引渡后可依《意大利刑事诉讼法典》第 175 条对原审判决提出上诉。但德国当局拒绝了意大利政府的引渡请求，理由是请求国的国内法没有充分肯定地保证被告人有机会重审。后瑟约德维奇向欧洲人权法院提起诉讼，涉及《意大利刑事诉讼法典》第 175 条第 2 款和第 3 款的有关规定。欧洲人权法院审理后认为，尽管《欧洲人权公约》第 6 条没有明确提及被告人的"出庭权"，但"从条款的适用对象和目的来看，总体上表明'被控刑事犯罪'的人有权参加听审"，此外，第 6 条第 3 款的第（c）、（d）、（e）项保证"被控刑事犯罪的每个人"都有"亲自辩护"的权利、"对证人进行质证"的权利和"如果他不能理解或说出法庭使用的语言便可获得口译员的免费协助"的权利，如果被告人不在场，很难理解其如何行使这些权利。"尽管在被告缺席的情况下进行诉讼本身并不违反《欧洲人权公约》第 6 条，但如果被缺

---

〔21〕 以上内容均出自欧洲人权法院在"瑟约德维奇诉意大利"一案的判决书，不再一一注明，更详细的介绍，请参见 Sejdovic v. Italy, 10 November 2004, no. 56581/00.

席定罪的被告人没有明确放弃出庭和为自己辩护的权利，而后续又无法获得法院依《欧洲人权公约》第6条之要求、在尊重法律与事实的基础上对被指控案件作出重新的裁决，这毫无疑问是不符合正义要求的。"欧洲人权法院还对"在逃犯"的推定进行了否定性的评价，"在本案中，……没有证据表明瑟约德维奇知道对他本人提起了诉讼或者审判日期。只有当局试图逮捕他，他又不在通常的居住地，才会给人这样的印象，即他知道或害怕警察正在搜查他。没有必要猜测是什么原因导致瑟约德维奇离开意大利前往德国……被定罪人如欲逾期申请上诉，无须证明并非故意逃避司法。"

欧洲人权法院最后对意大利缺席审判的救济途径进行了否定性评价。欧洲人权法院指出："《意大利刑事诉讼法典》第175条并未赋予被告人无条件延长上诉时间的权利。正如罗马检署自己所指明的，申请人并不自动有权接受新的审判。欧洲人权法院再次重申，如果不能证明缺席判决的被告人明确放弃出庭权，则无论如何应能够让法院重新确定指控的是非曲直，否则便不符合《欧洲人权公约》第6条的要求。"因此，"《意大利刑事诉讼法典》第175条所规定的救济途径并不能充分肯定地保证瑟约德维奇有机会在新的审判中出庭为自己辩护。在原审法庭上，没有人为之争辩，瑟约德维奇未有任何其他手段获得延长上诉的时间或者接受新的审判"，因此意大利当局的做法违反了《欧洲人权公约》的规定，应承担不利后果。

由此可以看到，欧洲人权法院通过一系列判例确立了刑事缺席审判程序所应遵循的基本原则，同时也对意大利旧有的缺席审判制度发表了不利的评论。意大利立法者因此按照欧洲人权法院的要求，对原有的缺席审判程序进行了改造。

三、修法后新的被告人缺席制度及其评价

尽管欧洲人权法院对意大利的缺席审判制度多有诟病，学术界也存在一定的批评观点，但意大利宪法法院在这一问题上态度暧昧，在多次判决中明确拒绝卷入其中。例如在1996年12月12日的判决

中，意大利宪法法院明确指出[22]："关于《意大利刑事诉讼法典》第486条、第477条第2款、第71条第1款以及第70条是否违反宪法第3条[23]及第112条[24]规定的合宪性审查请求不予受理，这应当由立法者确立程序中止的前提。"在2007年4月5日的判决中，意大利宪法法院更是对欧洲人权法院的判决发表了不同的看法，[25]"关于《意大利刑事诉讼法典》第159条、第160条、第420-3条第1款以及第484条是否违反宪法第3条、第10条第1款[26]、第97条第1款[27]以及第111条第2~4款之规定的合宪性审查请求依据不足，因为宪法并未规定在发布下落不明令时对未向其发送传唤令的被告人应中止诉讼。……更为重要的是，提出合宪性请求的法院援引了欧洲人权法院关于辩护权保护的判例，但这并不能赋予（被告人）比《意大利宪法》第111条[28]所规定的更高的保障。"仅在2009年12月4日第317号判决中[29]，意大利宪法法院方宣布《意

〔22〕 Corte Cost. , 12 dicembre 1996, n. 354 in *Giur. It.* , I , 1997, p. 462.

〔23〕 《意大利宪法》第3条规定："全体公民，不问其性别、种族、语言、宗教、政治信仰、个人地位及社会地位如何，均有同等的社会身份，并在法律面前一律平等。"

〔24〕 《意大利宪法》第12条规定："检察院必须实行刑事追诉。"

〔25〕 Corte Cost. , 5 aprile 2007, sito uff. Corte Cost. , anno 2007.

〔26〕 《意大利宪法》第10条第1款规定："意大利的法律制度符合公认的国际法规范。"

〔27〕 《意大利宪法》第97条第1款规定："根据法律规定，国家机关应以能保证行政机关顺利工作及其公正性方式组成。各机关的组织条例规定其官员的权限范围、职责和责任。"

〔28〕 意大利于1999年引入了公正审判条款，即在《意大利宪法》第111条规定："①通过法律规定的正当程序行使司法权。②所有法庭都必须以辩论式诉讼程序进行审判，当事人在公正法官之前有权享有与第三方地位平等的条件。法律规定合理的审理时间。③法律规定，在有关刑法的审理中，涉嫌罪犯应当迅速、秘密地被告知对他（她）指控的性质和原因，应当有足够的时间和条件准备辩护。被告有权在法官面前对提出指控的人进行询问，在与原告相同的条件下传唤并询问辩护人，以及有权出示有利于被告的一切其他证据。如果被告不讲或不理解在法庭诉讼程序中使用的语言，他或她有权得到译员的帮助。④在刑法诉讼程序中，基于辩论式听证原则形成证词。不能在本人自由选择的、总是主动回避被告和辩护律师询问的人所作陈述的基础上，对被告定罪。⑤法律监管有下述情况的案件：在被告同意之下，或由于确定的客观不可能，或已证明是非法行为的原因，在辩论式诉讼程序不能形成证词。⑥所有司法判决都应包括关于理由的阐述。⑦对普通司法机关或特别司法机关所作出的关系到人身自由的判决和措施不服时，随时均可就违反法律行为向最高法院提出上诉。⑧只有军事法庭在战时作出的判决可不受本规则的约束。⑨对国务委员会和审计法院的决定不服时，只有出于司法权本身的原因才允许向最高法院提出上诉。"

〔29〕 Giur. It. , 2010, pp. 8-9, 191, nota di LI VOLSI.

大利刑事诉讼法典》第 175 条第 2 款违宪，"《意大利刑事诉讼法典》第 175 条第 2 款违反了宪法第 24 条、第 111 条第 1 款以及第 117 条第 1 款的规定，因为如果所指定的辩护人在先前已经进行过类似的上诉，则该条款不允许未真正了解诉讼或判决的被告人在对缺席判决提起上诉时进行上诉期限的复原。……在辩护权与合理期限原则之间的平衡问题上，应考虑程序保障的整体，因为合理期限仅能是宪法所界定的'公正'程序的期限，但这并不是'公正的'，因为它缺乏保障，不符合意大利宪法模式，无论期限如何。"

正因为宪法法院的模糊态度以及裹足不前，2014 年的改革采用委托立法的形式，"在被告人缺席的情况下重塑程序模式，并遵循完全复原的视角"[30]，对原先的缺席审判程序进行了全面的强制修改，主要涉及如下几个方面：

（一）被告人下落不明的程序中止机制

新法修改了原先第 420-3 条的规定，按欧洲人权法院的要求对下落不明的被告人适用更具权利保障色彩的举措。依新法之规定，如果被告人包括被羁押的被告人未出席庭审，并且查明（或者经评估后认为）他的缺席是由于意外事件、不可抗力或其他合法阻碍原因而根本不可能出庭时，则法官不应依第 420-1 条之规定宣告被告人缺席，而应将庭审时间推迟，并要求将通知由司法警察送达被告人"本人"。如果送达本人失败，且未依《意大利刑事诉讼法典》第 129 条宣布任何刑罚，则法官作出裁定，中止对缺席被告人的诉讼程序（CPP art. 420-3.1，420-3.2）。如果被告人包括被羁押的被告人未出席随后的庭审，且具备第 420-3 条第 1 款所规定的条件时，法官也可以主动推迟庭审，并且以裁定的形式确定新的庭审时间，并决定向被告人实行送达（CPP art. 420-3.3）。可以看到，与旧法相比，新法对下落不明的被告人设置了最"极端"的保护，只要可证明被告人无从获悉诉讼信息，就应中止诉讼直至发现被告人，且

---

〔30〕 G. Canzio, "Il processo in absentia a un anno dalla riforma: ricadute sui giudizi d'appello e di Cassazione", in *Dir. pen. e proc.*, n. 7, 2015, p. 873.

证明责任也由司法机构承担。[31] 这在很大程度上降低了"缺席审判"的数量。

（二）"显见事实"（fatti sintomatici）[32] 的推定

考虑到所谓的"恶魔证明"（probatio diabolica，即很难证明否定性的事实）极具难度，2014 年的新法创设性地规定了"显见事实"，以此作为推定被告人缺席的事实前提。依新的 420-1 条第 2 款之规定："除第 420-3 条所规定的情况外，如果被告人在诉讼过程中宣告或选择住所，或者已经被逮捕、拘留或者被处于预防措施，或者任命了自选辩护人，或者被告人亲自接受了关于庭审通知的送达，或者可以确定他知晓有关的诉讼程序或者自愿躲避对有关程序或诉讼行为的了解，法官也可以在该被告人缺席的情况下进行审理。"意大利立法者认为，欧洲人权法院所区分的"下落不明"及"潜逃"在司法实践中很难进行甄别证明，故应确立若干可操作性的标准以供司法实务人员在具体案件中进行判断。因此，"宣告或选择住所""已经被逮捕、拘留或者被处于预防措施""任命了自选辩护人"或者"被告人亲自接受了关于庭审通知的送达"等均为所谓的"显见事实"。只要存在这些事实前提，则法官可直接作出被告人缺席的声明，由其辩护人代为出庭，诉讼程序继续进行。

（三）救济机制的完善

2014 年新法对原先饱受诟病的缺席审判救济机制进行了完善，尤其是上诉机制的全面修改：

第一，修改了期限复原制度。原先在缺席审判中受到刑事处罚令处罚的被告人，"可以要求对为提出异议所规定的期限进行复原"，但司法机关应进行必要的审查。2014 年新法废除了司法机关审查的要求，规定"受到刑事令处罚的被告人，如果没有及时实际知晓该

---

〔31〕　G. Mazzi, "L'assenza dell'imputato nel processo penale, dopo la legge 28 aprile 2014, n. 67", Intervento al "Corso avvocati" presso Il Tribunale militare di Roma il 20 novembre 2014.

〔32〕　fatti sintomatici，在意大利语中本意为"症状事实"，但本书作了更符合中文阅读习惯的意译，即"显见事实"。

处罚决定，可以要求对为提出异议所规定的期限进行复原，除非他自愿放弃此请求"。

第二，修改上诉起算日（dies a quo）。2014 年新法废除了《意大利刑事诉讼法典》原第 548 条第 3 款的规定。依原条款的规定，"无论在何种情况下"，均应向缺席审判的被告人送达判决摘要的存放通知（avviso di deposito con l'estratto della sentenza），以确保缺席审判的被告人可以知道判决的存放通知以及独立行使上诉权。相应地，2014 年新法修改了第 585 条第 2 款第 4 项，在上诉期限中删除了"向缺席审判的被告人送达含判决摘要的存放通知"。因此，依第585 条第 2 款第 3 项之规定，提起上诉的起算日为法律所规定或者法官所确定的判决存放日期届满之日，或者在未遵守既定期限的情况下，应将判决的存放通知交给辩护人（援引了 CPP art. 548.2 的规定），以在合适的时间内提交上诉请求。此后，对缺席的被告人不再送达含判决摘要的存放通知，上诉起算日也与存放通知无涉。

第三，修改了程序无效制度。2014 年新法废除了《意大利刑事诉讼法典》原第 603 条第 4 款的规定。原条款允许"可证明没能出庭是由于意外事件、不可抗力或者未获知传唤令的被告人，可请求并重新启动法庭审理"。新法在《意大利刑事诉讼法典》第 604 条（程序无效条款）增加了第 5-1 款，规定："如果诉讼是在被告人不在场的情况下进行的，并且有理由认为本应按照第 420-2 条及第 420-3 条的规定作出处置，上诉审法官应宣告有关判决无效，并决定将文书材料发回一审法官。如果被告人证明不在场是由于在无过错情况下缺乏对一审程序进展状况的了解（una incolpevole mancata conoscenza della celebrazione del processo），则上诉审法官同样可宣告判决无效，并将文书材料退回一审法官，适用第 489 条第 2 款的规定。"有意大利学者认为，"上诉审法官宣告有关判决无效并将文书材料退回一审法官"，并不会导致"先前在诉讼卷宗中因程序错误而确认的自始无效归于无效，如在事实证明重构的程序中未遵循辩论原则，侵害了被告人的辩护权，或者违反了对席原则"。[33] 但主流权威学说持相反观点，认为《意大利刑事诉讼法典》第 604 条第 5 款 "本身并不会导致先前诉讼的行为无效，只得由上诉法院依第 420-1 条第 4 款之规定作出裁决取代一审法院的裁决"。[34]

第四，修改了向最高法院上诉的程序。2014 年新法修改了《意大利刑事诉讼法典》第 623 条第 1 款第 2 项，规定如果在第 604 条第 1、4、5-1 款所规定的情况下（程序绝对无效事由），一项判决被撤销，最高法院可决定将文书移送一审法官，而不是发回上诉法院重审。

第五，创设了 "新的上诉机制" ——"撤销生效裁决"（la rescissione del giudicato）。2014 年新法在《意大利刑事诉讼法典》中增设了第 625-2 条，允许 "根据生效判决被判刑或者被适用保安处分的人，如果在整个诉讼期间缺席，并且能够证明该缺席是因其在无过错情况下不知晓相关诉讼的进行造成的，可以请求撤销生效裁决"（第 1 款）；"该请求应当由利害关系人或辩护人自知晓有关程序之日起 30 日内提出，辩护人应具有依照第 583 条第 3 款规定的程序认定的特别委托书，否则该请求不可接受"（第 2 款）。如果最高法院接受上述请求，则撤销有关判决，并决定将文书材料移送给一审法官，适用第 489 条第 2 款的规定（第 3 款）。但需要特别指出的是，2017 年新通过的 "奥兰多法" 废除了《意大利刑事诉讼法典》第 625-2 条的规定，此后对于因缺席裁判而被判刑或适用保安处分的个人，其所提出的撤销生效判决的请求由上诉法院负责裁判。

（四）改革的评价

不难看出，2014 年新法并非废除 "缺席审判" 程序，而是以更具人权保障色彩的 "被告人缺席制度" 取而代之，旨在回应欧洲人权法院及意大利学术界的批评。毫无疑问，被告人下落不明情况下

---

〔33〕 G. Canzio, "Il processo in absentia a un anno dalla riforma: ricadute sui giudizi d'appello e di Cassazione", in *Dir. pen. e proc.*, n. 7, 2015, p. 874.

〔34〕 G. Conti, "Il processo in absentia: le ricadute sul giudicato", in *Dir. pen. contemp.*, 2 marzo 2015.

的程序中止机制大幅减少了"缺席审判"的案件数量，救济机制的强化也在相当程度上保障了缺席被告人对诉讼结果提出异议的可能，但新设的被告人缺席制度依然存在一定的缺陷，主要的质疑包括如下两个方面：

首先是"下落不明"的解释与制度协调问题。如前所述，2014年新法对《意大利刑事诉讼法典》第420-3条进行了修改，对"下落不明"的被告人适用更具保障色彩的程序机制。但《意大利刑事诉讼法典》第159条关于"在查无下落的情况下向被告人送达"的规定并未作任何修改。因此，依新的第420-3条之规定："如果被告人包括被羁押的被告人未出席庭审，并且查明（或者经评估后认为）他的缺席是由于意外事件、不可抗力或其他合法阻碍原因而根本不可能出庭时，则法官不应依第420-1条之规定宣告被告人缺席，而应将庭审时间推迟，并要求将通知由司法警察送达被告人'本人'。如果送达本人失败，且未依《意大利刑事诉讼法典》第129条宣布任何刑罚，则法官作出裁定，中止对缺席被告人的诉讼程序。"这意味着如果无法送达"被告人本人"，则法官便应裁定中止对缺席被告人的诉讼程序。但依前述第159条规定："如果不可能按照第157条规定的方式实行送达，司法机关决定对被告人进一步加以寻找，尤其是在其出生地、最后的户口登记地、最后的居住地、经常开展工作的地点和中央监狱管理机关进行寻找。如果进一步的寻找未取得积极的结果，司法机关发布查无下落令，在为无辩护人的被告人指定一名辩护人后，采用向辩护人交付副本的方式进行送达。"所以同样对于"下落不明"的被告人，如果司法机关面对第420-3条所指的"下落不明的人"，则程序中止；而如果司法机关面对第159条所指的"下落不明的人"，则应在诉讼中由律师代表（自选律师，或者依下落不明令依职权指定的律师）。这显然存在制度上的不协调。有意大利学者认为，[35] 从法典的编纂体例看，第420-3条应适用于

---

[35] Emilia Francesca Aceto, "Il processo in assenza dell'imputato: problemi interpretativi ed applicativi", in *In primo piano*, Penale, Pubblicato 16 December 2016.

"确立当事人"的程序后，即初步庭审及庭审阶段，而第159条仅适用于预先侦查阶段。因此，如果向"下落不明"的被告人送达预先侦查终结的通知（CPP art. 415-1），则处于"预先侦查"阶段，应适用《意大利刑事诉讼法典》第159条所规定的"寻找"。如果寻找失败，则由检察官[36]发布查无下落令。但如果诉讼已经进入初步庭审阶段或者庭审阶段，则法官不再发布查无下落令，而应依第420-3条作出中止诉讼的裁定。这一解释较为合理，但在抽象意义上，初步庭审法官和庭审法官原则上也有权发布下落不明令，至少《意大利刑事诉讼法典》并未禁止如此。因此，立法者似乎有必要作出更明晰的界定，以保障司法实务人员在具体的司法实践中进行统一准确的适用。

其次是"显见事实"的推定。2014年新法创设了所谓的"认知拟制"（fictiones in tema di conoscenza del processo），即司法机关可依据一些"显见事实"推定被告人了解诉讼正在进行，以此区分"下落不明"与"畏罪潜逃"。意大利学界的主流观点认为，这些"显见事实"的推定事实上属于所谓的"源自推定的推定"（praesumptum de praesumpto），即从法律所枚举的事实，推定被告人知道指控和法庭传唤，进一步推定被告人自愿放弃出庭。而这些"显见事实"的推定是否合理以及是否符合欧洲人权法院前述判例所确立的公正程序标准，这仍有待进一步商榷。尤其在司法实践中，预先侦查和正式庭审可能间隔数年之久，即便被告人知道预先侦查程序已然启动，是否必然了解几年后的庭审即将进行？尤其是涉及"被告人在诉讼过程中宣告或选择住所"的情况。例如，在一起盗窃案件中，受害人报警声称手机被偷。警察依受害人的描述在犯罪现场逮捕了被告人，并在进行人身搜查后找到了被盗手机。被告人随即被带到警局，进行人身辨认以及制作搜查报告。警察要求被告人作出宣告或者选择住所，以及指定一名自选辩护人。被告人并未指定自选辩护人，

---

〔36〕 在意大利法律体系中，《意大利宪法》第13条所指的司法职权机关（l'autorita' giudiziaria）既包括法官，也包括检察官。

但选择了家中的住所，随即获释候审。此后，检察官依《意大利刑事诉讼法典》第415-1条之规定向被告人送达预先侦查终结的通知，但被告人已不在家中，处于下落不明状态。检察官随即依《意大利刑事诉讼法典》第159条发布下落不明令，为其指定一名律师，并依第415-1条之规定向该律师送达通知。但到了庭审阶段（可能是一年甚至数年之久），搜查卷宗中所指定的家中住所是否可必然推定被告人了解诉讼的进展且自愿放弃参与庭审？这一推定显然是非常牵强的。且个人搜查笔录是在犯罪事实发生后立即制作，从程序意义上讲小偷甚至还不是被告人，因为犯罪情况尚未告知司法机构，这显然也不是"在诉讼过程中"选择住所。因此，意大利学界普遍认为，"显见事实"的推定过于简单粗暴，将损及被告人的辩护权，在不久的将来或许也可能受到欧洲人权法院的否定性评价。因此，即便存在"显见事实"，法官也应依具体的个案作出全面的分析和解读，查证这些事实是否在逻辑及理性上能以极高的标准证明被告人完全了解正在启动或者进行对其本人的刑事诉讼。

刑事证据制度的一般原理[*]

I 总 论

一、"混合式"的刑事证据制度

（一）刑事证据制度：从职权主义到当事人主义的艰难转型

1988 年改革后，意大利全盘引入了当事人主义的制度和技术，在欧陆乃至世界范围内均引发了广泛的关注。这次改革对刑事证据制度的冲击尤为巨大。此前，无论是 1865 年法典、1913 年法典还是《科第斯·洛可法典》，均主要以法国 1808 年《重罪法典》为蓝本，立足职权原则（principio di autorità），确立具有强大职权的预审法官，追求实质真实。《科第斯·洛可法典》将刑事诉讼大体划分为两个阶段：第一阶段是预审阶段，主要任务是取证。原则上预审法官主导整个取证过程，仅在例外情况下检察官方可参与取证。预审法官有权讯问被告人、询问证人、鉴定人、勘查现场、实施搜查、扣押、决定逮捕、监禁等。所有预审行为均秘密进行，律师无权参与，

　＊ 为尽可能体现意大利刑诉法学者对证据制度的思考逻辑，本部分主要按意大利权威教材的结构进行论说，同时也参照中国读者的阅读习惯进行了适度的调整。主要参考的权威教材有：P. Tonini, *Manuale di procedura penale*, Giuffrè，2015；P. Ferrua, *La prova nel processo penale*，Vol. I, *Struttura e procedimento*, 2 edizione, Giappichelli, Torino, 2017；C. Conti - P. Tonini, *Il diritto delle prove penali*, 2 edizione, Giuffrè, MIlano, 2014. 考虑到中国学术界对意大利刑事诉讼及证据法的研究较为单薄，本部分的内容更多仅是对基础原理及制度的介绍，多数为通说，故作者不再一一列明文献出处。有兴趣的读者可以参照本部分最后所附录的证据法参考文献进行深入研究。对于一些亟待挖掘的理论及制度问题，笔者将以研究型的论文单独呈现，以接受读者的批评指正。作者尤其感谢意大利罗马第一大学的游雨泽博士提供研究资料上的大力支持。

也无从得知预审的相关情况。第二阶段是庭审阶段，主要任务是定罪量刑。庭审阶段由法官主导，奉行公开、言词及对抗原则。律师可积极参与进行无罪或罪轻的辩护，被告人当然也可自行辩护。刑事证据制度的"职权主义"特质主要体现在预审阶段。传统的职权主义认为，调查主体的权力越大，取证手段越不受限，越可以发现案件真相。因此，预审法官集结了几乎所有的诉讼职能，并承担必要的客观义务（既要收集有罪证据，又要收集无罪证据）及照料义务（特殊情况下为犯罪嫌疑人提供必要的取证协助）。在证据规则上，传统职权主义认为，过于烦琐的取证规则将妨碍侦查效率及真相查明，且中立、权威的预审法官亦可保障犯罪嫌疑人的合法权利，无须构建复杂的权力监督机制。因此，奉行职权主义的欧陆诸国普遍允许侦查主体在管辖范围内裁量决定适用必需的措施以查明犯罪行为。德国刑诉理论称之为"侦查程序自由形成原则"（Grundsatz der freien Gestaltung des Ermittlungsverfahrens），法国及改革前的意大利刑诉理论则谓之"证据自由原则"（la liberté de la preuve），核心功能类似，即应允许侦查机关毫无延迟地采取各种侦查手段及强制措施，避免贻误侦破案件的最佳时机，甚至可能导致危害后果进一步扩大。

在 1988 年改革中，意大利较大程度地接受了当事人主义的刑事证据制度，这也是 1987 年第 81 号委托立法所确立的指导路线。由皮萨皮亚教授所主持的委员会认为，诉讼职能应在不同利益主体之间进行合理分配，这更能发现真相。立场不同的双方当事人在庭审中重构了不同的历史事实[1]，在辩论中共同推动庭审的发展，双方均力图说服法官选择有利于己方版本的事实。中立的法官仅得依据控辩双方所提交的证据作出判决。在当事人主义的程序逻辑下，围绕取证、接纳证据、询问证人及评价证据等方面的职权不能交由同

---

[1] 依意大利刑事证据理论的通说，"案件事实"本质上是"历史事实"，司法机关的职能便是最大限度地还原（重构）"历史事实"。因此，在意大利证据法的诸多权威教科书中，时常可见围绕"历史事实"的理论阐释及拓展，很多学者也喜欢用"历史事实"这一概念来指代"案件事实"。

一主体，而应在法官、检察官及辩方之间进行合理的区分与配置，以避免任何一方滥用。由此，周密的证据法规则便显得尤为必要。这也是为何 1988 年法典在第三编中专设"证据法"，确立了由当事人主导取证、法官评价证据的基本框架，包括引入了极具当事人主义色彩的交叉询问制度（CPP art. 498, 499）。

（二）独立的"证据法"卷

职权主义传统的国家普遍未将证据法作为一门独立的学科，刑事证据运用的基本法则通常规定于刑事诉讼法典之中，依附于诉讼行为。因此，法典通常将证据抽象地界定为"证明案件事实的依据"，而不会设置一系列证明规则，也不会单设所谓的"证据法"（Law of Evidence）或"证据学"（Science of Evidence）。例如，英美法意义上的"非法证据排除"在大陆法系国家体现为各种"程序行为无效事由"[2] 或者"取证行为的证据禁止"[3]，后者更主要以诉讼行为（取证行为）为制裁对象，分散规定于法典的各个部分，而不会单列"非法证据排除篇"。但意大利 1988 年改革匠心独具地设立单独的"证据法"卷，且作为法典的"总则"（通说认为，《意大利刑事诉讼法典》前四编为总则，条款效力扩及整部法典，除非设有特别条款或者例外条款），而非仅是侦查程序或庭审程序的附带章节。因此，"证据法"卷可以被称为意大利的刑事证据"法典"。本部分的研究便主要围绕该卷展开，主要进行学说、判例尤其是教义学的梳理与分析。

二、证据的界定及类型化

（一）界定

在意大利语中，"la prova"（证据）一词具有多义性。在不同语境下，"la prova"可分别被理解为证据来源、证明方式、证据要素

---

〔2〕 施鹏鹏：《法国刑事程序无效理论研究——兼谈中国如何建立"刚性"程序》，载《中国法学》2010 年第 3 期。

〔3〕 ［德］Peter Kasiske：《刑事诉讼证据使用禁止的放射效力、继续效力与溯及效力》，陈真楠译，施鹏鹏校，载《证据科学》2018 年第 2 期。

或证明结果。

1. 证据来源（fonte di prova）

"la prova"可指"从中获取证据的人、事物和地点"。例如《意大利刑事诉讼法典》第65条第1款规定："司法机关应当明确和精准地告知被调查人与指控有关的事实，并使他了解现有的证据材料；在不妨碍侦查工作的情况下，可以告诉他证据的来源。"犯罪作为人类行为，既可能在犯罪地点留下痕迹，也可能留存于目击证人的记忆之中。因此，"人、事物和地点"是获取信息以重建历史事实的基础。

2. 证明方式（mezzo di prova）

"la prova"也可指"将证据材料呈送庭审以作为判决依据的机制"，如证人出庭作证。

3. 证据要素（Elemento di prova）

"la prova"在很多情况下还指"从证据来源处所获得的、尚未交由法官评价的原始信息"。例如，前述《意大利刑事诉讼法典》第65条第1款所规定的"司法机关应当明确和精准地告知被调查人与指控有关的事实，并使他了解现有的证据材料"。

4. 证明结果（il risultato probatorio）

"la prova"还可能指"法官在评估证据可信度及可靠性后所得出的证明结果"。如果当事人所提出的假设（如指控或无罪辩护事由）与证据所重构的事实相一致，则可确定主张得以证明。

可以看出，尽管进行了当事人主义的改革，但意大利学者并未像英美法学者对"evidence"（诉讼中所提交的证据）和"proof"（证明的结果）作较精细的区分，而保留了其原有的多义性。在司法实践中，法务人员多数可通过语境准确把握其具体含义。但在理论研究中，这种多义性容易产生歧义，尤其是论及证据的属性、证据规则与程序规则的关系以及证明对象等重要问题时。

但在意大利刑事证据的论域中，"la prova"（证据）最通常指第三种及第四种含义，基本与"evidence"和"proof"相对应。"犯罪行为是发生在过去的历史事实：它显然是一个不可重复的事实，只能通过现实世界或人类记忆中所留下的痕迹来了解。依据这些痕迹（证据），法官判定过去事实存在。……总体而论，证据可以界定为某种推论推理（Il ragionamento inferenziale），即向法官提供已知事实（如证人的陈述），证明了过去发生的事实存在，其展开的过程说服了法官。"〔4〕因此，"la prova"（证据）与"证明对象"（thema probandum）紧密关联，后者既包括"与控告、可罚性、刑罚或保安处分的适用有关的事实"，也包括"与适用诉讼规范有关的事实"（CPP art. 187.1，187.2）。"如果设立了民事当事人，与因犯罪而产生的民事责任有关的事实是证明的对象"（CPP art. 187.3）。用来证明"作出陈述之证人可信度"的事实（CPP art. 194.2）或证明"证人是否受到威胁"的事实（CPP art. 500.4，500.5）亦属于特殊的证明对象。

（二）类型化

1. 描述性证据（La prova rappresentativa）与推定性证据（La prova indiziaria)〔5〕

在意大利刑事证据理论中，描述性证据与推定性证据是最为重要的分类。描述性证据，指根据已知的事实通过描述得出待证事实存在的推理，主要指证人证言、视听资料等。例如证人 A 指证 B 实施了犯罪行为。待证犯罪事实通过 A 所描述的情节予以证明。法官应评估证据来源的可信度和描述的可靠性，涉及逻辑法则、科学法则和经验规则的综合运用。1988 年法典引入了交叉询问制度，是对描述性证据进行真实性评估的重要机制。例如描述者是否诚实？描述者是否很严谨地陈述整个事实的经过？描述者的陈述是否与其他事实契合？等等。依《意大利刑事诉讼法典》第 192 条第 1 款之规定："法官在对证据作出判断时应当说明所得出的结论和所采用的标准。"法官在对描述性证据与证明对象之间进行因果关系阐述时，应

---

〔4〕 Tonini, *Manuale di procedura penale*, Giuffrè, 2015, p. 230.

〔5〕 又称为关键证据（prova critica）或间接证据，本书在同一含义上使用这三个术语。

阐明对证据源可信度和描述可靠性的评价。如果认为描述的来源可信、可靠，则法官可以合理地认为证人证言与证人亲眼看见的事件过程相符。在诉讼的最后阶段，法官在评估所有证据后，应在判决理由中重构历史事实，列举"判决据以作出的证据"，以及说明法官据以认为相反证据不可相信的理由（CPP art. 546. 1. 5）。

推定性证据，指从已证实的事实（情境事实）通过推理证明后续事实的存在（如对被告人的指控事实）。情境事实与待证事实的因果关系立足于经验法则或科学法则的推论。描述性证据和推定性证据的根本区别不在于证明对象，而在于逻辑过程的结构。在描述性证据中，事实由证据来源（叙述事实的人、照片或电影）通过描述予以证明，而在推定性证据中，待证事实立足情境事实，通过应用科学规则或经验规则推导得出。因此，两者的审查重点也不同：推定性证据的前提已被证实，但与待证事实的因果关系需要进行推论，故审查的重点是因果关系；而描述性证据的前提则是证实的关键，一经证实，则可证明待证事实。故审查的重点是证据源的真实性与可靠性。

相比之下，推定性证据与待证事实的因果关系证明往往立足于不同的经验法则与科学法则，情况更为复杂。例如目击证人 A 指证，B 男士在早上 10 时左右跑出房间大门。警察在房间内发现受害人 C 的尸体。经法医鉴定，C 死亡的时间在 10 时左右，死亡原因为刀伤，刀具遗留在现场。警察找到 B，B 行使沉默权，未解释为何在犯罪现场出现。经查，B 和 C 是朋友。在本案中，证人 A 的陈述属描述性证据。经确认属实后，"B 男士跑出房间大门"的事实属推定性证据。"B 男士跑出房间大门"与"B 是杀害 C 的凶手"之间存在两种经验法则推理：第一种是 B 作为 C 的朋友，在发现 C 的尸体后匆忙逃脱而未报案；第二种是 B 发现 C 的尸体后匆忙逃脱而未报案，是惊吓过度而未能理性行事。因此，仅就这一项推定性证据，我们无法确认 B 是否杀害 C。但如果技术顾问（consulente tecnico）发现，刀具上有指纹，且指纹属于 B，则依这一推定性证据，可证明 B

拿过刀具，进一步强化了 B 是杀害 C 凶手的嫌疑，但依然无法确认。因为 B 辩称，和 C 是情侣关系，当天用钥匙进入 C 的房间，发现 C 躺在地上，经检查发现她已经死亡，检查过程中手碰到刀具。不难看出，在情境事实与待证事实之间可能存在截然相反的经验法则，这将导致对历史事实完全相反的重构。因此，推定性证据往往需要形成相互补强的证据链，这值得作进一步的深究。

2. 经验法则、科学法则与推定性证据的评价

（1）经验法则（La massima di esperienza）。"经验法则"一词最早出现在 1893 年弗里德里希·斯坦（Friedrich Stein）关于法官内心认知的著作中，后经由学者卡尔内卢蒂引入意大利的民事证据理论，逐渐成为证据法上的通用概念。[6] 所谓经验法则，指在大多数情况下将会发生的一套行为规则。更确切而言，这是从已知事实（情境证据）得到类似情况的一套规则，即"在类似情况下，存在相同的行为"。但这种从已知事实到历史事实的推理存在一定的概率。因此，经验法则并非"事实"，而是对事实概率的判断。例如，"随身随车携带管制刀具或棍棒的，是黑社会组织成员"，但事实上并非所有随身随车携带管制刀具或棍棒的人员均是黑社会组织成员。如前所述，描述性证据与推定性证据的根本区别在于逻辑过程的结构。经验法则是推定性证据与待证事实（历史事实）的重要桥梁。因此，法学家必须对刑事诉讼中经验法则的性质进行厘清：一方面，在人类行为所形成的不可重复的历史事实中，应确定哪些是高概率的"相似"元素；另一方面，处于类似情况的个人极大可能实施相同的行为，但人类行为也在很大程度上受到本能和激情的制约，经常遵循既定的规则，却也并非总是如此。法官适用经验法则的基本逻辑过程是：先归纳推理，从特定个案衍生出一般规则（经验规则），再演绎推理，将先前所获得的一般规则适用于情境证据。法官应在"最佳经验"（migliore esperienza）的基础之上确立经验法则，而不

---

[6] ［意］米歇尔·塔鲁否：《关于经验法则的思考》，孙维萍译，载《证据科学》2009年第 2 期。

是任意的个人选择，并以此形成推理，在判决中详细说明这一推理的形成过程。

（2）科学法则。依《意大利刑事诉讼法典》第 220 条之规定，在需要特定技术、科学或艺术技能的案件中，法官必须依赖具有该专业学科知识的人员。与经验法则不同，科学法则可在两个自然事实之间形成统计学上的显著关系，具有普遍性、可实验性以及可控性的特征。所谓普遍性，指科学法则不承认例外，或者可准确了解误差。如果科学法则出现例外，则会被修改或放弃。实验性，指科学现象可进行量化并测量，且在可验证现象范围和法则有效性的程序中重复得出相同结论。可控性，指科学法则的表述及应用将受到相应专家团队的批判性审查。在刑事审判中，科学法则无疑比经验法则具有更大的确定性，可准确了解在何种情况下该法则的适用是可靠的。但科学法则在刑事审判中也并非绝对正确的存在，因为案件的裁判还涉及：①可适用于案件的科学法则；②评估应如何适用；③确定应适用的事实。

（3）高概率的"科学法则"。除普适性的科学法则外（如物理定律或化学定律），一些高概率的"科学法则"也可用于刑事审判。尽管准确程度并没有那么高，但只要可以排除其他任何重构的事实，则法官也可以适用之。比如依指纹鉴定学，如果两个指纹之间存在 16 个相似点，则可以认为指纹属于同一个人。但在具体个案中，如果比照数量较少相似点的指纹，识别准确性的概率会降低，不过依然可能进行身份识别。例如两个残存指纹之间有 7 个相似点，但未找到任何差异点（只要存在任一差异点便意味着指纹不属于同一人），且有其他证据佐证，则依然可以证明指纹属于同一人。这里应区分统计概率（la probabilità statistica）与逻辑概率。统计概率，是个科学概念，指对自然界随机现象出现规律的计算；而逻辑概率（la probabilità logica）则是个裁判概念，指法官依在既定程序中所收集的证据材料进行评价，又称为"排除合理怀疑的程序确定性"（certezza processuale al di là del ragionevole dubbio）。统计概率与逻辑概率反映了科学家与法官之间思维的区别。例如，科学家告诉法官，在 100 个行为中有 70 个会产生事件，而另外 30 个不会产生事件。在这种情况下，法官在事件发生后，无法仅凭科学法则进行准确的溯因推理以还原案件真相，而仅得对所有证明材料进行完整的审查才可以作出判决。刑事审判的逻辑概率源自于无罪推定，要求程序的确定性达至排除合理怀疑。

（4）推定性证据的评价规则。《意大利刑事诉讼法典》第 192 条第 2 款确立了推定性证据的评价规则，"不得根据推定性证据推断事实的存在，除非有关的推定性证据重大、准确且相互一致"。在文本上，这意味着单独的推定性证据不足以证明案件事实，带有一定的法定证据制度色彩。[7] 所谓"重大"，这与法官对证据的评价有关，也与待证事实的关联性有关。依无罪推定原则，证明无罪的证据通常而论更具说服力。例如不在场证明便属于"重大"的推定性证据，一旦属实，便具有极强的说服力。但证明罪责事实存在的推定性证据则有更高的要求，例如刀具上的指纹，可证明犯罪嫌疑人曾手持刀具，但也可能是他人伪造。"准确"，指推定性证据本身应得到充分证明，否则所有逻辑论证的基础将有崩溃的危险。例如，体液经 DNA 检测锁定特定犯罪嫌疑人，但前提是体液的收集遵循合法的程序且准确无误。"相互一致"，指所有间接证据趋向于相同的结论，未有冲突的要素。如果存在冲突的要素，则必须排除其他任何可能的事实重构。如前所述，立足推定性证据的推理并不"直接"证明待证事实，仅是说明"可能"发生，因此应审慎地进行批判性审查。裁判者必须排除所有可能且合理的替代方案，并在判决理由中作出解释：因为未有其他可能且合理的替代方案，所以已达到"排除合理怀疑"。

---

〔7〕 这受到法国《重罪法典》的影响。当下的《法国刑事诉讼法典》亦有大量类似的规定，例如第 80-1 条规定，在预审程序中，当存在"重大或相互一致之证据可证明个人以主犯或共犯的身份参与实施犯罪行为"，则可对该人采取司法管制或临时羁押措施。

三、证明程序与证明权（Il procedimento probatorio e il diritto alla prova）

依程序法定原则，涉及刑事证明的所有事项均必须由刑事诉讼法典作出规定，包括证据的调查、接纳、询问证人、证据评价等。如前所述，意大利在 1988 年改革中走向了当事人主义，这对传统的证明程序产生了一定的影响，尤其是证明权。证明权指当事人在证明程序中所享有的权利，包括：①查找证据来源的权利；②请求采纳相关证据的权利；③参与询问证人的权利；④对结果进行评价的权利。在职权主义的证明体系中，证据是"法官的事务"，当事人仅得提出证明的申请，但法官兼具证据调查、接纳、询问证人和证据评价的权力。1988 年改革后，意大利确立了辩护调查制度，强化了当事人的证明权，但依然保留了法官在证明程序中的主导权，形成较具特色的"混合式"证明制度。具体而言，在刑事证明中，主要由当事人寻找证据来源，并请求法官接受相关的证据。但证据并非"由双方所有"，并不存在所谓的控方证据（案件）与辩方证据（案件），法官拥有绝对及最终的控制权及评价权（当然受程序法定原则的约束），这在意大利刑事诉讼法理论中被称为"诉讼职能分离原则"（principio della separazione delle funzioni processuali）。故在意大利的刑事庭审中，当事人之间"武器平等"，法官依相关性标准对检方和辩方提出的请求进行评估，对双方所提交的证据进行可靠性评估。在特殊情况下，当事人也可以提出由法庭调取特定证据的请求（如证据仅为对方当事人所拥有），但所调取的证据均应由双方当事人进行质证。意大利在 1988 年改革中还引入了交叉询问的技术，双方当事人在交叉询问中行使证明权。

（一）证据的调查（La ricerca della prova）

对证据的调查主要交由双方当事人。依《意大利刑事诉讼法典》："检察官和司法警察在各自的职责范围内进行必要的初期侦查，以便作出与提起刑事诉讼有关的判断。"依无罪推定原则，检察官承担证明责任，即说服法官相信有罪的事实，存疑有利被告人。被告人的任务便是反驳控方的观点，请求法官拒绝采纳来源不可信的证据，也可提供证明自已无罪、罪轻或者免予承担刑事责任的证据（CPP art. 327-1）。《意大利宪法》明确规定了被告人的辩护权以及平等参与庭审辩论的权利（C art. 24. 2，111. 2，111. 4），而证据调查权便是体现这些权利的重要内容。

（二）证据的接纳（l'ammissione della prova）[8]

依《意大利刑事诉讼法典》第190条之规定，证据依当事人的请求而获法官的接纳。各方当事人有义务引入每一份证据，并可请求对证人进行询问或者获取文件以履行证明责任。法官依四项标准接纳证据：①证据应"相关"（pertinente，客观意义上的相关），即可以证明指控的历史事实或者《意大利刑事诉讼法典》第187条[9]所规定的事实。②证据不应为法律所禁止，例如《意大利刑事诉讼法典》第220条第2款规定，除遵循为执行刑罚或保安处分的目的而作出的各项规定外，不允许为确定是否具有犯罪的惯常性、职业性或倾向性或者为确定被告人的特点和人格以及与病理性原因无关的心理特点而实行鉴定。③证据不能是明显多余或意义不大的。对于与预期相同的认知结果，并无必要进行过度取证。④证据应"关联"（rilevante，主观意义上的关联），即有助于法官的证据评价，可能的结果必须是能证明待证事实的存在。对于"关联性"以及"并非明显多余或意义不大"的证明并不需要达到确定无疑。当事人仅需要提出必要的怀疑即可，所需达到的证明程度不高。证明权的引入意味着法官在处理证据接纳请求时所行使的自由裁量权受到限制，不得随意拒绝。《意大利刑事诉讼法典》确立了较严格的接纳证据程序：一方面，双方当事人有权围绕接纳证据请求进行对席辩论，明确各自的证明框架；另一方面，法官应以裁定的方式"毫不拖延地"

---

〔8〕l'ammissione della prova，直译为"证据的采纳"，但此处指的是证据可进入庭审的资格，而不是证据已获采信。故为避免误解，笔者译为"证据的接纳"。

〔9〕第187条是证明对象条款，内容是："证明的对象包括：①与控告、可罚性、刑罚或保安处分的适用有关的事实均为证明的对象；②与适用诉讼规范有关的事实也是证明的对象；③如果设立了民事当事人，与因犯罪而产生的民事责任有关的事实是证明的对象。"

回应接纳证据请求（CPP art. 190. 1）。

（三）反证权（Il diritto alla prova contraria）

《意大利刑事诉讼法典》第495条第2款明确规定了"反证权"，即在构成控告事项的问题上，被告人有权请求接纳对其有利的证据。在能够开脱被告人责任的问题上，公诉人也有权请求采纳对被告人不利的证据。因此，双方当事人对同一事实均有权各自提出证据接纳请求，以证明事实发生或者未发生，达到己方的诉求。反证可以以不同的证据形式，如检察官传唤指控证人，证明被告人实施了犯罪行为。被告人亦可以传唤证人，反驳指控证人的证言，也可以提供物证或视听资料，作为不在场证明，证明指控证人说谎。因"相反"证据与"主要"证据的证明对象指向相同的事实，因此法官同样有权"排除法律所禁止的证据和明显多余或意义不大的证据"。在法庭调查过程中，法官以裁定形式就当事人针对证据的可采纳性提出的抗辩作出裁决。在听取当事人的意见后，法官可以裁定撤销对于不必要的证据的采纳或者采纳曾经被加以排除的证据（CPP art. 495. 4）。

需要特别指出的是，被告人的反证权为《意大利宪法》所明确承认。依《意大利宪法》第111条第3款之规定："被告人有权为辩护获得与指控相同条件的传唤并讯问他人，以及取得其他对自己有利的证据。"但这并不意味着法官不得拒绝涉及"无罪"的证据接纳请求。很显然，基于合理性原则以及当事人平等原则，被告人所提出的证据接纳请求也必须接受司法审查。

（四）证据接纳权的限制

证据接纳权受到一定的限制。陈述型证据的接纳权在三种情况下受到限制（CPP art. 190-1）：①如果指控罪名涉及错误的黑手党组织犯罪或类似罪行（CPP art. 51. 3-1）；②如果指控罪名涉及性暴力和恋童癖的某些罪行，且询问对象涉及16岁以下的未成年证人；③在任何情况下，询问证人的请求涉及处于特别脆弱状态的被害人。

在这三种情况下，陈述型证据仅在附带证明程序[10]或者《意大利刑事诉讼法典》第 238 条所规定的其他诉讼程序中提供。如果当事人在庭审中提出证据接纳请求，则仅在两种情况下应允许：①如果涉及不同于先前陈述内容的事实或情况；②如果法官或者某一方当事人认为基于特定需要而确有必要时。

（五）法官主动查明的权力（I poteri di iniziativa probatoria del giudice）

如前所述，1988 年改革后，法官在证明程序中便处于消极中立的地位，证明权主要由双方当事人行使。法官有权决定是否接纳其中一方当事人所请求的证据，但原则上不得在未有当事人提出请求的情况下依职权引入证据（CPP art. 190.1）。但该法典同样规定了例外，即"法定情形下证据将当然获得采纳"（CPP art. 190.2）。例如，在取证结束后，如果确有必要，法官可以依职权主动调取新的证据（CPP art. 507）。尽管只是一个例外性规定，但可以看出，意大利依然保留了传统职权主义的法官调查取证权。意大利学术界在解释这一权力的正当性时与传统职权主义国家的论据类似，即刑事诉讼涉及对公民个人的定罪量刑，可能由此剥夺他人的人身自由甚至生命（C art. 13），故查明事实、还原真相应是刑事诉讼所确立的核心价值目标。法官有权对当事人的惰性进行矫正，避免因当事人过度的主宰损及当事人的基本权利。

四、证据的评价（La valutazione della prova）

（一）证据的自由评价（自由心证[11]）及说理义务

意大利学说认为，证据的评价是证明权的另一展现方式。除接纳证据外，当事人有权向法官提供他们对证据的评价，这体现在庭

---

〔10〕 附带证明指，如果证人面临特殊情况（如受到威胁或者身患重病）无法在庭审程序中出庭作证，则检察官或者犯罪嫌疑人应在预先侦查程序中提出启动该程序的申请，由法官提前组织对证人的听审程序。附带证明程序与普通的庭审程序完全相同，控辩双方可对证人进行交叉询问。证人的陈述会记录在案，相应的笔录将作为证据在后续的庭审中宣读，并可作为最终判决的依据。

〔11〕 广义的"自由心证"，包括证据自由、证据自由评价及内心确信。狭义的"自由心证"仅指内心确信。此处指广义的自由心证。

审程序最后陈述的阶段（discussione finale，CPP art. 523）。当事人依举证责任的顺序阐释结论：由公诉人，再由民事当事人的辩护人、民事负责人的辩护人、对财产刑承担民事责任的人的辩护人和被告人的辩护人分别提出并解释各自的结论（CPP art. 523.1）。庭长主持最后陈述，并制止任何离题、重复或打断发言的做法（CPP art. 523.3）。

除当事人对证据的评价权外，法官亦有对法庭所收集之证据进行逻辑评价的义务：法官在对证据作出判断时应当说明所得出的结论和所采用的标准，包括所使用的经验规则和科学法则（CPP art. 192.1）。法官的说理义务也规定在《意大利宪法》第111条第6款中：一方面，法官在阐释判决理由时要全面说明"相关"及"关联"证据的证明结果；另一方面，法官的判决中还应说明证据据以证明结果的理由以及相反证据不可靠的理由（CPP art. 546.1.5）。

在证据评价上，意大利沿袭拿破仑《重罪法典》所确立的自由心证（Il libero convincimento）制度。但"自由"评价，并不意味着法官具有无限制的决定权，而应遵循证据评价的法律规则（CPP art. 192），并履行判决说理的义务（CPP art. 546.1.5）。具体而言，如果涉及有罪判决，则法官必须说明为什么指控证据或者辩方所设想的、可能的事实替代重构可以排除合理怀疑（CPP art. 533.1）。如果涉及无罪判决，则法官必须提供合理的解释，说明为何指控事实的重构毫无根据或者在任何情况下均不可以排除合理怀疑。如果法官未遵循法定规则或履行义务，则当事人可以提出上诉（上诉或者向最高法院提出撤销诉）。

（二）事实重构的最优假设及证伪（La formulazione della migliore ipotesi ed il tentativo di smentita）

如果说证明程序确立了证明的基本时间节点，证明权决定了当事人的证据展现，则证据评价是刑事庭审的核心，决定着刑事证明责任的履行状况以及历史事实的重构。这里便涉及事实重构的最优假设及证伪问题。

在犯罪事实发生后，侦查人员需确立犯罪事实如何发生的重构假设。犯罪事实可能由多个事件组成，每个事件均具有各种各样的可能性，侦查人员应尝试确定每个事件的可能原因，并据此确定重构假设的范围。在这个阶段，侦查人员所遵循的思维模式是溯因推理，进行科学法则及经验法则的"逆向"应用（从结果至原因，而非从原因至结果），为犯罪发生的原因及具体场景提供假设。

但溯因推理面临着一大难题，即通常情况下，科学法则及经验法则仅能证明：事实 A，导致结果 B。但很少可以推出：存在结果 B，事实 A 是唯一的原因。事实 A 通常仅是产生结果 B 的高概率原因，但仍然可能是 A 以外的事实所导致。因此，侦查人员的思维包括两部分：一是提出事实重构的最优假设，二是进行批判性审查以证伪。例如，A 的住所被盗，犯罪现场发现 B 的指纹。侦查人员一开始将 B 锁定为犯罪嫌疑人（最优假设），但并非 B 在犯罪现场有指纹便是窃贼。后侦查人员又发现，B 在案发当晚正与朋友喝酒（不在场证明），便推翻了 B 是窃贼的假设（证伪）。

随着科学技术的发展，科技证据为侦查人员的溯因推理提供了极佳的辅助。在意大利，无论是理论界，还是实务界，均认为在可预期的将来，科技证据将成为事实重构的决定性因素。但科学偏差（La deriva scientista）却极易受到忽视。因此应避免科技证据成为刑事诉讼的神从机器（deus ex machina）。

五、证明责任（L'onere della prova）

（一）无罪推定原则

《意大利宪法》第 27 条第 2 款规定："被告人在被最终定罪前不应视为有罪。"因此，无罪推定在意大利是宪法所确立的基本原则。[12] 通说认为，无罪推定原则在意大利刑事诉讼中确立了两项根

---

〔12〕《意大利宪法》的这一表述通常被认为是"否定"意义上的无罪推定（"不应视为有罪"），具有保守性。相比而言，《欧洲人权公约》第 6 条第 2 款则从"肯定"意义上非常明确地规定，"凡受刑事罪指控者在未经依法证明为有罪之前，应当被推定为无罪"（"应当推定为无罪"）。但需要特别指出的是，意大利宪法法院在 2007 年第 348、349 号判决中明确指出，意大利法官必须按照《欧洲人权公约》的规定解释国内法。因此这一区别在刑事诉讼中已不复存在。

本的要求：一是在法院作出最终生效判决前不得科以预防性羁押（custodia cautelare）；二是确立了证明责任的归属，即由检控方承担指控的证明责任，包括第一次临时指控（CPP art. 65.1）以及最终指控（CPP art. 405）。在意大利的证据法理论中，证明责任分为实质意义上的证明责任及形式意义上的证明责任，前者指当事人应让法官确信事实存在，后者指当事人请求法官接纳其认为有助于履行实质证明责任的证据。

（二）实质意义上的证明责任

《意大利民法典》第2697条第1款第3项规定："在诉讼中主张权利的人，应当对权利依据的事实进行举证。""举证"意味着应让法官相信一方当事人所主张的历史事实的存在。这构成了当事人实质意义上的"证明责任"，因为未履行这一责任，意味着法官将驳回诉讼请求。故实质意义上的证明责任所确立的是结果责任，解决未让法官确认事实存在的后果由谁承担的问题。依无罪推定原则，刑事诉讼中实质意义上的证明责任首先由检察官承担，因为他负责证明指控的事实。如果检察官证明了被告人的罪责，即可认为履行了证明责任，相反的证明责任便回到了被告人。被告人一方有责任证明指控事实不可靠或者指控证据来源不可信，或者证明存在免责及免于刑事处罚的原因。被告人还可以直接证明他没有实施检察官所指控的犯罪行为，或者并未发生任何犯罪案件，这便是所谓的否定性证据（prova negativa）。在证明难度上，否定性证据最难提供，因为证明事实存在比证明事实不存在更容易，比较常见的否定性证据是不在场证明。

（三）形式意义上的证明责任

形式意义上的证明责任指当事人将证据引入诉讼的义务，以确保该证据能发挥证明作用。《意大利刑事诉讼法典》第190条第1款对形式意义上的证明责任作了较详尽的规定，即"证据根据当事人的请求而获得接纳"。证明责任要求各方当事人完成如下任务：①寻找证据来源；②评估证据形式的必要性，以获得有利的结果，即证明所主张之事实存在；③请求法官接纳证据。

1988 年改革后，意大利理论界以"证明事项中的处分原则"（principio dispositivo in materia probatoria）来解读形式意义上的证明责任，理论解读趋同于民事证明。但刑事证明还是不同于民事证明，这尤其体现在《意大利刑事诉讼法典》设立了诸多"处分原则"的例外。如前所述，依《意大利刑事诉讼法典》第 190 条第 2 款的规定，"法律规定在哪些情况下证据将当然获得接纳"。因此，法官在未有当事人请求的情况可依职权主动接纳证据，但应遵循程序法定原则。《意大利刑事诉讼法典》的如下条款均是例外：第 70 条第 1 款、第 195 条第 2 款、第 196 条第 2 款、第 224 条第 1 款、第 237 条、第 422 条第 1 款、第 441 第 5 款、第 468 条第 5 款、第 501 条第 2 款、第 507 条、第 508 条第 1 款、第 511 条第 1 款和第 5 款、第 511-1 条及第 603 条第 3 款。

（四）从形式意义上的证明责任至实质意义上的证明责任

对于双方当事人而言，刑事证明过程便是从形式意义上证明责任至实质意义上证明责任的推进。如前所述，履行形式意义上的证明责任，并不意味着已然完成了实质意义上的证明责任。例如检控方要求传唤控方证人 A 以证明被告人 B 实施了犯罪行为。法官允许了这一传唤请求，因此检控方已履行了形式意义上的证明责任。但这并不意味着法官相信证人 A 所陈述的事实。仅在法官认为证人 A 所陈述之事实为真，才算履行了实质意义上的证明责任。一个未经证明的事实在法律上等同于一个不存在的事实。

反过来，一方当事人未履行形式意义上的证明责任（如未请求接纳某一证据），并不必然可推及未履行实质意义上的证明责任，即便这种可能性极高。这是因为：其一，对方当事人可能也会请求接纳这一证据。只要证据被接纳，法官应评估该证据是否可以证明待证事实存在，而不会考虑该证据是否由应履行形式意义上证明责任的一方当事人提出。这在意大利证据法理论上被称为"证据获取原则"（principio di acquisizione della prova）。其二，法官保留了催促当事人履行证明责任的权力（il potere residuale）以及在"认为绝对必要的情况下"依职权调取新的证据的权力（CPP art. 507）。其三，有些特殊的事实也不需要证明，当事人无需履行形式意义上的证明责任，主要包括"众所周知的事实"（fatto notorio）以及"未有争议的事实"（fatto pacifico）。"众所周知的事实"是指在特定疆域内众人皆知的事实，如地震、货币贬值、总罢工等。此类事实无需进行证明，不容置疑且无可争辩。"未有争议的事实"是指由一方当事人所主张、另一方当事人明示或默示承认的事实。但与"众所周知的事实"不同，"未有争议的事实"并非不容置疑且无可争辩，法官仍可进行自由评价，通常情况下可直接作为判决的"证据"，但在特殊情况下也可以拒绝承认该事实存在。

六、证明标准

刑事诉讼的证明标准不同于民事诉讼。民事诉讼的证明标准通常为"优势证明"（più probabile che no），即"原告必须对权利依据的事实进行证明，让法官相信这一重构比相反的假设更可能"（《意大利民法典》第 2697 条第 1 款）。如果原告所提供的证据不充分或者相互矛盾，则诉求将被法官拒绝。但刑事诉讼的证明标准远远高于民事诉讼，应达到"排除合理怀疑"的程度。原先，"排除合理怀疑"的证明标准并未规定在《意大利刑事诉讼法典》中，但无论理论界，还是实务界，对此一标准均无异议。2006 年，在判例的推动下，意大利议会通过第 46 号法律修改了《意大利刑事诉讼法典》第 533 条第 1 款，规定"如果查明被告人犯有被指控的罪行并对此排除任何合理怀疑，法官宣告处罚判决"。"排除合理怀疑"的证明标准方在意大利的刑事诉讼中正式法典化。《意大利刑事诉讼法典》新的第 530 条第 2 款进一步对此一标准进行了描述，即"当没有证据证明有关事实成立、被告人实施了行为、行为构成犯罪或者行为是出可归责之人所实施，或者当上述证据不充分或相互矛盾时，法官应宣告无罪判决"。但究竟什么是"合理怀疑"，什么是"证据不充分或相互矛盾"，依然留下了应解释的空间。

可以认为，"合理"的修饰语意味着"理性的人可以理解"，并可立足非矛盾的逻辑论据让判决理由客观化。故"排除合理怀疑"不能仅是法官主观感知的心理，也不能是可能或推测的怀疑。简而言之，如果根据证据，对事件的任何不同解释均是不合理的，则可以认为控方已经履行了证明责任。相反，如果诉讼结果并不能排除辩方根据证据所构想的合理替代性事实重构，则检方没有履行证明责任。故"排除合理怀疑"既可以理解为证明标准规则，也可以解读为判决规则：作为证明标准规则，"排除合理怀疑"确立了检察官应履行证明责任的程度（CPP art. 533.1）；而作为判决规则，"排除合理怀疑"确立了法官裁判必须适用的根本准则，存疑有利于被告人（CPP art. 530.2）。

依无罪推定原则，被告人即便应承担证明责任，但存疑依然有利于被告人。依《意大利刑事诉讼法典》第 530 条第 3 款之规定："如果有证据证明行为是在存在合法理由或不可归责性的人身原因的情况下实施的，或者在是否存在上述理由或原因问题上存在疑问，则法官应宣告无罪。"因此，被告人一方如果能提交证据证明存在刑罚阻却事由或者刑罚消灭事由，仅需达到"存疑"的程度，便可获得无罪判决。尽管法条的文本上并未使用"合理怀疑"的表述，但通说认为，第 530 条第 3 款应与第 533 条第 1 款进行联合解释，此处的"疑问"，便为"合理怀疑"。

需要特别说明的是，被告人虽承担证明无罪、罪轻或免责的证明责任，却没有强制取证的权力。在意大利的刑事司法体系中，强制取证权均由司法警察及检察官所有。因此，被告人一方仅需要主张存在无罪或免责事由（如正当理由或不在场证明），并提供初步的证明（un principio di prova），接下来便由侦查机构负责调查，以防止法官作出有利于被告人的判决。例如，被告人提出有不在场的证据，应向警方说明犯罪事实发生时其所在的地点或者可证明不在场事项的目击证人。警方可调取所在地点的监控或者查找被告人所指的目击证人，以证实或证伪。如果控方未进行调查，则可能让案件存在"合理的怀疑"。但如果被告人未能提供初步的证明，仅是以不精确的方式指出只有他本人才知道的事实，控方无法据此进行调查，或者控方经调查后发现被告人说谎，则被告人应承担否定性后果。

七、言词原则、直接原则和辩论原则

(一) 言词原则

顾名思义，言词指"通过可听的发音念词方式来传达思想"，与"通过可见的字母或表意符号来进行思想交流"的书面相对应。当然，书面的材料也可以进行宣读，录音设备也可以再现言词，但具有"虚拟性"，即听众可以听到独白或对话，但不能"参与其中"，尤其是不能向作出书面陈述或者录制声明的原作者提问。因此，刑事诉讼中的言词原则，专指"实质的言词"，即诉讼参与人应亲自以可听的方式来表达思想，各方当事人能够提问，并以交叉询问的方式从陈述者处大声获得答案（C art. 111. 3）。

(二) 直接原则

意大利宪法委员会在 2007 年第 67 号判决中对直接原则进行了界定，即"证据获取与判决之间不应有任何中介关系的存在"：一方面，法官应与证据来源建立直接联系（CPP art. 514[13], 526[14]）；另一方面，参与庭审的法官与作出判决的法官应保持身份的一致性

---

〔13〕 第 514 条为禁止宣读条款，规定：

1. 除第 511 条、第 512 条、第 512-2 条和第 513 条规定的情况外，不得宣读被告人、第 210 条所列举人员和证人在初期侦查或初步庭审期间向司法警察、公诉人或法官所作陈述的笔录，除非有关陈述是在初步庭审中采用第 498 条和第 499 条规定的程序并且在被告人或其辩护人在场的情况下作出的。

2. 除第 511 条规定的情况外，禁止宣读记载司法警察活动的笔录和其他文书。在对司法警察官员或警员作为证人加以询问时，可以依照第 499 条第 5 款的规定使用上述文书。

〔14〕 第 526 条为可采证据条款，规定：

1. 法官在评议中不得采用不是依法在法庭审理中调取的证据。

1-1. 如果某人根据其自由选择而自愿接受被告人或其辩护人的询问，由该人作出的陈述不得成为证明被告人有罪的依据。

（CPP art. 525. 2[15]）。直接原则的核心功能是保障裁判者能对陈述者的可信度和可靠性进行"第一手"的评估（una valutazione "di prima mano"）。

（三）辩论原则

如前所述，自1988年改革后，辩论原则成为意大利刑事证明制度的奠基性原则。证明在辩论中完成，各方当事人应充分参与每一项证据的调查、接纳和评价，行使证明权。当证据"矛盾"时（il contraddittorio "per la prova"），法官能够比照并评估陈述者的可信度以及各方故事的真实性，并依证明标准及证明责任负担作出中立公正的判决。因此，直接原则和言词原则为辩论原则提供了根本的保障，能最大限度地实现庭审的对抗性。《意大利宪法》第111条第4款明确规定："刑事诉讼在提供证据时应遵循辩论原则。"因此，辩论原则在意大利属于宪法所确立的基本原则。《意大利刑事诉讼法典》第526条规定，庭审法官仅得依辩论中所获取的证据作出裁判。

但辩论原则也存在例外。《意大利宪法》第111条第5款作了较明晰的例外设定，即"法律规定了在被告人同意或者因客观原因、非法行为不可能的情况下，诉讼可违背辩论原则"。最典型的当属附带证明制度，即如果证人面临特殊情况（如受到威胁或者身患重病）无法在庭审程序中出庭作证，则检察官或者犯罪嫌疑人应在预先侦查程序中提出启动该程序的申请，由法官提前组织对证人的听审程序。

八、先决问题与证明限制

先决问题（pregiudiziale）主要涉及刑民交叉的案件。具体而言，如果法官在对刑事案件进行判决时取决于对先决问题（民事案件）的判决，则对先决问题的裁判将运用较特殊的证据规则，由此形成

---

〔15〕 第525条第2款规定，参加法庭审理的法官均应当参加评议，否则行为完全无效。但如果由于上述法官受阻需要由其他法官代替他们参加评议，已经作出的决定只要未被明确宣告撤销，则均保持有效。

对刑事证据规则运用的限制。例如在涉嫌侵吞财产的指控中，"犯罪对象"的所有权便是先决问题。这里对"犯罪对象"所有权的裁判，究竟是适用民事证据规则，还是刑事证据规则，值得作一探究。

《意大利刑事诉讼法典》及《意大利民法典》确立了两项原则：

第一，如果先决问题涉及与"家庭状况及公民身份"的争议，则刑事法官受《意大利民法典》所规定之证据规则的限制。例如，合法亲子关系的证明应受到《意大利民法典》第 236、243 条的限制。民事法官就涉及家庭状况及公民身份先决问题所作出的不可撤销判决对刑事法官具有约束力（《意大利民法典》第 3 条第 4 款）。

第二，如果先决问题涉及其他证明对象，则刑事法官不受《意大利民法典》所规定之证据规则的限制，可直接适用刑事证据规则。例如证明合同存在的证人证言可以不受《意大利民法典》第 2721 条[16]的限制，证明假冒合同的目的，可以不受《意大利民法典》第 1417 条的限制。[17] 通说认为，刑事诉讼以实质真实为目标，旨在尽可能地查明接近真相的结果，因此无须受限于其他性质法律关系对确定性的要求。因此，刑事诉讼无须像民事诉讼为此一目标（如《意大利民法典》第 2722 条[18]）或者为克服某些事项的证明责任难题（如《意大利民法典》第 2050 条[19]）而对法官的证据评价权进行限制。

可以看出，意大利刑事诉讼依然保留了传统职权主义对实质真

---

〔16〕《意大利民法典》第 2721 条（采用：价值的限制）规定："对于标的的价值超过 5000 里拉的契约，不得采用证人证言。"

〔17〕《意大利民法典》第 1417 条（虚假行为的证明）规定："如果请求由债权人或第三人提出，或者如果请求是旨在主张缔约人真正希望缔约的契约的不法性，则即使请求是由缔约人提出，但是在证明虚假性时，对证人证言的使用同样不受限制。"

〔18〕《意大利民法典》第 2722 条（文件的附加条款或者与文件内容相冲突的条款）规定，如果文件的附加条款或者与文件内容相冲突的条款表明，契约是先于前述条款或者与之同时订立的，则旨在证明一份文件的附加条款或者与其内容相冲突的条款的证人证言不被认可。

〔19〕《意大利民法典》第 2050 条（进行危险活动的责任）规定，在进行危险活动时给他人造成的任何损害，根据危险的性质或运用手段的特征，在未证明已采取全部适当措施以避免损害的情况下，行为人要承担赔偿责任。

实的要求，远甚于民事诉讼或其他类型的诉讼。当然，这并不意味着刑事证明不受任何限制。《意大利刑事诉讼法典》确立了诸多条款以排除不可靠（如 Cpp art. 194. 3，240. 1 关于传闻作证和匿名陈述不可用的规定）、不可控（如 CPP art. 195. 7 关于无法指出获知有关事实的人员或来源的间接证词不可用的规定）及侵害宪法权利的证据（如 CPP art. 271 关于在法律授权外的案件进行电信拦截所获取的证据不可用）。

九、裁判的逻辑：法官、历史学家与科学家

（一）司法裁判的逻辑

依通说，司法裁判的逻辑遵循传统的"三段论"：首先，法官应审查被告人是否实施了被指控的行为；其次，法官应解释指控规则以确定何为典型的、应受惩罚的事实；最后，法官应评估他所查证的历史事实是否"符合"法律所规定的典型事实。因此，在"三段论"中，通过证据重构的历史事实是小前提；规定罪名的刑事规范是大前提；历史事实是否属于刑事规范的适用范围是结论。在意大利证据法学者看来，"三段论"的司法裁判逻辑虽源自于古希腊及拉丁文化时代的先贤哲学及司法智识，但并未过时，为法官在对具体问题进行裁判时提供了准确的逻辑顺序。这样的思维秩序建构符合"经济"的要求，因为每个问题都是下一个问题的先决条件，如果犯罪事实并不存在，便无所谓解释刑事规范。尤为重要的是，严谨的裁判逻辑可遏制法官的直觉主义以及裁判过程中的非理性行为，允许当事人及社会公众对法官的裁判结果进行重复验证，强化判决的公信力及可接受度。《意大利刑事诉讼法典》对司法裁判的"三段论"逻辑进行了较为严谨、周密的设置：

1. 核实犯罪事实（历史事实）

从诉讼一开始，"被告人是否实施犯罪行为"这一问题便是控辩双方的争点，并不确定。检察官的指控书中明确列明这一事实存在，而被告人一方则全部或部分否认。控、辩双方多数情况下无法在信

任的基础上解决冲突。[20] 法官因此必须介入，以理性为工具重建历史事实。法官不能仅因为相信指控证人的证言是可靠的便作出有罪判决，还必须详细阐明据以作出判决的理由。对于法官而言，所谓"理性"，应具备三大要件：①立足证据。法官应立足已知事实推断出历史事实的存在以及发生的细节。这些已知的事实（证据）应经受当事人及公众的检验。②客观判断。法官的裁判不能仅立足个人情感、认知或者假设，不能以怀疑为认知前提，应对双方当事人所提交的证据进行严谨的批判性审查，去伪存真。③遵循逻辑法则、经验法则和科学法则。法官应在判决理由中详细说明据以作出判决所遵循的逻辑法则、经验法则和科学法则。法官对犯罪事实的核实将可能产生两种结果，即证实或证伪了指控书中所描述的事实内容。但在这一阶段，法官仅对事实进行判断而不涉及法律问题。

2. 确定适用的刑法规范

在查清犯罪事实后，法官应解释刑法，以已证实的犯罪事实为参照，从刑法规范中找到与之相同的典型事实。这一阶段是对法律适用的评估，但以犯罪事实为基础。

3. 一致性评估

如前所述，司法裁判的逻辑最终体现为判决主文与理由（CPP art. 546）。在判决理由中，法官必须依诉讼中所获得的证据重建被告人的犯罪事实（"事实"的判决理由），之后解释法律以确定刑法规范所规定的"典型事实"（"法律"的判决理由），最后评估犯罪事实是否属于典型事实（一致性评估）。在判决主文中，法官如果依一致性评估认为被告人所实施的犯罪事实符合刑法规范中所规定的典型事实，则应作出有罪判决（CPP art. 533）；相反则应作出无罪判决（CPP art. 530）。

（二）法官与历史学家、科学家思维逻辑的区别

在意大利的诸多学术文献（不限于法学文献，还包括哲学或其他学科的文献）中，法官、历史学家及科学家经常成为比较的对象，

---

[20] 如果控辩双方形成合意，则可能启动特别程序。

尤其是法官对案件事实的发现与历史学家或科学家对历史事实或科学问题的考据有诸多共通之处，刑事证明也时常借用历史学或科学的方法。但法官与历史学家、科学家的思维逻辑还是截然不同，通过比较可以较清晰地凸显法官特殊的裁判思维。

历史学家的职责是重构过去发生且不复存在的事实。由于事实不可重复，历史学家仅得通过它在现实世界或人类记忆中所留下的痕迹来进行推断。与法官类似，历史学家据以作出判断的工具是描述性证据与推定性证据。而科学家的职责则是考察某个可重复的事实，并据此挖掘出可主导事实发生的自然法则。通常而论，科学家会确定一个假设，确定原因、结果以及两者之间的关系，并通过重复实验尤其是定量测量以检验这一假设是否准确。

法官与历史学家的职责非常相似，因为犯罪事实不可重复，属于过去，意大利的证据法学者也喜欢用"历史事实"来指代"犯罪事实"。法官也应借助描述性证据与推定性证据来判断犯罪事实是否存在。但法官与历史学家的根本区别在于：法官的裁判思维受法律规则的约束，而历史学家的考证活动是自由的。这是因为法官的裁判决定着被告人的自由和荣誉，错误判决所导致的损害后果是不可修复的，故判决中的事实重构应是精确无误的。法律规则禁止法官纯粹的主观臆测。相比之下，历史学家所受的约束便较为宽松，更多仅是专业标准的考量。因此，历史学家与法官的工作方式大相径庭：其一，在考证范围上，历史学家不拘泥于微观的事实探知，可涉及文化、社会、经济、政治、宗教等论域，以提供宏观背景的支撑；而法官则仅针对指控书中所载明的犯罪事实及被告人所应承担的刑事责任。其二，在考证方法上，历史学者可较随意使用各种调查方法，包括查阅各种来源不知的古籍文献，并作大胆的推测。而法官在取证、接纳证据、询问证人以及评价证据等诸多方面均要受到刑事诉讼法典的约束，不得使用可能侵害基本人权的调查手段。其三，在考证时间上，历史学家未有期限限制，可以皓首穷经，终生专注于某一重大历史问题的考证，而法官则必须在刑事诉讼法典所确立的期限内作出判决。如果检察官在法定期限内无法履行证明责任，则法官将作出无罪判决（CPP art. 330, 533）。

法官与科学家的职责也有类似之处，如两者均专注于查明真相。但他们的差异也是相当明显的：法官所致力查明的犯罪事实是不可重复的，而科学家所研究的自然事实则是可重复的；法官查明真相的方法受到刑事诉讼法典的约束，而科学家则主要受行业伦理的约束。法官应在预定时间内作出裁判，而科学家可能穷尽一生也无法作出确定无疑的论断；法官通过内心确信以作出裁判，而科学家则通过可控、可测量的数据阐释自然法则。

当然，在证据法的理论中，意大利学者更关注历史方法与科学方法在裁判中的应用。尤其是随着科技证据的兴起，科学法则在裁判中的应用日益凸显，法官在很多案件中需与科学家合作，聘请科学家担任鉴定专家或者顾问，以为裁判提供有价值的科学意见。

十、科学理念的发展与因果关系查明

(一) 从实证主义到后实证主义

从20世纪40年代起，意大利所接受的科学理念开始从实证主义走向后实证主义。在实证主义的哲学下，科学是无限、完整及绝对可靠的，即每一项科学法则都有其一般意义上的绝对价值；单一的科学法则足以完全解释现象的过程；科学不可能犯错，只有科学家可能犯错。但随着科学技术的发展，实证主义的科学理念逐渐受到颠覆：其一，科学是有限的，对于每一种现象，人类可能仅掌握有限的几个方面并用科学法则来展现。其二，科学是不完整的，一旦知道同一现象的其他方面，科学法则必须在可能的情况下进行更新和修改以全面展现。如果无法更新或修改，则必须放弃该科学法则。其三，科学可能是错误的，每一项科学法则都有一定的错误率，对错误率的了解是理论经过严格测试的唯一标志。这一套全新的科学理念被冠之以"后实证主义"，其核心主张是：科学仅通过不断重复实验予以验证是不够的，还应尝试证伪（falsificazione）。

但科学万能论的崩塌并不意味着应走向不可知论，更不意味着证据法应排斥科学方法的应用。事实上，尽管科学并非绝对无限、完整及可靠，应用科学方法作出裁判也可能存在错误，但只要判决作出时其所依据的科学证据在当时是有效的，则判决便具有正当性。

（二）范例：科学法则的限制与因果关系查明

因果关系查明是意大利刑事证明理论的重大难题，颇具学术争议。《意大利刑法典》第40条第1款规定："如果决定犯罪成立的损害结果或者危险结果不是由某人的作为或者不作为造成的，则该人不得因被法律规定为犯罪的行为而受到处罚。"因此，在刑事诉讼中，法官必须查明行为与事件之间是否存在因果关系。而在司法实践中，有些因果关系极易认定，有些因果关系的认定则存在极大争议，以四个案件为例：

（1）A以刀刺死了B。

（2）乱放于窗台上的花瓶掉下来，击中了C的头部，导致其伤重不治死亡。

（3）20世纪60年代，德国格兰泰公司将沙利度胺药物投放市场。服用这些药物的孕妇随后生下畸形儿童。

（4）医生未进行临床检查，患者死于未确诊的综合征。

对于前两个案件，因果关系是较为直接的，传统的"无此条件，则无彼结果"（condicio sine qua non）理论足以应对。未有A的行为，或者未有花瓶，则不会导致B或C的死亡，法官可通过非常简单的科学法则便可以作出准确的判断。但对于后两个案件，则情况极为复杂，因为科学法则无法准确判断"未服用沙利度胺药物"或者"医生进行临床检查"是否不会导致"孕妇生下畸形儿童"或者"患者死于未确诊的综合征"的结果。在沙利度胺药物一案中，德国法官以主观直觉主义（il loro intuizionismo soggettivo）弥补了科学法则的不足，判处格兰泰公司对胎儿畸形负责，尽管当时依然缺乏表明药物摄入与胎儿畸形之间稳定关系的科学法则。案件的判决也引发了理论界及实务界对司法证明与科学证明之间复杂关系的争论。

随着科学技术的日新月异，法官正面临着越来越多难以确定因果关系的案件，包括工作安全、道路交通、环境风险、医疗事故、化工药品等可能导致严重后果的领域。因此，围绕因果关系查明中司法证明与科学证明复杂关系的讨论便无可回避，毕竟此类案件具有相当的普适性。意大利最高法院在 1990—2002 年接受了"无此条件，则无彼结果"理论与科学覆盖法则的融合，即所谓的"科学覆盖法则下的包容程序"（procedimento di sussunzione sotto leggi scientifiche di copertura），也被称为规范推论模型，主张在具体的个案中从科学法则的抽象有效性中推及因果关系的存在，从而在行为与事件之间建立以科学法则为基础的桥梁。最高法院的这一立场导致科学证据成为确立因果关系的"证据之王"，科学家成为"事实的法官"，决定案件走向的往往是鉴定机构，而非法官。因此，"科学覆盖法则下的包容程序"受到学术界的广泛批评。围绕这一争议问题，学术界形成两派观点，核心争点在于科学法则的确定性应达到何种程度方可证明行为与事件的因果关系。一种观点认为，只要存在"重大、明显的可能性"，就应认定因果关系存在。而另一种观点则认为，只有行为和事件之间的关系在科学法则上具有接近 100% 的比例（即等同于确定性），方可认定存在因果关系。

意大利最高法院联合法庭在 2002 年 7 月 10 日—9 月 11 日所作出的弗兰杰斯判决（la sentenza Franzese）[21] 中提出了"确立因果关系的双阶段模型"（modello bifasico di accertamento della causalità），被认为是因果关系认定的哥白尼革命。在判决中，联合法庭首先强调，在刑事诉讼中，无论是"犯罪事实"，还是"行为实施者的责任"，均应达到排除合理怀疑的证明标准方可作出有罪判决。由于因果关系是犯罪事实的客观要件，因此对因果关系的证明也必须达到排除合理怀疑。但联合法庭同时也指出，排除合理怀疑的证明标准与科学法则中抽象意义上的统计有效性比例无关。因此，对因果关系的认定不能等同于科学意义上的概率计算。

联合法庭认为，确立因果关系应遵循两个阶段：第一阶段（事

---

[21] Cass. , sez. un. , 11 settembre 2002, Franzese, in *Riv. it. dir. proc. pen.* , 2002, p. 1133.

前)，对科学法则是否适用于案件进行抽象的研判。法官有必要对所有可能适用的科学法则及所有可能的因果关系进行整理与分析，有必要在整体意义上对科学法则的有效性（外部证成，giustificazione esterna）进行否定性的批判审查（证伪）。法官不应依抽象意义上科学法则统计有效性的比例确定因果关系的存在。第二阶段（事后），审查具体的现象可否依该科学法则进行解释（所谓的"内部证成"）。法官有必要针对所假设的因素排除任何不同或替代的因果要素，有必要对个案中科学法则的具体有效性进行否定性的批判审查（证伪）。具体而言，法官应通过证据，排除在因果关系中可能发挥作用的替代因素，至少是辩方所提出的替代因素。

在弗兰杰斯判决中，意大利最高法院强调了法官在司法裁判中的主体地位，要求法官在尽量适用接近确定性概率的科学法则时进行批判性审查，不盲从科学论据，不得将排除合理怀疑机械地理解为纯抽象意义的科学概率。例如依据科学法则，在发生两性关系时仅因未采取防护措施而导致艾滋病毒感染的可能性非常低。但如果一位波斯尼亚的修女因受到一名患有艾滋病毒的士兵强奸而感染了艾滋病毒，且可证明该修女以前是完全健康的，未接触其他任何可能导致病毒传染的途径，则法官可作出有罪判决，而无须考虑科学抽象意义上的概率。同样，科学法则证明，长时间暴露在超出既定强度的噪声污染源且未加以保护的工作人员容易导致严重的耳聋。但如果诉讼中可证明该雇工是迪斯科舞厅的常客，或者证明他患有导致听力丧失的疾病，那么法官并不需要考虑科学法则中的概率。

II 证据形式

一、典型证据与非典型证据（Mezzi di prova tipici ed atipici）

刑事犯罪具有偶发性及不可预期性的特点。犯罪事实发生的时间、地点及方式均无从预判，查证犯罪的证据形式亦难以预先确定。因此，欧陆诸国普遍不要求证据形式法定，意大利亦如此。《意大利刑事诉讼法典》规定了七种典型的证据形式，分别为证人证言、询问当事人、对质、辨认、司法经验、鉴定及书证。这七种证据形式的运用规则详细规定在法典中（CPP art. 194~243），为法官及当事人提供规范上的指引。

但在特定情形下，案件可能涉及非典型的证据形式。《意大利刑事诉讼法典》第189条对非典型证据进行了概括性规定，"如果需要获取法律未规定的证据，当该证据有助于对事实的核查且不影响关系人的精神自由时，法官可以调取该证据。法官就调取证据的方式问题听取当事人意见后决定接纳该证据。"可见，立法者对证据形式持开放态度，随时接受科技进步所可能产生的新证据形式，同时也为应对司法实践中经常出现的各种非典型证据（包括典型证据形式中夹杂非典型的要素）。从文本上看，非典型证据需符合两个条件：一是目的上"有助于对事实的核查"，二是证据的运用"不影响关系人的精神自由"。因此，麻醉分析、催眠或测谎仪等不属于非典型证据，不得在刑事诉讼中作为证据使用。法官不得依职权直接决定接纳非典型证据，而应听取双方当事人的意见。当事人一方也可请求法官接纳某种非典型证据，法官同样应听取对方当事人的意见后作出裁定。无论法官裁定接受或驳回请求，当事人均可以提起上诉（CPP art. 586.1）。

非典型证据容易在司法实践中引发争议，因为法典的规定相对抽象。通说认为，《意大利刑事诉讼法典》第189条所规定的"如果需要获取法律未规定的证据"，确立了"不可替代"原则，即在无法通过典型证据达到证明目的的情况下方可使用非典型证据，以避免当事人有意或无意规避法典对典型证据的相关规定。司法实践中较容易产生争议的情况是典型的证据形式内存在非典型的要素，如动物（狗）辨认。辨认是典型的证据形式，但法典规定的是人的辨认。如果法官认为无法进行人的辨认，动物（狗）辨认无可替代，则可在听取双方当事人意见后决定采纳这一非典型的证据形式。但如果是庭审中的非正式辨认，则情况便大不相同。例如在庭审中，检察官询问证人，罪犯是否在法庭上。意大利的学者普遍认为，这一询问方式是在典型的证据形式内加入非典型的要素，因为依《意大利刑事诉讼法典》的规定，辨认应在辨认者情绪放松的情况下且在特定的场所内进行。庭审不是辨认场所，交叉询问则是在紧张的氛围内通过"逼问"陈述者以获得真实的答案，这些均与辨认的法定要求背道而驰。鉴于庭审中的非正式辨认违反了无可替代原则，通说认为应当予以禁止，但判例的立场似乎与之相悖。

二、证人证言

（一）证人

1. 证人与犯罪嫌疑人、被告人的共性与区别

《意大利刑事诉讼法典》区分了两种证据形式，即"证人证言"（CPP art. 194 及以下条款）和"询问当事人"（CPP art. 208 及以下条款）。这一区分非常重要，既涉及刑事程序法中犯罪嫌疑人、被告人的特殊地位，也涉及刑事实体法中证人如实作证的义务。简而言之，犯罪嫌疑人、被告人享有不得自证其罪的特权，在接受询问时并无义务出庭（CPP art. 208），也无义务回答问题（CPP art. 209. 2）或者说出真相。相反，证人有义务出庭，并向法官说出真相，否则将受到刑事惩罚（CPP art. 198, 372）。但证人和当事人的陈述还是具有相当大的共性，均能为案件的事实认定提供重大的认知贡献，有助于查明被告人的刑事责任，也可用于判断证据来源的可信度及证据可靠性（CPP art. 187）。证人和当事人均应接受交叉询问（CPP art. 209，499. 1）。在极其特殊的情况下，被告人可能同时具有证人资格（下文有详述）。

2. 证人的资格与义务

凡是了解案件事实的个人，均具有证人资格，除非法典另有规定（证人身份不兼容的情况，下文有详述）。证人在作证前，应阅读如下告示，"我承诺全部告知真相且不隐藏任何我所知晓的情况"（CPP art. 497. 2）。证人应履行法典所设定的义务，主要包括：①证人有义务出庭，在法官面前作证（CPP art. 198）。如果证人未有正

当理由拒不出庭，则法官可以下令司法警察强制出庭，且对其科以51 欧元~516 欧元的罚款，同时裁定其支付因不出庭而造成的费用（CPP art. 133）。②证人有义务遵守法官根据诉讼要求而作出的规定（CPP art. 198）。③证人有义务"如实回答问题"。如果证人对所知道的事情保持沉默、说谎或者否认事实（如前后证言相互矛盾、不完整或者与已证实的证据相冲突且未有合理解释），则构成伪证罪（CP art. 372）。在这种情况下，法官"应立即将有关文书移送检察官，以便依法进行处理"（CPP art. 207. 1）。检察官收到庭审笔录的副本后，应启动预先调查，以确定情况是否属实（CPP art. 372）。此外，如果条件符合，检察官也可以请求法官采取预防性措施。如果检察官未立即采取主动行动（即他未立即请求提供庭审笔录副本），则法官只能在庭审结束后启动追责程序。根据《意大利刑事诉讼法典》第 207 条第 2 款规定"法官在决定结束证人履职的程序阶段时"，如果发现伪证罪的证据，则"应通知公诉人并移送有关文书"。但无论如何，法庭不得以"沉默或伪证"当庭逮捕证人（CPP art. 476. 2）。

3. 证人身份不兼容

《意大利刑事诉讼法典》第 197 条规定了证人身份不兼容的情况，即在诉讼中因立场或者职责而导致不得以证人的身份作证（但并非免除作证义务）。身份不兼容主要包括两种情况：

（1）诉讼当事人的身份不兼容。如前所述，诉讼当事人的作证适用"询问当事人"的相关规定（CPP art. 197. 1. 1-3），主要包括三种情况：

第一，同一犯罪的共同被告人或者根据《意大利刑事诉讼法典》第 12 条第 1 款第 1 项有牵连关系诉讼案件的被告人（导致同一案件的共同犯罪行为或者独立行为）不得兼任证人（CPP art. 197. 1. 1）。在这种情况下，无论案件是合并审理，还是分开审理，这一类型的被告人均不得兼任证人，直至对该被告人的判决成为不可撤销的判决。但如果被告人"被宣布为无罪释放、有罪或进行辩诉交易且判决不可撤销"，则可进行传唤作证，因为被告人在这种情况下不会因同一犯罪的历史事实而再次接受审判（CPP art. 649）。

第二，目的牵连或情节牵连（证明牵连）的被告人不得兼任证人（CPP art. 197. 1. 2）。所谓目的牵连，指所追诉的犯罪是为"实施或掩盖其他犯罪"而实施（CPP art. 12. 3）。例如被指控实施谋杀行为的被告人在涉及毁灭尸体的诉讼程序中作证，指控另一名被告人。而情节牵连，指依《意大利刑事诉讼法典》第371条第2款第2项之规定，犯罪的证据或情节影响了另一犯罪的证据或情节。但在情节牵连的情况下，法律规定了两项例外：一是如果所涉及的被告人"被宣布为无罪释放、有罪或进行辩诉交易且判决不可撤销"，则可进行传唤作证；二是如果被告人在对"其他人"的事实作出陈述时，涉及其他牵连或目的牵连被告人的责任，则该被告人与证人的资格可以兼容（2001年第63号法律）。在这种情况下，兼容是"部分的"，被告人仅限于对"其他人"的事实可作为证人，而对于"其他人"事实以外的事实，被告人仍然与证人的资格不兼容。《意大利刑事诉讼法典》第64条第3款第3项规定，检察官、司法警察或法官在讯问时，应告知如果被告人将针对涉及他人责任的事实作出陈述，则必须以证人的身份作证。

第三，同一诉讼中的民事负责人和对罚金刑承担民事责任的人不能作为证人（CPP art. 197. 1. 3）。他们可以在提出请求或者同意有关请求的情况下作为当事人作出陈述（CPP art. 208），不会因未说出真相而受到刑事制裁。

（2）其他诉讼参与人的身份不兼容。另一种情况是在同一诉讼中担任法官或公诉人职务以及他们的助理人员，以及其他与证人身份不兼容的主体（CPP art. 197. 1. 4）。助理人员，指在本案中从事司法服务职能工作的文员和秘书。"其他与证人身份不兼容的主体"主要包括在本案中"已经进行过辩护调查的辩护人和已经对会见形成文件的辩护人"，或者起草了包含第391-2条所规定之书面声明的辩护人。

除上述情况外，任何人均有作证资格，甚至包括精神病患者和未成年人。在后两种情况下，法官应特别注意评估陈述者的可信度和陈述的可靠性，可以决定采用"法律允许的方式进行适当的核查"（CPP art. 196.2），以调查证人的身体或精神状况是否适宜作证。例如法官可以决定进行鉴定或司法实验（esperimento giudiziale），以评估证人能够准确理解和回忆现实的程度。

（二）证人证言

1. 询问方式：交叉询问[22]

美国证据法学家威格莫尔认为，"交叉询问毫无疑问是人类有史以来为发现事实真相而创设的最佳装置"，"英美法系对完善判决方法所作出的最重大且最持久的贡献"并非陪审团，而是交叉询问。[23] 意大利1988年改革深受此一论断影响，将交叉询问作为对席辩论原则（contrasto dialettico）的核心要素。意大利的交叉询问制度包括三项内容：直接询问和反询问、反驳及异议。

（1）直接询问和反询问。双方当事人可直接向证人、鉴定人、技术顾问、民事当事人和被告人发问（CPP art. 498, 501, 503）。询问应针对具体事实，禁止提出可能有损回答真实性的问题以及具有提示性倾向的问题。法官仅在"保证问题关联性、回答的真实性、询问的公平性和反驳的正当性"时介入（CPP art. 499.6）。

（2）反驳。当事人为全部或部分反驳证词的内容可以使用证人在先前作出的并且收入公诉人卷宗的陈述（CPP art. 500.1）。除法律明文规定的例外，为反驳而使用的陈述不能构成该主张所陈述事实的证据。但法官可以评价这些陈述，"以确认被询问人的可信度"（CPP art. 500.3）。

（3）异议。双方当事人在交叉询问的过程中可以对询问的展开方式提出抗辩，庭长应立即作出裁决，无须任何手续（CPP art. 504）。

---

〔22〕 在意大利，交叉询问不仅适用于证人，也适用于当事人。基于行文的逻辑体系及简洁性，交叉询问的介绍放在证人证言部分，下文不再赘述。

〔23〕 J. H. Wigmore, *A Treatise on the System of Evidence in Trials at Common Law*, Vol. II, § 1367, Boston, Little Brown & Cie, 1904.

2. 询问内容

询问内容应限于"构成证明对象的事实"（CPP art. 194.1）。询问请求应与之相关，即必须涉及归责事实以及适用程序规则所依据的事实（CPP art. 187），诸如核实陈述的可靠性。因此，对证人的询问可以延伸到证人与当事人或与其他证人之间的亲属关系或利害关系。询问的目的可以是审查双方当事人和证人的信誉情况（CPP art. 194.2）。证人作证时不得作出个人评价，"除非这一评价与事实陈述密不可分。"证人不得就"公众中的传闻"作证。此外，证人不得对被告人的道德情况进行作证，除非涉及对与犯罪和社会危险性有关的人格作出评价的特定事实（CPP art. 194.1）。

如果证人是案件的受害人，则询问还受到两项特别的限制：第一项限制是"只有必须联系犯罪受害人的品行来评判被告人的行为时"，才允许对"受害人的人格"事实作出证言（CPP art. 194.2）；第二项限制是在涉及"性暴力、儿童卖淫和贩卖人口罪"的案件中，不允许就犯罪被害人的"私生活"或"性问题"等问题发问。但如果此种发问"对于调查事实是必不可少的"，则可以发问。可以看出，立法者在"保护受害人的人格尊严免受侵害"与"保障被告人证明权"两项法益之间作适度权衡。

3. 询问禁令

对于陈述性证据（主要但不限于证人证言[24]），《意大利刑事诉讼法典》第188条规定了一般的证明禁令（divieto probatorio）："不得使用足以影响人的自由决定权或者足以改变对事实的记忆和评价能力的方法和技术，即便关系人表示同意。"因此，诸如酷刑（身体或心理）、麻醉诊断、催眠和测谎仪等，均在禁令范围之列。违反证明禁令的行为，构成病理不可用（Inutilizzabilità patologica）。[25] 法官可依职权，或依当事人之申请，声明诉讼行为不可用。不可用可

---

[24] 例如对犯罪嫌疑人、被告人的讯问，也有类似的规定，"不得使用足以影响被讯问者自主回答能力或者改变其记忆和评价事实的能力的方法或技术进行讯问，即便被讯问者表示同意"（CPP art. 64.2）。

[25] 参见前文关于诉讼行为理论的研究。

以在诉讼的任何阶段和审级中指出（CPP art. 191. 2）。不可用不可补救，构成不可用的诉讼行为禁止进入诉讼，尤其是不得作为法官的判决依据。这里还涉及延伸的不可用（L'inutilizzabilità derivata），即所谓的"毒树之果"。与程序无效不同，不可用不存在后续延展。换而言之，意大利并不承认延伸的不可用，即前一诉讼行为的不可用并不扩及后续的行为（所谓的"错误获取，妥善持有"理论，teoria del male captum bene retentum）。

4. 间接证言（La testimonianza indiretta）

（1）一般规定。间接证言，指证人并未亲身经历事实，而是从其他人处了解案件情况，以此向法庭提供证言（CPP art. 195. 1）。在英美证据法中，间接证言即为传闻证据。被转述的证人（Il teste di riferimento）可能亲身亲历了事实（"直接证人"），也可能从其他人处再转述（亦为"间接证人"）。但鉴于后一种情况下的证人证言可信度极低，通常不在讨论范围之列，故下文所指的被转述的证人均指"直接证人"。

间接证言的核心争点在于双方当事人无法通过交叉询问以确认对待证事实有个人认知之证人的可信度和可靠性。因此，当间接证人"通过传闻"知道事实时，则必须强化核实直接证人的可靠性。《意大利刑事诉讼法典》确立了两个原则性条件：其一，当证人告知对事实的了解来源于其他人时，法官根据当事人的要求决定传唤该其他人作证（CPP art. 195. 1）。其二，如果间接证人拒绝或者不能够指出他获知有关事实的人员或来源，则证言不可用（CPP art. 195. 7）。故原则上，直接证人必须出庭接受当事人的交叉询问。间接证人如果无法识别（individuazione）[26] 消息来源，则证言不可用。但如果当事人未要求传唤直接证人，则间接证言可用。法官可在未有一方当事人请求的情况下依职权主动传唤直接证人（CPP

---

〔26〕 这里的"识别"不同于"辨认"（identificazione），间接证人只需要指出消息的来源，或者直接证人经常出现的特定场所，并不需要了解直接证人的个人信息。进一步的个人信息查证，是司法警察的职责（CPP art. 349）。

art. 195. 2），但并非必须。法典还设定另一种例外情况，即在特殊情况下，"直接证人死亡、患病或者查无下落"时，可以使用间接证词（CPP art. 195. 3）。

需要特别指出的，身份不兼容及职业禁止的规定亦适用于间接证言，即不得要求受职业秘密或职务秘密约束的人对相关事实作证，除非这些人员已然披露了这些事实（CPP art. 195. 6）。例如律师向第三人泄露了客户的犯罪信息，则法庭不得采用对该第三人的间接证言。

总体而言，间接证言应审慎使用，因为它有悖直接原则和言词原则。即便可用，法官也应十分审慎地进行评价，尤其是对证言的可靠性进行审查，并与其他证据进行对照。尽管在自由心证的证明制度下，直接证言未必比间接证言更具证明力，但毫无疑问，法官对间接证言的可靠性审查更为困难。

（2）禁止对被告人供述进行间接证明。《意大利刑事诉讼法典》第62条第1款规定："被告人或接受初期侦查的人员在诉讼过程中所作的陈述，不得成为证明的对象。"犯罪嫌疑人、被告人所作的供述，应在正式的笔录中载明。侦查人员在讯问过程中应告知犯罪嫌疑人、被告人有权保持沉默。立法者禁止笔录以外的证据用于证明犯罪嫌疑人、被告人的陈述。这是无罪推定权及沉默权的必然延伸。

从文本上看，这一禁令具有四项内容：其一，禁令范围主要涉及所有听取犯罪嫌疑人、被告人供述的主体，主要是警察，也包括证人。简而言之，警察和证人不得出庭证明犯罪嫌疑人、被告人的供述存在问题。其二，禁令所涉及的"陈述"，指具有言词表达内容的供述，不包括表达意愿的供述（如同意进行诊断评估）或者纯粹的供述行为（如警察在搜查过程中，听到犯罪嫌疑人吼到，"赶紧把毒品冲掉"，或者"快跑，有警察"。在这种情况下，警察的证言可以作为间接证言）。其三，禁令所涉及的陈述是在"诉讼过程中"作出。证人在诉讼以外所听到的犯罪嫌疑人陈述不在禁令之列。其四，禁令仅涉及对本案"犯罪事实"有证明价值的被告人供述，不涉及他案。例如在犯罪嫌疑人起诉警察涉嫌诽谤的案件中，警员说明与犯罪实施相关的供述内容，不在禁令范围之列。

这里尤其要论及司法警察的间接证言禁令。为保障对抗原则，《意大利刑事诉讼法典》第195条第4款明确设定了司法警察的间接证言禁令，"司法警官和警员不能从以下方式获取证人的陈述内容"，即"证人或相牵连的被告人所提供的摘要信息"（CPP art. 351）；报案、控告或请求；犯罪嫌疑人所提供的摘要情况和自动陈述（CPP art. 357. 2. 1, 357. 2. 2）。简而言之，司法警察不能在侦查过程中对从潜在证人处所获得的摘要信息作出间接证言；不得对口头的报案、控告或请求作出间接证言；不得在自己行为或者在检察官授权的范围内对侦查所获得的陈述作出间接证言。意大利宪法法院在2008年作出了一个解释性判决（第205号判决），原则上禁止警方对未载入笔录的犯罪嫌疑人陈述作证，以捍卫宪法所确立的辩护权原则和正当程序原则。但如果因紧急情况而无法作笔录，则不在禁令范围之列。

5. 反对自我归罪的特权

如前所述，证人有如实回答问题的义务（CPP art. 198. 1）。但如果在交叉询问的过程中，一方当事人的问题可能导致证人自我归罪，则证人将陷入两难境地：如实供述将自我归罪，不如实供述将构成伪证罪。对这一问题，意大利立法者作出了明确的回应，证人"无义务就可能因此承担刑事责任的事实作证"（CPP art. 198. 2）。在文本上，这一条款具有四层含义：其一，任何可能自我归罪的问题，证人均有权拒绝回答，既可能是个别问题，也可能是所有问题。其二，可能导致行政责任或民事责任的问题，证人无权拒绝回答。其三，法律并不禁止当事人可能向证人提出自我归罪的问题，也无义务告知他有权不回答。事实上在很多情况下，当事人并不知道回答这些问题可能导致证人自我归罪。因此，可能自我归罪还取决于证人的主观判断。无论在何种情况下，证人如果认为可能自我归罪，便可以不回答问题，并提供正当理由。法官将对这些理由进行评估，如果认为没有依据，则可以向证人重申有义务说出真相及可能的处罚警告（CPP art. 207.1），相反则不得强迫证人继续回答问题。其四，如果法官认为证人所主张的反对自证其罪特权未有正当依据，但后续结果却事实上导致证人陷入自我归罪的困境，则所获得的陈述不可用（CPP art. 191.1）。

如果证人所作出的陈述可能成为指控他先前实施犯罪的证据，则依《意大利刑事诉讼法典》第63条之规定，司法职权机关（即法官、检察官或警察）必须首先中断询问。法官应警告证人，"由于这些陈述，可以启动对他的调查"，同时可要求为他指定一名辩护人。证人的先前陈述不得用于作为指控证据。但如果从最初就应当把该人作为被告人或被调查人进行询问的，不得使用该人的陈述材料（CPP art. 63.2）。

6. 近亲属作证豁免

《意大利刑事诉讼法典》第199条规定了近亲属作证豁免特权，"不得强迫被告人的近亲属作为证人作证。"所谓近亲属，包括直系长辈、后辈、配偶、兄弟、姐妹、同辈姻亲、叔侄等。但如果配偶死亡且没有后代时，则"近亲"不包括姻亲（CP art. 307.4）。法官有义务进行权利告知，否则构成相对无效（CPP art. 199.2），不得科以伪证罪（CP art. 384.2）。但如果经合法告知后，近亲属决定以证人身份出庭作证，则不得拒绝回答问题，也不能说谎，否则将构成伪证罪。

《意大利刑事诉讼法典》第199条第3款对类似近亲属的人员也规定了作证豁免特权。对与被告人存在收养关系的人员，作证豁免特权不受任何限制。但对于下列人员，《意大利刑事诉讼法典》作了一定的限制：①虽然不是被告人的配偶，但与其像配偶一样共同生活的人或者曾经与其共同生活的人；②已同被告人分居的配偶；③对其宣告撤销、解除或者终止同被告人缔结婚姻关系的人。在这三种情况下，拒绝作证的证词仅限于"在配偶共同生活期间发生的，或者从被告人处得知的事实"。

需要特别指出的是，近亲属（和类似主体）如果提出控告、告诉或者申请时，或者当他们或其近亲属受到犯罪侵害时，应当作证（CPP art. 199.1）。

7. 因职业秘密的作证豁免

《意大利刑法典》第 622 条规定："禁止任何人向私人或公众披露因其身份、职务、职业或技艺原因获知应当予以保密的事实，除非有正当理由。"与之相对应，《意大利刑事诉讼法典》第 200 条明确规定了特定职业工作者（宗教职业的司铎、律师和卫生职业人员等）的作证豁免权，构成了《意大利刑法典》第 622 条的"正当理由"。但如果不属于《意大利刑事诉讼法典》第 200 条所规定之职业的从业人员，则与其他证人一视同仁，应如实作证。例如译员在履职过程中了解到客户的犯罪事实（如在翻译过程中了解到客户拟进行欺诈性破产），这显然构成了《意大利刑法典》第 622 条意义上的"保密事实"。但如果他在刑事诉讼中作为证人提供证言，则有义务如实回答，并不因此构成泄露秘密罪，这属于"正当理由"。作证豁免权反映了社会价值冲突的复杂平衡：一方面，查明犯罪的司法利益要求公民应如实作证，不设任何例外及限制；另一方面，法定的"职业秘密"可能涉及其他宪法利益，如宗教信仰的利益（C art. 8, 19）、在诉讼中自我辩护的利益（C art. 24）以及身体健康的利益（C art. 32）。在这些诸多价值及利益的冲突中，立法者必须有所舍弃，向特定的职业秘密利益进行倾斜，这也是作证豁免权的原理所在。

此外，作证豁免权仅限于法定职业人员"因职务活动或职业原因而了解到犯罪线索"的情形。如果法定职业人员作为普通公民在日常活动中获悉了相关的犯罪线索，则不在此列，应承担作证义务。《意大利刑事诉讼法典》第 200 条还对作证豁免权设定了补充限制，即"有义务向司法机关作汇报的情况除外"。以执业医生为例，在一起刑事案件中，私人执业医生为受害人提供了治疗服务，则应向司法职权机关报告受害人身体所受到的伤害状况（CP art. 365）。在这种情况下，执业医生不具有作证豁免权，所披露的内容也不构成泄露职业秘密罪。

依《意大利刑事诉讼法典》第 200 条的规定，具有作证豁免权的法定职业包括：①章程与意大利法律制度不相抵触之宗教职业的司铎（CPP art 200.1-1）。具体而言，天主教牧师因教徒忏悔供认而获悉犯罪信息的，有权拒绝作证。②律师、经批准的私人侦探、技术顾问、公证人（CPP art 200.1.2，2000 年第 397 号法律进行了修改）。此处的私人侦探仅限于法律授权可进行案件侦查的人员（CPP art.321-1 以及 DACCP art.222.1）。执业律师发现客户犯罪信息的，亦有作证豁免权，意大利宪法法院通过 1997 年第 87 号判决确立了此一项权利。③医生、外科医生、药剂师、助产士以及其他从事卫生职业的人员（CPP art.200.1.3）。④其他依法有权不就职业秘密作证的人员（CPP art.200.1.4）。这里的"职业秘密"仅能由法律予以确定，而非行业规则，如劳工顾问（1979 年第 12 号法律），负责毒瘾治疗公共服务（或私人附属公司）的雇员（1990 年第 309 号共和国总统令第 120 条），特许会计师，商业会计师和商业专家（1953 年 10 月 27 日第 1067 号法律第 4、5 条，1987 年 12 月 5 日第 507 号第 5 号法第 1 条进行了补充）以及在职业登记册上登记的社会工作者（2001 年 4 月 3 日第 119 号第 1 号法）。

这里需要特别提及的是媒体记者。记者的拒证权一直以来均是各国较具争议的问题。《意大利刑事诉讼法典》第 200 条第 3 款非常有限度地承认了记者的拒证权，即在职业登记册中注册的职业记者有权对在职业活动中取得信赖性消息的来源保密。但法典同样作了重大的保留，"如果上述消息对于证明正在追诉的犯罪来说是必不可少的，并且其真实性只能通过核实消息来源的方式加以确定，法官则命令该记者指出其消息的来源。"因此，在意大利，司法利益优于记者的"消息来源保密"义务，法官为查明案件真相可依职权要求记者披露信息来源。如果记者合法行使拒证权（如信息源对于证明犯罪事实并非必不可少），拒绝提供消息来源，则该消息便构成间接证言，不得在诉讼中使用（CPP art. 195. 7）。

如果上述法定职业人员主张职业秘密的作证豁免，则法官应进行必要的调查。如果法官认为情况属实，则证人具有保持沉默的权利，反之则应作证（CPP art. 207）。

8. 职务秘密、国家秘密和情报人员信息

（1）职务秘密。在法律或条例所规定的某些情况下，为保证公共行政部门的良好运行，履行特定职务的公职人员对与公共服务履行有关的消息保密，违反此一义务的，构成泄露和利用职务秘密罪（CP art. 326）。职务秘密对公职人员以及公共服务的负责人具有约束力（CP art. 357，358）。因此，这里同样存在司法利益与职务秘密之间的冲突。《意大利刑事诉讼法典》第 201 条第 1 款规定："除有义务向司法机关作汇报的情况外，公务员、公共职员和受委托从事公共服务的人员有义务回避就因其职务原因而了解到的并且应当保密的事实作证。"意即公共职员或公务员有义务向司法机关报告犯罪，但同样有义务拒绝回答涉及职务秘密的问题。如果证人（公共职员或公务员）主要职务秘密的作证豁免，则法官应评估该主张是否有充分根据。如果未有充分根据，则应下令让证人作证（CPP art. 201. 2）。

（2）国家秘密。依 2007 年 8 月 3 日第 124 号法律第 39 条之规定，国家秘密属于特殊的职务秘密，涵盖了"行为、文件、消息、活动以及任何其他可能损及共和国信誉的传播行为，包括在国际协议框架下，为保护宪法所建立的基础制度，保障意大利对其他国家的独立性以及与其他国家的关系、国家的军事准备和防御"。依《意大利刑事诉讼法典》第 202 条第 1 款之规定："公务员、公共职员和受委托从事公共服务的人员有义务回避就属于国家秘密的事实作证。"因此，具有前述身份资格的证人、被告人或者其他类型的陈述者可以以存在国家秘密为由拒绝作证。在这种情况下，"司法机关应当通知内阁总理，请求他对此作出确认，同时暂缓一切旨在获取与该秘密有关的信息的主动性行为"（CPP art. 202. 2）。如果自送达上述请求后的 30 天内内阁总理未确认国家秘密，司法机关应获取有关信息，并就进一步开展诉讼活动作出决定（CPP art. 202.4）：陈述者不得以国家秘密对抗，必须如实进行陈述。但如果内阁总理以载明理由的文书确认国家秘密的存在，则便存在广泛的证据禁令：法官和检察官既不能调取也不能间接使用"国家秘密所涵盖的信息"（CPP art. 202.5）。在这种情况下，如果"有关证据对于完成诉讼而言是至关重要的"，则法官必须宣布因存在国家保密而不应当采取行动（CPP art. 202.3）。

（3）情报人员信息。警方有保护情报人员的义务，因此司法警官、司法警员以及情报和军事安全或民主制度安全机构的工作人员可以对情报人员的姓名进行保密（CPP art. 203）。如果在庭审中，情报人员因此未出庭作证，则所提供的信息构成间接证言，不得调取和使用。

需要特别提及的是，《意大利刑事诉讼法典》第204条规定了作证豁免权的例外规则，即对于"旨在颠覆宪政制度的犯罪及《意大利刑法典》第285、416-1、416-2条以及第422条所规定之罪名"，不得以职务秘密、国家秘密或者警方情报为由予以对抗。

三、询问当事人

《意大利刑事诉讼法典》将询问当事人作为单独的证据形式，要求私当事人参与刑事诉讼的案件事实查明。法典既确立了询问当事人的一般规则，也为不同类型的私当事人确立了各自的特殊规则。这些特殊规则主要涉及三种情况：第一种情况是被告人在自己的案件中就指控事实作证；第二种情况是被告人以外的私当事人（民事负责人、对财产刑承担民事责任的人或者不应作为证人进行询问的民事当事人）就案件事实作证；第三种情况是牵连诉讼中的被告人对涉及他人责任的案件事实作证。

（一）询问当事人的共同规则

无论是何种类型的私当事人，接受询问均遵守如下共同规则：①当事人在阐述事实时无义务说出真相或者完整叙述，不因此受到刑事追究。当事人还有权拒绝回答问题（CPP art. 209.2）。②适用交叉询问规则，由检察官和私当事人的辩护人按照《意大利刑事诉讼法典》第 503 条第 1 款所规定的顺序进行发问。③询问必须针对待证事实。

（二）询问被告人

被告人可就指控事实作证。但与一般的证人不同，被告人享有不受强迫自证其罪的特权，这意味着被告人可以拒绝回答任何问题，甚至可以说谎。因此，询问被告人适用极其特殊的制度：

1. 询问被告人应获得被告人的同意或者由被告人主动提出

在庭审中，仅在被告人自己提出请求，或者一方当事人（如检察官、私当事人或者另外的被告人）提出请求且获得被告人同意的情况下，才可对被告人进行询问。如果被告人"不同意"接受询问，法官不得据此在判决中对被告人作出否定性判断，因为这在严格意义上属于防御型的辩护策略。但"不同意"对案件证明很大可能会产生影响，因为被告人拒绝回答，并不能免除其说服法官的责任。

2. 被告人享有沉默权

被告人在庭审过程中，随时可以拒绝回答任何问题。但如果被告人保持沉默的，应当将此一情况载入笔录（CPP art. 209. 2）。笔录可被作为"证明论据"（argomento di prova）交由法官评估。在司法实践中，法官通常会认为，被告人之所以保持沉默是因为试图隐藏某些事实，进而判定被告人不可信。

3. 被告人可以说谎

无论是自行请求，还是同意接受询问，被告人均无需遵循如实回答的义务。被告人不是证人，也不得兼任证人（CPP art. 197. 1, 191. 2），因此被告人说谎并不会构成伪证罪（CP art. 372）。被告人因虚假供述而犯下其他罪行的，如果此举的目的是"为保护自己或近亲属的自由或名誉免受严重的和不可避免的损害而被迫实施"，则不予处罚（CP art. 384. 1）。因此，被告人可以辩称实施了较轻微的罪行以避免重判，此时并不构成自我诬告罪（CP art. 369）。但《意大利刑法典》第 384 条第 1 款所规定的免责条款并不适用于诬告罪

（CP art. 368）和谎报犯罪（CP art. 367）。如果被告人作伪证，声称发生了不存在的罪行（谎报犯罪）或者指控无辜公民实施了犯罪（诬告罪），则应受到相应的刑事惩罚。从诉讼策略上看，被告人说谎虽不会承担刑事责任，但如果在交叉询问期间或之后被揭穿，则将严重损及法官的信任，让己方处于极为不利的状态。因此，在司法实践中，律师更建议被告人保持沉默，而非说谎。

4. 被告人作证不受间接证据规则的约束

在庭审中，被告人有权声称"听到"某些消息，而不受《意大利刑事诉讼法典》第195条（间接证据规则）的约束。被告人在提供此类证言时可以不指明消息来源（证人或文件）。法官不得因此认定被告人的陈述不可信。

（三）询问被告人之外的私当事人

如前所述，民事负责人、对财产刑承担民事责任的人或者不应作为证人进行询问的民事当事人，应按《意大利刑事诉讼法典》所规定的一般规则接受交叉询问，同时适用一些特殊的规则：①仅在私当事人主动提出或者同意的情况下，才可对其进行询问（CPP art. 208）；②私当事人可以不回答问题（CPP art. 209.1）；③私当事人在回答问题时说谎的，不构成伪证罪，因为他们不是证人；④私当事人作证受间接证据规则的约束。

需要特别强调的是，民事当事人（la parte civile）如果被传唤作证，则应如实陈述，此时他的身份并不是私当事人。意大利立法者认为，"放弃民事当事人在证明方面的贡献将严重损及诉讼真相的发现"（《立法草案报告》第62页）。

（四）询问牵连诉讼中的被告人

1. 牵连诉讼中被告人陈述的类型及程序规则

《意大利刑事诉讼法典》将牵连诉讼分为两种：一种是与主案件具有构成要件上的牵连关系（connessione, CPP art. 12），包括三类：①如果所追诉的犯罪是由数人共同实施的或者在相互合作中实施的，或者数人采用相互独立的行为造成犯罪结果；②如果某人被指控采用一个作为或不作为实施数个犯罪，或者采用数个作为和不作为执行同一犯罪意图；③如果所追诉的犯罪是为了实施或掩盖其他犯罪而实施的。另一种是与主案件具有证明上的牵连关系（collegamento probatorio，CPP art. 371. 2. 2），即"如果某些犯罪是在实施另一些犯罪时实施的，或者是为了使犯罪人或他人获取或者保护犯罪收益、报酬、产物或者使其不受处罚而实施的，或者是由数人以相互侵害的方式实施的，或者对某一犯罪或者某一情节的证明影响对另一犯罪或另一情节的证明"。这两类牵连诉讼的被告人统称为"牵连被告人"（imputato connesso o collegato）。

牵连诉讼中的被告人在主案件及牵连案件中的地位是否相同，这一直以来都颇具争议，尤其是涉及"主案件的被告人可否成为牵连案件普通证人"的问题。1988 年改革将对这一问题的讨论推向极致。众所周知，1988 年法典设立了非常严厉的传闻证据排除规则，这导致黑手党犯罪极为猖獗，而执法机关却无能为力，因为庭审前所获得的供述大部分不可用，而几乎没有证人愿意在这类案件中出庭作证。黑手党内的同伙也往往因享有被告人的沉默权而拒绝提供证言。这里便涉及被告人在牵连诉讼中的身份问题：如果仅是普通证人，则应如实提供证言，不享有免受强迫自证其罪的特权。但也应考虑到，牵连诉讼中的被告人陈述极有可能让自己陷入新的指控。也因为如此，自 1988 年起，意大利便围绕这一问题进行过频繁的改革：除议会外，宪法法院及最高法院亦参与其中，最终形成了以 2001 年 3 月 1 日第 63 号法律为主要参照规范的复杂制度体系，有限度地承认了牵连诉讼中被告人的作证义务。

我们可将牵连诉讼中的被告人陈述分为两种情况：一是"共存被告人"的陈述；二是目的牵连或证明牵连被告人的陈述。

（1）"共存被告人"的陈述（CPP art. 12. 1. 1）。对于非预谋的合作，或者实施相互独立的行为造成单一的犯罪结果的数名被告人，意大利学术界称为"共存被告人"（imputato concorrente）。"共存被告人"与"主要被告人"均享有免受强迫自证其罪的特权，但有义务出庭接受询问。具体而言，如果当事人请求或者法官依职权要求"共存被告人"出庭作证，"共存被告人"不得拒绝，否则法官"可下令进行拘传"（CPP art. 210. 2）。如果"共存被告人"作出陈述可能导致自我归罪，则应告知他有权不回答。不回答的权利既涉及作为"共存被告人"所实施的相关罪行问题，也涉及"主要被告人"所实施的相关罪行问题。但即便请求并未涉及指控，"共存被告人"仍可保持沉默。"共存被告人"应由律师进行协助。如果未自行聘请辩护人，则法庭必须为其指定辩护人（CPP art. 210. 3）。

如果"共存被告人"决定回答，则如同"主要被告人"一样，不会因未如实作证而构成伪证罪，但如果"共存被告人"作伪证，声称发生了不存在的罪行（谎报犯罪）或者指控无辜公民实施了犯罪（诬告罪），则应受到相应的刑事惩罚。如果"共存被告人"决定回答，且涉及对"主要被告人"的指控，则"主要被告人"一方有权进行反询问。但"共存被告人"依然有权拒绝回答所有或部分问题，也可以说谎且不受追责。

但如果对"共存被告人"的判决已生效且不可撤销（CPP art. 197. 1），则不受前述规则的约束。"共存被告人"应作为证人作证（辅助证人，下文有详述），因为此时已经不存在"自证其罪"的可能。

（2）目的牵连或证明牵连被告人的陈述。目的牵连（CPP art. 12. 1. 3："所追诉的犯罪是为了实施或掩盖其他犯罪而实施的"）或证明牵连的被告人（CPP art. 371. 2. 2 [27]），如果此前没有就"主要被告人"的责任作出过陈述，则比照适用前述制度，即被告人应出庭，但对可能导致自我归罪的问题有权拒绝回答。被告人应由律师进行协助。但较为特殊的是，如果被告人决定作证，则构成辅助证人。

---

〔27〕《意大利刑事诉讼法》第 371 条第 2 款第 2 项规定："如果某些犯罪是在实施另一些犯罪时实施的，或者是为了使犯罪人或他人获取或者保护犯罪收益、报酬、产物或者使其不受处罚而实施的，或者是由数人以相互侵害的方式实施的，或者对某一犯罪或者某一情节的证明影响对另一犯罪或另一情节的证明"。

2. 辅助证言（La testimonianza assistita）

如前所述，如果牵连诉讼中的被告人愿意作证，则身份转化为辅助证人。2001 年第 63 号法律对辅助证人确立了一套特殊的作证规则（CPP art. 197-1）。辅助证言分为两种类型：一种仅针对目的牵连或证明牵连被告人的陈述（CPP art. 197-1.2）。在他们所涉及的刑事诉讼尚未形成不可撤销的判决时，如果对"涉及他人责任的事实作出陈述"，则可以以证人的身份作证（CPP art. 64.3.3），但与证人身份兼容的部分仅及于已经陈述的他人事实。另一种则涉及所有类型的牵连被告人（CPP art. 12.1，371.2.2），只要对该牵连被告人的判决已生效且不可撤销（CPP art. 197-1.1）。两种类型的辅助证言既遵循一些共同的规则，也适用一些不同的规则。

（1）共同规则。首先，辅助证言原则上适用证人证言规则，除非明确违反了第 197-1 条的规定。辅助证人有义务在法官面前作证（CPP art. 198.1）。对本人正在或已然被指控之罪名之外的罪行作证时，辅助证人享有反对自证其罪的一般特权。

其次，辅助证人应由律师协助。在没有自行聘请律师的情况下，应依职权指定一名律师（CPP art. 197-1.3）。

再次，辅助证人所作出的陈述"在涉及他本人的诉讼程序中、在有罪判决的上诉程序中以及在涉及陈述者应承担责任之事实的任何民事或行政诉讼中"，均不能用于指控陈述者本人（CPP art. 197-1.5）。

最后，辅助证人的陈述仅在可确认其可靠性的情况下使用（CPP art. 197-1.6）。立法者强化了核实义务（下文有详述），因为辅助证人容易因立场作出虚假证言。

（2）不同规则。在庭审中，牵连诉讼被告人陈述的证明贡献是不同的。总体而论，"共存被告人"的陈述对证明的贡献要大于目的牵连或证明牵连被告人的陈述。未决案件被告人的陈述对证明的贡献要大于既决犯（imputati giudicati）的证言。依陈述者与被告人的亲近程度不同，所获得的程序保障也不同。越接近被告人的，所获得的预期程序保障越多，反之则越低。

对于第一种类型的辅助证人（CPP art. 197-1.2），一方面，法官应进行告知，"如果他就涉及其他人责任的事实作出陈述，则将具有……证人的资格"（CPP art. 64.3.3）。所谓"其他人责任的事实"，指与陈述者被指控之犯罪（CPP art. 64.3.3）牵连而涉及的"他人相关的犯罪行为"（CPP art. 12.1.3，371.2.2）。另一方面，法官告知后，目的牵连或证明牵连的被告人必须仅对"涉及他人责任的事实"进行作证。因此，这种类型的辅助证人是有条件的，仅在涉及"他人责任的事实"情况下才触发证人条款，尤其是陈述者在发言时并不一定意识到证言所可能带来的指控后果。在司法实践中，可能导致自我归罪的情况仅是"自我指控"的事实与"他人责任"的事实不可分割。

对于第二种类型的辅助证人（CPP art. 197-1.1），由于"既决案件"（无论是有罪判决、无罪判决还是依刑事协商程序所作出的裁决）的牵连被告人是"永远"的证人。因此，如实回答的义务并不仅限于已经作出的涉及他人责任的事实。如果此类辅助证人在有关诉讼中曾经否认自己的责任或者没有作出任何陈述，不得要求该证人就在审判中因其已受到处罚判决的事实提供证言（CPP art. 197-1.4）。"既决案件"的辅助证人受既判力的保护，故不存在自我归罪的风险，意大利宪法法院在2006年11月21日的判决中再次重申了此点。

3. 牵连诉讼中被告人陈述的核实（II riscontro）

意大利立法者要求特别审慎地核实牵连诉讼中的被告人陈述，以保证其准确性和可靠性。《意大利刑事诉讼法典》第192条第3、4款明确规定，对案件中"共存被告人"或者有目的牵连或证明牵连之诉讼案件的被告人陈述，应当同其他可证明该陈述可信性的证据材料结合起来加以判断。同样的核实义务亦适用于辅助证人（CPP art. 197-1.6）。法官在判决理由中应专门对此一问题进行说明。

在自由心证的证明体系下，立法者之所以较为罕见地设定核实义务，是因为牵连被告人的陈述往往与自身的处境紧密相关，因此被告人很热衷于作伪证以转移责任，也不排除对同谋的所作所为进行报复性作证。当然，法典虽然将核实作为牵连被告人陈述可用的条件，但并非确立某种法定证据规则以排除法官的心证（CPP art. 192.1 禁止适用法定证据规则）。事实上，一旦核实的结果是肯定的，则法官必须以此为依据进行历史事实的重建。

核实分为内部核实和外部核实。内部核实指对陈述内容本身的评估，主要审查准确性、清晰性及一致性。外部核实则是将陈述与其他证据形式进行对照，主要审查一致性。外部核实也可以是与其他证人或被告人的陈述进行对照，意大利学术界称之为"交叉核实"（riscontri incrociati）。判例要求，对牵连诉讼被告人的陈述要逐一进行个别化的核实，涉及对主诉被告人的每项指控陈述，法官应在判决理由中详细阐明这些个别化核实的基本逻辑、内容及结论。

（五）司法合作者（Il collaboratore di giustizia）的证言

被告人或被定罪者可以为司法机关提供证言成为司法合作者，以获得保护措施、程序性利益及入监条件。意大利 2001 年 2 月 13 日第 45 号关于"修改司法合作者保护及制裁处理"的法律对 1991 年 1 月 15 日第 8 号法令（该法令后转化为 1991 年 3 月 15 日第 82 号法律）进行了修改，明确界定了被告人及被定罪者成为司法合作者的必要条件以及所可以获得的交易筹码。

被告人或被定罪者在 180 天内如果希望与司法机关合作以打击恐怖主义、黑手党或类似犯罪，则应向检察官提供"他所掌握的所有对重建事实以及讯问情况有用的信息，他所知道的更严重以及对社会产生威胁的其他事实，辨别及抓捕这些犯罪行为实施者所必需的信息，进行辨别、扣押以及没收金钱、资产或其他财物所必需的信息，或者参照已知的数据，据其所知直接或间接属于犯罪集团其他人的信息"。这些陈述将载入合作笔录（1991 年第 82 号法律第 16-3 条第 1.1 款）。被告人或被定罪者应在合作笔录上签名，并承诺将来将对所涉犯罪事实（可能涉及他人，也可能自己）作证，否则将无法获得预期的保护利益（1991 年第 82 号法律第 16-3、13-3 条）。

司法合作者有如实陈述的义务，否则公诉人有权撤销保护措施。但在具体的个案中，司法合作者可能同时是被告人及辅助证人，此时应适用前所论及的被告人及辅助证人的作证制度。

（六）归档不诉或不予起诉情况下牵连犯罪嫌疑人或被告人的陈述

如前所述，在"纯粹"被告人与"辅助证人"之间存在四种类型的陈述，即"共存被告人"的陈述、目的牵连或证明牵连被告人的陈述、在判决不可撤销前的辅助证言以及既决犯的辅助证言。不同类型的证词对庭审的证明贡献并不相同。总体而论，立法者对这类陈述的证明力持怀疑态度，因此设定了较严格的审核义务。而较为特殊的是归档不诉或不予起诉情况下牵连犯罪嫌疑人或被告人的陈述，意大利判例对这两种情况进行了特殊的设定。

在不予起诉的情况下，《意大利刑事诉讼法典》第 197 条第 1 款第 1 项及第 2 项并未规定作证不兼容。因此，如果不予起诉的被告人作为"共存被告人"（CPP art. 12.1.1），则完全可以与证人的身份兼容，依第 210 条第 1 款的规定进行询问。但如果不予起诉的被告人作为目的牵连或证明牵连的被告人，则在第 64 条第 3 款第 3 项所规定的范围里可作为证人（"如果他将针对涉及其他人责任的事实作出陈述，就该事实而言，他将具有证人身份，CPP art. 197 关于不得兼任证人的规定和 CPP art. 197-2 条规定的保障仍然适用"）。

在归档不诉的情况下，意大利最高法院认为，此时"犯罪嫌疑人"的地位已经丧失，因此不存在证人不兼容的问题。故无论是何种类型的案件，相关人员必须以普通证人的身份作证。但主流通说认为，这一立场不利于对归档不诉犯罪嫌疑人的保护，因为检控方完全可依《意大利刑事诉讼法典》第 414 条之规定重新启动侦查。

四、对质、辨认及司法实验

有些证据形式具有一些共同的特征，即主要由法官主导，当事人仅对合法性进行控制，不能进行交叉询问。

（一）对质（Il confronto）

对质指两个及以上的证人或当事人对陈述中相互冲突的重要事实或情节进行共同的审查（CPP art. 211）。因此，对质具有两大前提：一是多位证人或当事人就同一事实或情节进行过陈述；二是不同的陈述之间存在冲突。通过对质，司法人员可有效查明陈述的真实性，以更好地重构历史事实。对质可在诉讼各个阶段进行，如预先侦查阶段（CPP art. 364, 370），庭审阶段（包括在 CPP art. 467 所规定的紧急行为阶段），上诉阶段（CPP art. 603），重审阶段（CPP art. 627. 2）和再审阶段（CPP art. 636）。附带证明也可以进行对质（CPP art. 392. 5）。

对质可由当事人提出请求，也可由法官依职权裁定进行。但对质请求必须符合《意大利刑事诉讼法典》第 187 条及第 190 条关于证据接纳的一般规定，即应相关、合法且无明显多余或意义不大。具体而论，如果陈述者之间存在分歧，但分歧点与案件查明关系不大，或者未涉及重要的事实或情节，则不得进行对质。

在对质中，法官及检察官（预先侦查程序）具有推动权和指挥权，当事人仅有权对对质行为的合法性进行监督，而不得进行交叉询问。在庭审中，法官应提醒各陈述者的陈述内容之间存在矛盾之处。如果经提醒，陈述者仍然坚持所陈述的内容为真实，则法官可分别向他们提问。如果分歧仍然存在，则法官可让陈述者之间相互提出异议，并结合陈述者的表现及其他证据分析存在分歧的原因。对质期间各陈述者所陈述的内容均应登记在案。需要强调的是，无论何种情况，被告人均享有沉默权。

（二）辨认

辨认指个人通过感观识别认知对象，包括对人的辨认（CPP art. 213）、对物的辨认（CPP art. 215）以及对于声音、声响或其他任何可感受对象的辨认（CPP art. 216）。《意大利刑事诉讼法典》对各种类型辨认的程序细则及可靠性评估作了详细的规定，违反这些规定，将构成无效辨认。

1. 对人的辨认

当需要对人加以辨认时，法官要求辨认者描述所记得的、符合所有细节的人，然后询问如下问题：①以前是否对该人进行过辨认；②在案件发生前后是否见过需加以辨认者，包括其照片或其他；③是否有人向他指出或者描述过该人，是否存在其他可能影响辨认可信性的情况（CPP art. 213）。庭审笔录应载明所要求的程序以及辨认者所作出的陈述。违反要求将构成辨认程序无效。《意大利刑事诉讼法典》作出这些规定的目的在于确保辨认的可靠性。

在辨认者不在场的情况下，法官应至少再安排两个尽可能与被辨认者相似（包括穿着相似）的人共同接受辨认。这些辨认的干扰者可以选择在其他人之间的位置，以尽可能在辨认活动中处于与其他人相同的条件之下。法官重新让辨认者到场，询问他"是否"认识某个在场的人。这意味着犯罪嫌疑人可能不在场。如果辨认者声称认出某人，法官必须要求他指出谁是他认识的人，并要求对此作出肯定的回答。笔录应载明辨认活动进行的方式，否则构成程序无效（CPP art. 214. 3）。心理学的实验证明，干扰者的数量、相似性、地点的选择等，对于保障辨认的准确性极为重要。如果有充分的理由认为，辨认者因被辨认对象在场而感到胆怯或受到其他影响时，法官可以决定在辨认时进行隔离，如让辨认者通过窥视孔进行辨认（CPP art. 214. 2）。

2. 对物的辨认或其他辨认活动

对物的辨认或者其他辨认活动遵循类似的规则，法官应准备至少两件与需加以辨认物相类似的物品，法官询问辨认人是否认识这些物品中的一件，在得到肯定回答的情况下，要求辨认者指出他认识哪件并且予以确定。

特别需要指出的是，除了证人外，法官同样可以要求被告人进行辨认。在这种情况下，被告人可以行使沉默权。辨认可在庭审阶段，也可在预先侦查阶段（CPP art. 361，由检察官负责），或者以附带证明的形式进行（CPP art. 392）。

（三）司法实验

依《意大利刑事诉讼法典》第218条第1款之规定："当需要检验某一事实是否已经或者是否可能以某种特定的方式发生时，可以进行司法实验。"实验应尽可能地再现该事实发生时或者被认为发生时的情况，并且重复该事实的发展方式。当然，犯罪的历史事实是不可重复的。因此，司法实验的目的是评估重建事实发展方式的可能性。例如，司法实验可能有助于确定在既定时间与地点，证人是否可能实际感知他或她所看到或听到的内容。因此，司法实验主要通过借助科学实验的方法，着眼于动态的发展方式，不同于辨认或检查等静态的取证方式。法官指导司法实验的进行，还可以指定一名专家，以履行需要专门知识的职能（CPP art. 219）。司法实验可以在庭审中进行，但"如果有关证明涉及某状态将发生不可避免改变的人员、物品和地点"，则在预先侦查阶段也可作为附带证明的方法（CPP art. 392. 1. 6）。

司法实验的可靠性完全取决于是否可以准确、回溯性地再现所有条件。但即便可以重构极其类似的环境条件，实验的结果也可能受到其他合理因素的影响，不可能完全精确地进行历史事实重构，这也是司法实验的天然局限性。时下，法庭经常通过计算机进行虚拟的事实重构，以"鲜活"的动画模拟现实的物理世界，辅助法官和各方当事人了解案件事实。在司法实验的过程中，如果涉及新技术方法或新科学方法的应用，则必须符合《意大利刑事诉讼法典》第189条对非典型证据所设定的条件才可以使用，即"证据有助于确保对事实的核查并且不影响关系人的精神自由"。双方当事人可围绕司法实验的方法、所使用硬件和软件的可靠性、司法实验主体的资质、保证所收集之实际数据的准确性和完整性等进行对席辩论，法官在听取双方当事人意见后决定是否接纳这些证据。

五、鉴定人与当事人的技术顾问

如前所述，从20世纪40年代起，意大利所接受的科学理念开始从实证主义走向后实证主义，承认科学并非绝对无限、完整及可靠。学说认为，这种理念的变更影响了意大利的鉴定制度。在《科第斯·洛可法典》中，预审法官负责任命鉴定人，向其委托鉴定任务，并听取其意见。鉴定人与证人一样，有如实作证的义务。鉴定秘密进行，鉴定结束后向当事人公布结果，法官可以认同鉴定人的意见而无须说明理由，鉴定意见无须接受当事人的质证。学说认为，这是受科学实证主义理念的影响，即承认科学是无限、完整和绝对正确的，法官只需要任命一位专家，并要求其负有查清事实的义务即可。但随着后实证主义科学理念在意大利的盛行，传统的鉴定制度愈发受到质疑：鉴定人不能因涉及"科学"问题而独享真理，因为科学并非绝对无限、完整及可靠的，所以鉴定人应向双方当事人说明鉴定的基本情况（方法、步骤及结论），并接受各方的质疑。1988 年法典便依据后实证主义的基本理念重构了鉴定中的证明权，强化了当事人在鉴定中的参与。

（一）鉴定的制度内容

1. 鉴定的定义

鉴定是将法官与鉴定人知识相结合的一种证据形式。简而言之，当需要借助专门的技术、科学或技艺能力进行调查或者获取材料或评估时，法官可以下令进行鉴定（CPP art. 220. 1）。鉴定人的职责是发现仅鉴定人可以发现的情节细节，或者适用所谓的科学法则，以确定待证事实的存在。

2. 鉴定人的遴选

鉴定人应具有专门的技术、科学或技艺能力，但法官不能随意在科学家中遴选鉴定人。依《意大利刑事诉讼法典》第 221 条第 1款之规定，法官原则上应在所涉法院专门登记簿上注册的鉴定人员中进行遴选，或者在例外情况下可以在具备某一特定学科专门能力的人员中遴选，但应进行充分的说理。

与法官类似，鉴定人应中立、不存偏见，因此《意大利刑事诉讼法典》第 222 条第 1 款亦规定了鉴定人失格或者不兼容的情况。下列人员不得担任鉴定人，否则鉴定无效：①未成年人、被禁治产者、被剥夺权利的人、患有精神病的人；②被禁止包括暂时禁止担任公职的人，被禁止或者被暂停从事某一职业或技艺的人；③被处以人身保安处分或防范处分的人；④不能担任证人或者有权自动回避作证的人，被要求担任证人或译员的人；⑤在同一诉讼中或者在有牵连的诉讼中被任命为技术顾问的人。

符合条件的鉴定人有义务提供服务，但存在回避事由的情况除外（CPP art. 36）。鉴定人的回避事由与法官完全相同（CPP art. 223.5）。存在自动回避的理由时，鉴定人有义务自动回避。当事人也可以要求鉴定人回避。在任命鉴定人的手续全部完成之前均可以提出自动回避或者回避的要求，在后来出现或者了解到回避理由的情况下，上述要求可以在鉴定人提交自己的意见之前提出。对于自动回避或者回避的要求，作出鉴定决定的法官以裁定的方式作出裁决（CPP art. 223.1-4）。

3. 鉴定的接纳

鉴定原则上依当事人的请求而启动。但在庭审中，如果法官认为专家认知对查明事实确有必要，也可依职权决定进行鉴定（CPP art. 224.1）。在预先侦查程序中，鉴定也可在附带证明程序中启动，但仅得是在当事人提出请求的情况下。原则上，法官不得在预先侦查程序中依职权主动启动鉴定，除非"进行鉴定时，如果有关证明涉及其状态将发生不可避免的改变的人员、物品或地点，或者在法庭审理中实行鉴定将可能造成60天以上的诉讼停缓"（CPP art. 392）。

4. 鉴定的运行

鉴定人必须出席庭审，并在尊重事实的前提下履行职责（CPP art. 226.1，373）。法官应对鉴定人的一般情况进行审核，尤其是涉及职务不兼容及回避的情况，告知他有关的义务和刑事法律所规定的责任，要求他作出以下声明："我意识到我在履行职务时所承担的道德责任和法律责任，我保证将努力履行自己的职责，全心全意地为查明真相服务，并且严守有关鉴定工作的秘密"（CPP art. 226.1）。在听取鉴定人、技术顾问、公诉人和在场的辩护人的意见后，法官向鉴定人提出疑问（CPP art. 226.2）。技术顾问此时可以参加鉴定活动，向法官提出要求、评论和保留性意见，并提议进行具体的调查工作（CPP art. 230.1，230.2）。

法官在说明所拟鉴定的事项后，鉴定人便自行享有主导权和推动权，但在涉及"鉴定人权利及其职责限度"的问题时，仍需交由法官决定（CPP art. 228.4）。鉴定人经法官批准，可以查阅案卷材料、文件和由当事人提交的物品（CPP art. 228.1），可以获准参加对当事人的询问和调取证据的活动，可以获准使用自己信得过的助手，以进行不包含评论和评价的实际活动（CPP art. 228.2）。鉴定人还可以向被告人、被害人或者其他人员了解情况，但所获得的证据仅能用于鉴定（CPP art. 228.3）。最后，法官有权采取"有助于鉴定工作进行的其他所有措施"（CPP art. 224.2）。例如在对伪造文件进行评估的时候，法官可以命令向鉴定人移送文件或比照文本（DACCP art. 15）；法官可以命令将尸体移交鉴定人。

5. 鉴定的限制及禁令

当鉴定需要采取足以影响人身自由的行为时，法官需要进行授权，鉴定活动受到一定的限制。具体而言，"对于依法应判处无期徒刑或 3 年以上有期徒刑的非过失犯罪，且法律有明确规定，如果为了实行鉴定必须采取足以影响人身自由的行为，例如，从活人身上提取毛发、口腔黏膜，以便确定 DNA 形态或者进行医学核验，而接受鉴定者不予同意，法官可以自行采用附理由裁定的形式决定强制执行鉴定，只要这对于证明有关事实是完全必不可少的"（CPP art. 224-1.1）。法典对强制裁定作了严格的内容及形式要求，未遵守这些要求将构成程序无效：①接受鉴定者的一般情况和有助于辨认其身份的其他信息；②诉讼所针对的犯罪，并简要描述相关事实；③具体说明需要实施的取样行为或侦查行为，说明上述行为对于证明有关事实是完全必不可少的；④告知可以让一名辩护人或者受信任人士参与相关活动的权利；⑤告知在无合法阻碍原因而拒不到场的情况下，可以下令实施拘传；⑥注明为实施有关行为而确定的地点、日期和时间，以及实施的方式。

《意大利刑事诉讼法典》亦设定了某些情况下的鉴定禁令。例如第 220 条第 2 款规定，禁止"为确定被告人的特点和人格以及与病理性原因无关的心理特点"而进行鉴定，同样禁止"为确定是否具有犯罪的惯常性、职业性或倾向性"而进行评估，这主要是保护被告人的无罪推定权，避免违反刑法的客观归责（materialità）原则。但在有罪判决生效且不可撤销后，鉴定人可在量刑执行阶段或保安处分时进行犯罪学检查，以确立应采取何种矫正措施。在任何情况下，不得决定实施违反法律明确禁止的、有可能威胁有关人员或胎儿生命、身体安全或健康的或者根据医学良知有可能造成非轻度痛苦的活动（CPP art. 224-1.4）。在实施鉴定活动时应当尊重接受鉴定者的尊严和贞操。在任何情况下，只要结果相同，应选取侵袭性较小的技术手段（CPP art. 224-1.5）。

6. 鉴定报告

鉴定的最终"产品"是鉴定报告。原则上，鉴定人应以言词形式作报告，但在法官的授权下，他可以以书面形式提出鉴定报告（CPP art. 227.5）。但在提交书面报告后，鉴定人仍应依当事人之请求接受交叉询问（CPP art. 501）。如前所述，1988 年法典强化了对鉴定的对席辩论，法官并不受鉴定报告的约束。法官拒绝接受鉴定报告的，应在判决理由中进行说明。

（二）鉴定领域内当事人的技术顾问（Il consulente tecnico di parte all'interno della perizia）

在决定进行鉴定后，各方当事人有权任命自己的技术顾问，人数不得超过鉴定人（CPP art. 225.1）。除法典另有规定外，当事人技术顾问比照鉴定人的相关规定，包括失格、不兼容、鉴定限制及禁令等。例如，证人不得兼任技术顾问，禁止对被告人的特点和人格进行鉴定（CPP art. 220.2）。

私当事人无义务在专门登记簿上注册的鉴定人员中遴选技术顾问，但任命具有公认技术技能的人对己方有利，以保证所提出的

"请求、评论和保留性意见"更具说服力。检察官原则上应在专门登记簿上注册的鉴定人员中"选择"技术顾问（DACCP art. 73）。如果技术顾问是在鉴定工作完成之后任命的，则他可以对鉴定报告加以研究，并要求法官允许他询问接受鉴定的人和考察被鉴定的物品或地点（CPP art. 230.3）。但技术顾问的任命及其活动的进行不得延误鉴定的执行和其他诉讼活动的开展（CPP art. 230.4）。

鉴定领域内当事人技术顾问的核心职责是：一方面，技术顾问可以参加聘任鉴定人的活动并向法官提出要求、评论和保留性意见，对此应记入笔录；另一方面，技术顾问可以参加鉴定工作，向鉴定人提议进行具体的调查工作，发表评论和保留性意见，对此应在鉴定报告中注明。与鉴定人相同，当事人的技术顾问应接受交叉询问。因此，在意大利刑事诉讼中，当事人技术顾问的职能具有双重性，既承担着技术辩护，也为法庭提供了技术、科学或技艺能力的证据（或者看待鉴定报告的新视角）。与鉴定人不同的是，技术顾问无需承担"有关的义务和刑事法律所规定的责任"（CPP art. 226.1）。

（三）鉴定领域外当事人的技术顾问（Il consulente tecnico di parte fuori dei casi di perizia）

1988年法典创设性地引入了鉴定领域外当事人的技术顾问制度，以强化当事人在鉴定相关问题上的证明权。所谓鉴定领域外当事人的技术顾问制度，指无论是检察官，还是私当事人，均有权聘请各领域的一名技术专家来收集科学、技术或技艺方面的证据。至于法官是否承认最终所形成的鉴定报告，这并不影响当事人的证明权。私当事人的技术顾问和检察官的技术顾问在庭审中接受交叉询问（CPP art. 501）。在初步庭审中则由法官提问（CPP art. 422）。

私当事人所指定的技术顾问可以进行辩护调查，以搜集并查明证据，并可以与能够提供信息的人商谈（CPP art. 391-1），并可在事先获得授权的情况下，查看司法机关所持有的证据材料（CPP art. 233.1-1）。一般而言，私当事人的律师可以选择是否向法官提交由技术顾问所收集的证据（CPP art. 391-7）。检察官在核查体貌特征、进行有关信息提取、描述、拍照和其他需要专门资格才能实施的技术工作时，可以指定并利用技术顾问，但仅限于预先侦查阶段（CPP art. 359.1）。技术顾问亦适用职责不兼容的相关规定。如果在预先侦查阶段所聘请的技术顾问又是证人，则应优先考虑证人的身份。

可以看出，意大利鉴定领域外当事人的技术顾问制度效仿了英美的专家证人制度，但依然有所区别。1988 年法典最初并未将技术顾问的意见归为证据，但意大利宪法法院在 1999 年第 33 号判决中明确承认，技术顾问可以向法官提供可用于判决的证据。不过在司法实践中，技术顾问无法与鉴定人相提并论，更多仅是发挥辅助作用，这与英美法系的专家证人制度差别非常明显。

如前所述，随着科学证据的兴起，裁判者面临两种截然不同的风险：一方面，法官可能完全为科学家的观点所左右，放弃裁判职能；另一方面，法官也可能作为"业余科学家"强势地在某些自己并不熟悉的领域主导事实认定。1988 年法典拟通过对抗式的诉讼机制（尤其是交叉询问）来降低这种风险。法官应在判决理由中详细说明据以认定科学证据的原因，包括科学方法的可靠性评估、专家相冲突观点的合理评价、鉴定报告与其他证据的契合度等。对此，意大利最高法院联合法庭所作出的弗兰杰斯判决在科学法则限制与因果关系查明方面进行了卓有成效的努力，为法官的裁判工作进行了有效的指引（参见前文第一部分第十点的论述）。

六、书证

（一）界定

依意大利学术界的通说，书证是以模拟或数字方法，融入材料展现事实的证据形式。[28] 因此，书证这一概念包含四大要素：①所展现的事实；②展现；③融入；④融入载体。

---

〔28〕 权威的表述是 "Il documento è quella rappresentazione di un fatto che è incorporata su di una base materiale con un metodo analogico o digitale". 本书进行了个别术语的意译，主要是便于中国读者有更直观的理解。

1. 所展现的事实（il fatto rappresentato）

"所展现的事实"包括"事实、人或物"以及在各种载体中所表达的思想内容（CPP art. 234）。简而言之，书证所展现的事实便是所有可证明的事实，既可以是自然事件，也可以是人类行为。

2. 展现（La rappresentazione）

书证以其内容证明待证事实，证明的过程即为展现。展现的方式可以是文字、图像、声音或手势，可以由人（如证言）或者仪器（如录音设备）完成。

3. 融入（l'incorporamento）

书证的展现以物质媒介为基础，法典规定了多种融入方式。依《意大利刑事诉讼法典》第234条之规定，"照片、影片、录音"均可以是融入方式，并预留了"以其他任何手段"融入的可能性。意大利学说认为，书证存在两种融入方式：一是模拟方法，一是数字方法。所谓"模拟方法"，指展现所融入的物质媒介以连续的物理变量为基础。融入是"物质"的，因为展现必须以所融入的物质媒介为基础。换而言之，未有融入的物质媒体作支撑，则展现便不存在。融入的媒介可以是人为手动的（如书写或绘图），也可以是机器自动的（如照片、影片或录音）。而"数字方法"，则指展现所融入的物质媒介以不连续的物理变量为基础，数字0和1分别代表信号存在或不存在。包含信息的数据称为数字信息（informatico），由比特序列组成。数字信息文档具有"虚拟"的特征，即尽管它应再重新融入新的物理载体中，但与它先前所融入的物理载体无差别存在，如硬盘、笔式驱动器、CD或其他合适的设备等。信息文档的特征及价值在于它可以从一种介质快速转移到另一种介质，且保持一致。

4. 事实展现所融入的基础载体可能是最多样化的

传统文档可以通过模拟方法融入物理载体的事实予以展现，即文字、照片或黑胶唱片等。信息文档可以通过数字方法融入物理载体中的事实予以展现。相对于其他的证据形式，书证容易受到篡改，尤其是信息文档。因此，采取特殊的预防措施以确保信息文档的完整性及真实性显得尤为必要。

（二）书证与"记录"（Documento e "documentazione"）

书证有别于"记录"。"记录"指合法主体对程序行为实施状况的描述，通常体现为笔录（CPP art. 134）。"记录"也具有一定的证明功能，但证明对象并非案件事实，这显然有别于书证。《意大利刑事诉讼法典》第 134~142 条对诉讼行为的记载进行了集中、详尽的规定。此外，涉及卷宗、查阅及异议的其他条款也涉及"记录"。但这些规定与书证的关系均不大。书证的证明对象通常仅是案件事实，并非对程序行为实施状况的描述，而通常是程序行为（侦查行为）的结果，如警察在犯罪嫌疑人家里所搜到的日记、照片等。涉及书证的相关内容，规定在《意大利刑事诉讼法典》第 234~243 条中。

（三）包含陈述之书证的证明力

1988 年法典生效后，主流学说认为，不应将包含陈述之书证作为所叙述之事实的证据，因为这违反了言词原则。但意大利宪法法院在 1992 年 3 月 17 日第 142 号判决中明确指出，《意大利刑事诉讼法典》第 234 条并未区分事实展示和陈述展示，因此包含陈述的书证同样可构成事实证据，符合《意大利刑事诉讼法典》第 190 条关于证据采纳的规定。意大利宪法法院的观点并非偶然提出，而是明确否认了 1988 年法典所确立的以彻底"直接言词原则"为特征的审判中心体系，原因是在涉及黑手党的案件中，证人受到威胁利诱是常态，翻供的情况太过频繁，严重地动摇了意大利刑罚体系的根基。主流学说对宪法法院的立场持批判态度，但在教义研究中却无法置之不理。尤其是《意大利宪法》第 3 条第 4 款第 2 句规定，"被告人的罪责不得依自由且自愿逃避被告人或其辩护人讯问之人所作的陈述予以证明"，这意味着宪法应保障被告人与陈述者对质的权利，即便该陈述包含在书证中。《欧洲人权公约》及欧洲人权法院在这一问题上的立场也是非常鲜明的，"被告人有权询问不利于他的证人，并在与不利于他的证人相同的条件下，让有利于他的证人出庭接受询问"（《欧洲人权公约》第6条）。[29]

（四）匿名书证（Il documento anonimo）

如果书证的所有者是已知的，则法官可以对该书证的可靠性进行评估，如通过传唤所有者以提出有助于评估可信度和可靠性的问题（CPP art. 194.2）。但如果书证源自于匿名者，则不可能对该书证进行核实。这里应区分三种情况，即包含陈述内容的匿名书证、未包含陈述内容的一般匿名书证以及混合的匿名书证。

对于含有陈述内容的书证，《意大利刑事诉讼法典》第240条明确规定，"含有匿名陈述的文书不得被调取，也不得以任何方式加以使用，除非它们构成犯罪的物证或者来源于被告人。"可见，匿名陈述的文书原则上不得作为证据。但法典规定了两项例外：第一项例外源自于《意大利刑事诉讼法典》第235条，即"构成犯罪物证的文书必须加以调取，无论它们的制作人或持有人是谁"。而犯罪物证指"被用来或者针对其实施犯罪的物品以及属于犯罪产物、收益或得利的物品"（CPP art. 253.2）。例如匿名的诽谤陈述书证不能作为针对被诽谤被告人的证据，但可作为针对陈述者诽谤行为的指控证据。第二项例外是被告人的匿名声明。这里应区别两种情况：如果可证明匿名声明源自被告人，则属于第240条第1款所规定的例外，因为严格意义上讲，这已经不再属于匿名陈述的书证。但如果仅是被告人声称自己是匿名陈述者而未能证实，则不适用该例外，因为这种情况难以核实声明的可靠性。

对于未包含陈述内容的一般匿名书证，《意大利刑事诉讼法典》未作任何规定，因此可适用第192条第1款的一般原则，即交由法官进行自由评价。例如照片上的人物模糊不清，但照片上显示了拍照时间，这表明在该时间点此人并未死亡。当然，未包含陈述内容的一般匿名书证也很难进行核实，但并非不可能。

---

[29] 欧洲人权法院在这一问题上作出了为数众多的判例，比较典型的如克斯托夫斯基诉荷兰案（Kostovski v. The Netherlands，欧洲人权法院，1989年11月20日）及德尔达诉法国案（Delta v. France，欧洲人权法院，1990年12月19日）。

如果涉及"混合"的匿名书证，即该匿名书证既包含陈述，也包含陈述外的不同载体，则未涉及陈述的部分可以作为证据使用。例如匿名视频中既有摄影师所附带的陈述，也有陈述外的其他内容，则摄影师的陈述不得作为证据，但其他内容可以。

（五）书证的禁止调取及例外

《意大利刑事诉讼法典》第234条第3款规定："禁止调取含有涉及案件事实的公众传闻信息或者涉及当事人、证人、技术顾问和鉴定人道德情况的文书。"但如果指控事实需结合该文书的道德评估进行认定，则"允许调取司法档案的证明书、存放在公共机构的社会服务部门中的材料、存放在监督办公室中的材料、任何意大利法官的生效判决书以及获得承认的外国判决书，以便对被告人或者犯罪被害人的人格作出判断"（CPP art. 236. 1）。前款所提到的判决书和关于司法档案的证明书也可以出于评估证人的可信性程度的目的而调取（CPP art. 236. 2）。

（六）使用其他诉讼案件的"书证"

《意大利刑事诉讼法典》第238条允许当事人在某些条件下调取其他刑事案件或民事案件中所收集或审判中所使用的证据。尽管在"他案"中，这些证据属于"书证"，但鉴于宪法所确立的对席原则，在"本案"中通常仅作为程序行为的记录。法典区分了"不可重复"及"可重复"两种情况：

如果所调取的"书证"因"后发的事实或情状而成为不可能"，且"这些后发事实或情状是不可预见的"（如证人作证后死亡的），则允许调取一切不可重复制作的文件材料。

如果所调取的"书证"是可重复的，则还应区分含有陈述内容的"书证"及未含有陈述内容的"书证"。

1. 含有陈述内容的"书证"

如果含有陈述内容的"书证"是在预先侦查阶段制作，但仅在两种情况下可以适用：①后一程序的被告人同意；②在被告人未表示同意的情况下，如果后一程序为进行第500条及第503条所规定之辩驳而使用该陈述（CPP art. 238.4）。如果含有陈述内容的"书证"是在庭审或附带证明程序中制作，则除前述两种情况可使用外，如果被告人的辩护人参与了相关的取证活动，或者有关判决是针对被告人宣告，亦可以使用（CPP art. 238.2）。如果作为"他案"的民事判决生效且不可撤销，[30] 且有关判决是针对被告人宣告的，则含有陈述内容的"书证"亦可在"本案"中使用。但无论是何种情况，当事人仍然有权要求对陈述者进行询问，以遵守宪法所保障的对质权。

2. 未含有陈述内容的"书证"

《意大利刑事诉讼法典》对于未含有陈述内容的"书证"未作明确规定。但一般认为，对于可重复的非陈述性证据，仅在"他案"的附带证明程序、庭审程序或者判决不可撤销的民事诉讼中所收集的，方可在"本案"中使用。

（七）非法书证

《意大利刑事诉讼法典》第 240 条第 2 款规定了两种非法书证，即非法间谍活动和创设个人隐私档案（dossieraggio），构成强化的不可用（l'inutilizzabilità rafforzata）。非法间谍活动指"以非法方式形成或者获取的文件、信息载体和文书所涉及的电话或电讯信息和内容"，[31] 而创设个人隐私档案则指"非法获取情报手段形成的文件"。非法间谍活动为《意大利刑法典》第 617 条及后续条款所禁止，而创设个人隐私档案则援引了《隐私法典》（codice privacy）第 167~171 条关于对非法处理个人数据的处罚表述。关于这两类书证，《意大利刑事诉讼法典》规定了如下义务和禁令：①检察官应进行封存，并在受到保护的地点加以保管；②禁止以任何形式并在诉讼的任何阶段制作副本；③第 240 条第 2 款所指的非法书证的不可用；④检察官必须在随后的 48 小时内请求预先侦查法官作出关于销毁相

---

〔30〕 该条款是 1992 年 8 月 7 日第 356 号法律所引入，原先的目的是为了打击黑手党犯罪，简化证明，但后来普遍适用于所有的刑事案件。

〔31〕 这里仅指司法机关以外主体所进行的非法间谍活动，有别于司法机关下令进行电信截取而构成《意大利刑事诉讼法典》第 271 条所规定的证据不可用。

关文件、载体和诉讼的文书（CPP art. 240. 3）。需要特别指出的是，第 240 条一直是违宪审查及学说批评的重要条款，[32] 因为该条款未设任何例外，可能导致重要证据消灭，阻碍事实查明，并因此损及各方当事人（尤其是被告人）的利益。例如尽管窃听是非法的，但所获取的信息可证明被告人无罪或罪轻，仍构成强化的不可用。

III 取证方式

1988 年法典的立法草案报告严格区分了证据形式与取证方式，"证据形式的特点是能够在判决中给法官提供直接可用的证据，相反，取证方式本身并不是心证的来源，而是获取具有证明能力的物证、痕迹或陈述的手段。"因此，这两个概念的差异是较为明显的：证据通过取证方式获取，以进入刑事诉讼。证据仅能在庭审或者附带证明程序中收集，应经过对席辩论。而取证方式既可以由法官决定，也可以由检察官以及特定情况下由司法警察决定（CPP art. 352-354）。取证具有"偶发性"，在侦查阶段不会对犯罪嫌疑人进行预先警告。依《意大利刑事诉讼法典》之规定，取证方式主要包括检查、搜查、证据扣押、谈话或通讯监听、视频监控及新技术手段。

一、检查

检查指对人身、地点和物品进行观察和描述，以查明犯罪的痕迹和其他物理效果（CPP art. 244）。如果司法机关"需要查明犯罪的痕迹和其他物理效果"时，应以附理由命令的形式决定对人身、地点和物品进行检查（CPP art. 244. 1）。如果犯罪没有留下痕迹或物质后果，或者这些痕迹或后果消失、消除、消耗、改变或移动，司法机关应将现实状况记录下来，并尽可能查明先存的状况，尽力确定有关状况变更的方式、时间和原因。司法机关可以制作标记、

---

〔32〕 例如意大利宪法法院在 2009 年第 173 号判决中指出，该条款应在"保护隐私的必要性"和"保障证明权及查明事实的需要"之间达到令人满意的平衡。

描绘、照片或者进行其他技术工作，包括针对电子或电讯系统，采取必要的技术措施，以保存原始资料并防止对其删改（CPP art. 244. 2）。必要时，法官和检察官可通过司法警察或者公共力量进行强制检查（CPP art. 131，378）。由于检查尤其是强制检查涉及《意大利宪法》所保障的自由，因此《意大利刑事诉讼法典》详细规定了人身、地点和物品检查的程序细则。

（一）人身检查

人身检查涉及人身的部分或全部，通常是肉眼可见但隐藏在他人视线之外的部分。《意大利刑事诉讼法典》第245条详细规定了人身检查的细则：一是在进行人身检查以前，应当告知当事人有权让他所信任的人参加检查，但该人应可以迅速找到且不属于《意大利刑事诉讼法典》第120条[33]所规定的情况；二是在进行检查时，应当尊重人格，并且尽可能地在最大限度内维护被检查者的体面；三是检查也可以由医生执行。在这种情况下，司法机关可以不参加有关活动。

（二）地点或物品的检查

《意大利刑事诉讼法典》第246条详细规定了对地点或物品的检查：一是在进行地点或物品的检查时，应当向被告人以及一切对被勘验的地点拥有现实支配权的人交付检查令，只要这些人员在场；二是在对地点进行检查时，司法机关可以决定在检查工作结束之前某人不得离开，并且可以采取强制手段将离开者带回现场，司法机关应当在笔录中说明这样决定的理由。

（三）检查中的权利保障

无论在初步庭审或庭审期间，法官均有权对人、地点或物品进行检查。在预先侦查期间，警察可在紧急情况下以"核查和勘测"的形式主动进行检查（CPP art. 354. 2）。在这种情况下，司法警察

---

〔33〕《意大利刑事诉讼法典》第120条规定，下列人员不得作为诉讼行为的证人：①未满14岁的人，明显患有精神疾病的人，明显处于醉酒状态、麻醉品中毒状态或精神药物麻醉状态的人；有关能力在无相反证据情况下以推定方式认定；②处于监禁性保安处分或者防范处分管制之下的人。

可以对未接受人身检查的其他人员进行必要的核查和检测（CPP art. 354.3）。当检察官进行检查时（亲自或通过警察），应当至少提前24小时向犯罪嫌疑人的辩护人发出通知（CPP art. 364.3）。在特别紧急的情况下，当确有理由认为延迟可能影响搜寻工作或者影响对证据来源的保护时，检察官也可以在已确定的期限前进行检查，并且毫不延迟地通知辩护人，如果确有理由认为犯罪痕迹或者物质后果可能发生改变，甚至可以不通知律师。在任何情况下，辩护人的介入权保持不变（CPP art. 364.3-5）。如果检察官在期限届满后未进行通知，则应说明违反告知规定的理由，否则构成程序无效（CPP art. 364.6）。

二、搜查

搜查包括人身搜查、场所搜查和信息数据搜查。当确有理由认为某人身上藏有犯罪物证或者与犯罪有关的物品时，进行人身搜查。当确有理由认为上述物品处于某一特定地点或者在某一特定地点可能逮捕被告人或逃犯时，进行场所搜查（CPP art. 247.1）。2008年第48号法律还增设了对信息数据的搜查，"当确有理由认为与犯罪有关的数据、信息、电子程序处于某一信息系统或者电讯系统中时，即使该系统受到安全措施的保护，均可决定对其实行搜查，采取必要的技术措施，以保存原始资料并防止对其删改。"（CPP art. 247.1-1）

法官和检察官均有权决定进行搜查，但搜查令应充分说理，即证明有搜查的必要。在搜查时，司法机关可以亲自进行搜查，或者指定司法警察进行搜查。司法警察在现行犯或者罪犯逃脱的情况下也可以自行启动人身或住所搜查（CPP art. 352）。

如果是通过搜查寻找特定物品，则司法机关可以"敦促"交付该物。仅在敦促无效或者搜查有助于实现调查全面性的情况下，司法机关方可下令进行搜查（CPP art. 248.1）。"为搜寻应予扣押的物品或者为查明有助于调查工作的其他情况，司法机关或司法机关指定的司法警察官员可以在银行检查文书、文件、信件以及电子数据、信息和程序。在拒绝检查的情况下，司法机关进行搜查"（CPP art. 248.2）。

搜查应严格遵循特定的程序以保障宪法所规定的自由权。在进行人身搜查时，应将搜查令的副本交给被搜查者。应当告知当事人有权让他所信任的人参加搜查，但该人应可以迅速找到且不属于《意大利刑事诉讼法典》第120条所规定的情况。在搜查过程中发现的物品，如果构成犯罪物证或者与犯罪相关，则可以进行扣押。如果找到被搜查者，则可以执行预防羁押令或逮捕和拘留令。司法机关在搜查时可要求犯罪嫌疑人在场，此时犯罪嫌疑人可获得律师的协助。如果犯罪嫌疑人没有聘请律师，则应依职权为其指定一名律师（CPP art. 365）。司法警察启动搜查的，如果犯罪嫌疑人在搜查现场，则警察应告知他有权获得辩护律师的帮助（DACCP art. 114）。辩护律师可以参与搜查（CPP art. 356）。司法警察将毫不延迟地将搜查笔录转交给搜查所在地的检察官。如果符合条件，检察官应在接下来的48小时内对搜查进行批准。

对律师进行搜查、检查和扣押的，适用特殊的规定（CPP art. 103）。只有在下列情况下才允许对辩护人的办公室进行检查和搜查：①辩护人或者其他在同一办公室稳定从事工作的人是刑事被告人，而且搜查的目的仅仅是调查他们被指控的犯罪；②为了寻找犯罪痕迹和其他犯罪物品，或者为了搜寻特定的物或人。不得在辩护人、获得批准并针对相关诉讼而受托的私人侦探以及技术顾问身边扣押同辩护事项有关的纸张或文件，除非它们是犯罪物品。在准备对辩护人的办公室进行检查、搜查或扣押时，司法机关必须通知当地的律师行业委员会，以便该委员会的主席或一名委员能够参加有关活动，否则相关行为无效。如果该委员会的主席或一名委员参加并且提出有关要求，应当交给他一份决定副本。法官应当亲自进行对辩护人办公室的检查、搜查和扣押；在初期侦查期间，公诉人根据法官的批准令亲自参加上述活动。

三、证据扣押

《意大利刑事诉讼法典》共规定了三种不同形式的扣押：证据

扣押（CPP art. 253）、预防性扣押（CPP art. 321）和保全性扣押（CPP art. 316）。这三种类型的扣押的共同点在于通过强制手段，以实现对动产或不动产形成不可用的约束。但三者的目的并不相同：证据扣押是取证手段，预防性扣押和保全性扣押是预防性措施。这也是为何法典分别进行了规定。但如果扣押目的发生变化，则依合法主体的申请，法官可作出专门的决定，证据扣押可转化为保全性扣押（CPP art. 262. 2）和预防性扣押（CPP art. 262. 3）。

证据扣押指通过对犯罪物证以及与犯罪有关的、为调查工作所需要的物品进行强制剥夺及不可用限制，以确保这些物品进入诉讼达至证明的目的（CPP art. 253. 1）。所谓"犯罪物证"，指"被用来或者针对其实施犯罪的物品以及属于犯罪产物、收益或得利的物品"（CPP art. 253. 2）。

在初步庭审和庭审期间，法官依载明理由之法令进行证据扣押。在预先侦查期间，证据扣押原则上由检察官依载明理由之法令进行。司法警察仅在紧急情况下方可进行证据扣押，即"在检察官介入前保护与犯罪有关的痕迹或物品"（CPP art. 354. 1）。"如果犯罪现场的物品、痕迹和地点有可能改变、损耗或者以其他方式发生变化，并且公诉人不可能及时介入或者尚未获取关于侦查的指示，司法警察官员对该地点和物品的状况加以必要的核查和勘测。对于数据、信息、电子程序、信息或电讯系统，司法警察官员也可以采取技术措施或者发布必要的规定以确保它们的保存并防止被删改和被查阅，在可能时，设法将其直接复制在适当载体中，所采用的程序应足以确保复制件与原件的一致和不可修改。在必要时，对犯罪物证以及与犯罪有关的物品加以扣押"（CPP art. 354. 2）。扣押笔录应在 48 小时内转交给扣押地点所在地的检察官。如果符合条件，检察官应在接下来的 48 小时内以载明理由之法令批准这一扣押（CPP art. 355. 2）。

对检察官或法官所作出的（CPP art. 257. 2）批准扣押的法令（CPP art. 355. 3）或扣押法令，犯罪嫌疑人、扣押物所有人以及有权要求返还被扣押物的人可以提出复查请求（CPP art. 355.3）。作出有关决定的法官所在省府驻地的法院采用合议庭的形式对复查请求作出裁决（CPP art. 324.5）。

利害关系方可以向检察官提出归还被扣押物品的请求，并载明理由（CPP art. 263.4）。检察官应以载明理由之法令作出如下决定：①如果检察官认为不再有证明需要，则决定将扣押物品返还权利持有人；②如果检察官认为仍有证明需要，或者能有必要继续维持预防性或保全性扣押，则将拒绝返还扣押物的请求。无论如何，如果检察官拟将证据扣押转变为预防性或保全性扣押，则必须向法官提出请求（CPP art. 262.2，262.3）。对于同意或驳回返还扣押物的检察官法令，利害关系方可以向预先侦查法官提出异议，预先侦查法官在合议室内作出裁决（CPP art. 127）。法官可以下令返还、保留扣押，或者在对被扣押物的所有权存在争议的情况下，法官将争议提交当地主管第一审民事案件的法官解决，在此期间维持对物品的扣押（CPP art. 263.3）。利害关系人可以依《意大利刑事诉讼法典》第127条第7款之规定向最高法院提起撤销之诉。

《意大利刑事诉讼法典》还对不同的扣押对象设置了不同的程序：

（一）扣押涉及职业或商业秘密的文件

《意大利刑事诉讼法典》第256条规定了对具有职业秘密（CPP art. 200）、职务秘密（CPP art. 201）以及国家秘密（CPP art. 202）的人员所持有物品的扣押：①具有职业秘密及职务秘密的人员应当根据司法机关的要求立即向司法机关交出有关的文书、文件，包括被要求交出的原件、电子数据、信息和程序，包括被复制在适当载体中的数据、信息和程序，以及因其职务、工作、职业或技艺等原因而存有的其他物品。但他们可以提交书面声明，以相关物品涉及国家秘密或者涉及与其职务或职业有关的秘密而拒绝提供。②如果声明有关物品和文书涉及职务秘密或职业秘密时，但司法机关有理由怀疑该声明的根据并且认为调取前述列举的文书、文件或物品是进行诉讼所必不可少的，则可决定进行必要的检查。如果查明上述声明没有根据，司法机关应决定实行扣押。③当声明有关物品和文书涉及国家秘密时，司法机关将此情况通知内阁总理，要求他给予确认。如果该声明得到确认并且有关证据对于完成诉讼是至关紧要的，法官宣布因存在国家秘密而不应采取行动。④如果自送达有关要求之日起的 60 日内内阁总理未确认秘密，司法机关应决定实行扣押。

（二）银行扣押

司法机关可以在银行扣押文件、票据、有价证券、账户存款和其他任何物品，包括保存在保险柜中的上述物品，只要司法机关确有理由认为这些物品与犯罪有关，无论它们是否属于被告人或者是否以被告人的名义登记（CPP art. 255）。

（三）通信扣押

当司法机关确有理由认为有关信件、邮件、包裹、钱款、电报或者其他通信材料，包括通过电信寄发的材料，是由被告人寄发的或者向其寄发的或者可能与犯罪有关时，可以在邮局、电报局、电信局或电讯机构对上述信件、邮件、包裹、钱款、电报或其他通信材料实行扣押。当司法警察官员进行扣押时，他应当将被扣押的通信材料交给司法机关，不得拆封或者改变其形态，也不得以其他方式了解其中的内容（CPP art. 254，2008 年第 48 号法律）。

（四）扣押电脑、信息文档以及在信息、电信和电讯服务商处扣押数据材料

2008 年第 48 号法律在电子文档的取证手段方面提供了五种基本保障：①保持原始的信息数据不变的义务，以确保其真实原始；②防止随后更改原始数据的义务；③制作一份副本的义务，以保证所获得的计算机数据与原始数据一致；④确保电子文件的副本不受修改的义务；⑤保证在获得的文件上安装信息封存的义务。司法机关决定扣押电脑和信息文档的，可以决定将相关文件予以拷贝且保留，同时可归还物理设备。当司法机关决定在信息、电信或电讯服

务商处扣押由上述服务商持有的数据材料，包括传送的或者定位的数据材料时，考虑到正常提供上述服务的需要，可以决定将有关的数据材料复制在适当载体中以实现对该材料的提取，为此所采用的程序应确保被提取的数据与原始数据的一致性和不可变更性。在此种情况下，应命令服务商妥善保存和保护原始数据（CPP art. 254 - 1）。

被扣押的物品通常交由文书室或秘书室保管。但如果物品特殊不适合交由文书室或秘书室保管的，则司法机关可决定在其他地点实行扣押和确定扣押的方式，并根据《意大利刑事诉讼法典》第120条的规定任命其他合适的保管员。当保管涉及的是电子数据、信息或程序时，司法机关还应当告诫保管员有义务阻止第三人的改变或连接行为，除非司法机关就连接问题作出其他规定（CPP art. 259，2008年第48号法律）。

四、谈话或通讯监听

（一）监听的界定

1988年法典对监听并未明确作出界定，这引发了广泛的批评。因为随着信息技术的发展，监听已经成为非常重要的取证方式，但却可能严重侵扰个人的通讯自由。《意大利宪法》第15条规定："通信与其他各种通讯联络自由与秘密，不得侵犯。只有根据司法机关的说明理由的命令，并遵守各项法律保障，方可加以限制。"《欧洲人权公约》第8条第1款也明确规定，"每个人都有权享有使自己的私人和家庭生活、家庭和通信得到尊重的权利。"为有效保障通信自由权，宪法法院通过判例弥补了法典的这一空白，将监听界定为"通过技术记录工具、由对话者未知的主体进行操作，以捕获两个或多人之间正在进行的秘密谈话或通信"。依这一界定，监听具有三大特点：①隐秘性。主体间的交流必须有明确的意图将陌生人排除在交流内容之外，并保证通话的隐秘性。否则，即便和特定主体谈话，且以审慎的方式，但第三方可以察觉，则这并不构成对谈话的监听。例如在公共场合大声说话，或者使用可自由感知的无线电波或者电话交通记录。②使用通信捕获设备。监听主体通过特殊的技术记录工具（如机电设备、电子或数字设备等），以保证监听的自由和秘密。故使用 GPS 定位跟踪并不属于监听。③秘密的第三方。监听者对于交流主体而言应是秘密的第三方。如果他参与谈话并进行记录，则构成书证，而非监听，所获取的证据适用书证的证据规则。

如前所述，监听可能严重侵害公民个人的通信自由权，因此，仅得在预先侦查程序中依检察官请求或者预先侦查法官批准，在法律所规定的情况下并严格按照法律所规定的方式（CPP art. 266-271）适用。依《意大利刑事诉讼法典》的规定，监听对象可能包括：①"谈话、电话……和其他形式的电讯"（CPP art. 266）；②"与电子或电信系统相关的通讯流或者数个系统之间相交的通讯流"（CPP art. 266-1）；③"现场的通信及谈话"（所谓的环境监听，CPP art. 266.2）。

（二）使用监听的条件

依司法权保留原则，监听应由预先侦查法官依载明理由之法令进行批准（CPP art. 267）。负责侦查的检察官有权提出授权请求。《意大利刑事诉讼法典》对不同类型的犯罪案件规定了可使用监听的不同条件。宪法法院在判例中强调，"（预先侦查法官）必须严格、审慎地审查批准监听的请求"，"为正确行使所属的权力，法官必须进行具体的阐明，详细说明批准监听的理由"。但在司法实践中，法官往往参考检察官的请求理由，审查力度不足。

1. 对一般刑事案件的监听

对于一般的刑事案件，《意大利刑事诉讼法典》第 266 条确立了可进行监听的罪名清单，包括：①依法应判处无期徒刑或者 5 年以上有期徒刑的非过失犯罪；②依法应判处 5 年以上有期徒刑的妨害公共管理的犯罪；③涉及麻醉品和精神药物的犯罪；④涉及武器和爆炸物的犯罪；⑤走私犯罪；⑥利用电话实施的侵辱、威胁、高利贷、非法金融活动、滥用专属信息、操纵市场、骚扰或干扰他人的犯罪；⑦分发、散布、传播或者公布色情信息以对未成年人进行引诱或者性剥削的犯罪；⑧销售有毒食品的犯罪；⑨伪造、变造或者使用智力作品或工业产品标识的犯罪；⑩引入和买卖带有假标记产品的犯罪；⑪在贸易经营中的欺诈犯罪；⑫出卖不纯正食品的犯罪；⑬出售带有假标记的工业产品的犯罪；⑭实施威胁的犯罪。在上述情况下，经法官授权可对现场人员进行环境监听（Le intercettazioni ambientali）。但如果地点是在私人住宅（CP art. 614），则只有存在合理理由相信家中发生犯罪活动时才允许进行监听。此外，"在针对前述罪名以及利用电子或电信技术实施的犯罪的程序中，允许对与电子或电信系统相关的通讯流或者数个系统之间相交的通讯流进行监听"（CPP art. 266-1）。最后，为追寻逃犯也可使用监听（CPP art. 295.3，295.3-1）。

提出监听请求的检察官，应证明存在前述罪名的"重大犯罪嫌疑"，且为"进行侦查工作不可或缺"（CPP art. 267.1）。但如果证据源于警方线人的保密陈述，法官不得强令获取情报人员的姓名。如果对这些情报人员不作为证人加以询问，则不得调取和使用由他们提供的情报（CPP art. 203）。

监听持续的时间不得超过 15 天。但如果上述条件仍然存在，法官可以采用附理由的命令将此期限延长，延长时间不超过 15 天（CPP art. 267.3）。

违反前述规定的监听，将构成证据不可用（CPP art. 271）。

2. 对有组织犯罪或类似罪行的监听

对于有组织犯罪或类似罪行，《意大利刑事诉讼法典》适度减轻了可使用监听的要求。这些罪名具体包括有组织犯罪，电话威胁罪（1991 年第 152 号立法法令第 13 条），国际恐怖主义犯罪（CPP art. 407.2.1，2001 年第 374 号法律第 3 条，CP art. 270-2，280-1）以及侵害个人自由的犯罪（2003 年第 228 号法律第 9 条，CP art. 600-604，尤其涉及贩运人口和儿童卖淫）。

对于前述罪名，可使用监听的证据要求降低了，仅需要有"充分的犯罪嫌疑"（而非"重大犯罪嫌疑"）且对于进行侦查是"必要"的（而非"不可或缺"）。此外，对私人住宅也可以进行环境监听，即便没有理由相信在上述地方发生犯罪活动。

监听时间不得超过 40 天，但可连续延长 20 天。如果存在紧急情况，则检察官会作出延长期限的决定，交由法官进行确认。

3. 监听程序

（1）普通程序。检察官应向预先侦查法官提出申请，并移送诉讼文书及相关证据，说明符合使用监听的条件。预先侦查法官应以附理由命令的形式予以审批。

（2）紧急程序。在紧急情况下，如果前述所有先决条件均满足，检察官可下令进行监听，但必须在不超过 24 小时内将此决定提交给法官。在接下来的 48 小时内，法官应以附理由命令的形式决定是否予以认可。如果不予认可，则不得继续进行监听，监听获得的材料也不得加以使用（CPP art. 267. 2）。

（3）执行令。预先侦查法官的批准令状或检察官在紧急情况下所颁布的令状（即执行令）应详细说明监听的程序细则和持续时间（CPP art. 267. 3），如拟使用的监听设备、监听时间以及拟监听的对象等。原则上，监听仅得通过共和国检察署中的设备加以实施，但如果这些设备不足够或者不适合工作并且存在非常紧急的理由时，公诉人可以决定通过公用设备或者司法警察所拥有的设备实施监听（CPP art. 268. 3）。监听时间应严格遵循刑事诉讼法典的规定。监听对象仅得是与犯罪嫌疑人及证人有关的用户。在特殊情况下，监听也可针对与案件无涉的相关用户，如果该用户是犯罪嫌疑人或证人的通信接收者。比如在绑架案件中，受害人的近亲属可能也在监听对象之列。所有这些程序细节均应进行准确记录。"在保存在公诉人办公室的专门登记簿上，按照时间顺序注明关于决定、批准、认可或者延长监听工作的各项命令，并注明每次监听开始和结束的时间"（CPP art. 267. 5）。

（4）监听内容的记录、储存及当事人的知情权。对被监听的通话应当录音，并将有关工作记入笔录（CPP art. 268. 1）。司法警察也可简要地转录内容（CPP art. 268.2）。

如前所述，考虑到打击犯罪的有效性，监听应隐秘进行。但在监听后，当事人可否有权获取监听内容，这在意大利学术界一直以来均有争议。1988 年法典强化了对抗性，即如果监听内容向私当事人公开，则犯罪嫌疑人的辩护人也可以审查记录及批准文件，有权向法院请求获得与案件有关的监听内容。宪法法院也多次强调了通信秘密的宪法价值及一般利益，这直接影响了《意大利刑事诉讼法典》相关制度的修改与完善。

依《意大利刑事诉讼法典》之规定，检察官应进行初步审查。具体而言，监听记录和"摘要报告"须立即移送检察官处，由检察官首先检查其公开性（CPP art. 268.4）。一旦审查成功通过，则由该检察官将这些材料连同关于决定、批准、认可或者延长监听工作的命令一起储存在秘书室（CPP art. 268.6）。如果上述储存对侦查工作产生严重影响，尤其是存在证据污染的危险或者不遵守预防性措施，则储存可以延期。在这种情况下，检察官可以请求法官将储存推迟到预先侦查结束之时，但无论如何不得超出预先侦查结束之时（CPP art. 268.5）。在司法实践中，储存经常延期至侦查终结意见书送达时（CPP art. 415-1）。

在存储后，应立即通知私当事人的辩护人。他们有权在检察官规定的期限内审查文书（可以复制）并听取录音（不能复制）（CPP art. 268.6）。通过这种方式，辩护人可以审查监听的相关性和可用性。此后，私当事人有权获得所有违反法律规定之录音的备份以及参与法庭对该录音的删减工作（CPP art. 268）。

（5）法官的职责。法官在庭审日期确定后，并至少提前 24 时通知检察官和辩护律师。法官可以决定调取当事人列举的、并非明显无关紧要的通话、电子或电信联系数据的录音和笔录，并可以主动决定对被禁止使用的笔录或录音内容进行删剪。公诉人和辩护人有权参加删剪工作（CPP art. 268.6）。明显无关紧要的记录由检察官保存在单独的档案中，直至判决成为不可撤销的生效判决（CPP art. 269. 1，269. 2）。

法官可以决定完整地整理所调取的录音或者采用易于理解的形式打印电子或电信联系中的通讯流，并遵循为开展鉴定工作而规定的程序、方式和保证。整理或打印出的材料并入为法庭审理而准备的卷宗之中（CPP art. 268. 7）。辩护人可以获取这些材料副本或者请求复制被监听的内容及打印材料（CPP art. 268. 8）。

法官可以决定对诉讼中无关紧要的监听材料进行销毁。所有利害关系人均可以以保护隐私权为由向批准或者认可的法官请求予以销毁，法官根据《意大利刑事诉讼法典》第 127 条的规定在合议室作出决定（CPP art. 269. 2）。

（三）监听不可用

法官可在"诉讼的任何阶段和审级"中宣布监听不可用（CPP art. 271. 3），可以在合议室内，甚至是依职权作出类似的决定。不可用的监听材料应依法官的命令予以销毁，除非它们构成犯罪的物证（如通过电话的诽谤或侮辱）。

监听不可用的情况明确规定在《意大利刑事诉讼法典》第 271 条第 1 款中，主要包括：

第一，未遵守《意大利刑事诉讼法典》第 266、266-1 条及第 295 条第 3 款的规定，即监听是在法律授权之外进行。

第二，未遵守《意大利刑事诉讼法典》第 267 条的规定，即实施监听未遵守批准及执行的相关条件及形式。

第三，未遵守《意大利刑事诉讼法典》第 268 条第 1 款及第 3 款的规定，即监听是在未有通信记录的情况下进行，未制作会议记录摘要；或者在共和国检察官所安装设施之外进行监听，且没有紧急事项的正当理由。

如果文件、信息载体和文书所涉及的电话或电讯信息和内容是以非法方式形成或者获取的，或者违反了《意大利刑法典》关于个人隐私的保护性规定，则适用《意大利刑事诉讼法典》第 271 条第 2 款的规定。非法监听不可用，检察官应立即将其封存并在受到保护的地点加以保管，并请求法官立即进行处理（CPP art. 240. 3）。依宪法委员会 2009 年第 173 号判决，裁决在合议室内依当事人的对席辩论作出，这一规定适用于附带证明程序。

除此之外，监听所取得的材料原则上不得在其他诉讼中使用，除非这些材料对于应实行当场逮捕的其他犯罪而言不可或缺（CPP art. 270. 1）。依现行判例，该条所指的"其他诉讼"并非程序法意义上的概念，而取决于"历史事实的实体多样性"，因此，证明牵连或目的牵连的案件即便进行了分案处理，亦不属于本条所指的"其他诉讼"，司法机关不得进行牵连监听。在"其他诉讼"中所进行的监听笔录和记录，如果可以使用，则存储于对该"其他诉讼"有管辖权的司法机构中，并适用关于监听删除及转录庭审的规定（CPP art. 268. 6，270. 2. 7，270. 2. 8）。此外，"其他诉讼"的检察官和辩护人有权审查主诉讼中的监听笔录和记录。

最后，如果先前申请使用监听的指控罪名在判决中发生变化，新罪名并不属于监听的适用范围之列，则监听材料应如何使用？意大利最高法院认为，如果先前申请使用监听的指控罪名在《意大利刑事诉讼法典》第 266 条所规定的罪名清单之列，即便后续发生变化，监听行为依然是合法的。学说对此一立场持批判态度，认为这可能变相扩大监听的适用范围。

（四）特殊职业的监听

意大利宪法法院在 2013 年第 1 号判决中指出，"存在重大缘由需要对一些谈话进行'强化保护'，以保障具有宪法重要性的价值和权利。这些价值和权利往往涉及通信秘密的一般利益（如宗教自由、辩护权、保护敏感数据的机密性和其他）"，因此《意大利刑事诉讼法典》对一些特殊职业的监听设置了更为严苛的条件及复杂的程序。

1. 对有职业秘密之公民的监听

《意大利刑事诉讼法典》对一些受职业秘密约束的公民个人设置了谈话监听禁止，"不允许对辩护人、获得批准并针对相关诉讼而受托的私人侦探、技术顾问以及他们的助手的谈话和通讯进行监听，也不得对上述人员与受其帮助的人员之间的谈话和通讯进行监听"（CPP art. 103.5）。如果违反以上规定进行监听（也适用于检查、搜查、扣押等其他取证行为），则所取得的材料不可用（CPP art. 103.7）。但"同一人对相同的事实进行作证，或者以其他方式进行披露"，不在此限。意大利宪法法院在 2013 年 1 号判决中指出，在上述所有情况下，检察官均有义务不提交记录，且应向法官提出请求进行秘密销毁（即不再进行合议庭审理）。这主要是因为启动对席庭审将加剧不当泄露的风险。在这种情况下，法官应下令将监听活动的材料予以销毁，除非它们构成犯罪的物证（CPP art. 271.3）。

2. 对共和国总统的监听

意大利宪法法院在 2013 年 1 号判决中以相同措辞确立了对共和国总统谈话的监听禁令：禁止使用监听所获取的所有总统通信，即使是间接或随机获得的。监听所获得的总统通信记录必须由检察官向法官提出销毁请求，不进行由私当事人参与的对抗性庭审（CPP art. 271）。立法咨询会补充到，"司法机关应考虑到避免牺牲宪法最高原则相关利益的可能需要：保护生命和人身自由，维护共和国制度的宪法完整性"（C art. 90）。学说据此认为，在极端情况下，例如获悉迫在眉睫的袭击，或者有计划的政变，将损及国民生命，或者损害共和国制度的宪法完整性时，法官不能命令销毁监听材料。

3. 对情报机关成员的监听

如果司法机关在监听时获取情报机关成员的通信，则应决定立即采取保密措施，并在受到保护的地点保管涉及上述通信的文件、信息载体和文书（CPP art. 270-1.1，2007 年第 124 号法律所增设）。在监听结束后，司法机关将涉及上述通信并且打算在诉讼中使用的材料的副本送交内阁总理，以便审查有关信息是否涉及国家秘密。在内阁总理作出答复之前，转交给他的信息不得被使用，除非存在证据损毁的危险或者逃跑的危险，或者必须采取措施防止或者阻止实施依法应判处 4 年以上有期徒刑的犯罪。此时司法机关仍应严格遵守"为安全情报机构人员的活动规定的特别正当理由方面的纪律"。如果自送达请求后的 60 日内内阁总理没有以国家秘密为由提出反对意见，司法机关则调取有关信息，并决定继续进行有关程序。但如果内阁总理以国家秘密为由提出反对意见，则监听信息不可用。但无论如何，司法机关均可依据涉密外的信息进行诉讼。

4. 对议员的监听

2003 年 6 月 20 日第 149 号法律对议员的监听制度进行了详细的规定，并经宪法法院的若干判例进行了修改。法律区分了三种类型的议员监听：直接监听、间接监听和随机监听。

（1）直接监听：议员在议会或议会所属的用户或场所内受到监听。

（2）间接监听：监听活动涉及不同主体的用户但可以认为是议会的日常对话者，或者涉及不属于议会所属场所但可以推定为经常所在的场所（宪法法院 2010 年第 114 号判决）。

（3）随机监听：司法机关未设置对议会相关用户的监听，后者进入监听区域纯属偶然。

依 2003 年的法律，对议员进行直接监听或间接监听，均需事先经过所属议院的批准，否则不可用。但对于随机监听，如果预先侦查法官认为监听所获取的内容与案件无涉，则为保护隐私之目的，可以在听取双方当事人的意见后，依《意大利刑事诉讼法典》第 269 条第 2、3 款之规定在合议室内作出销毁材料的决定。相反，如果预先侦查法官认为监听所获取的议员谈话内容与案件紧密相关，则必须请求获得所属议院的批准。如果未获批准，则监听涉及议员部分的，不可用，但涉及第三方的，可以使用。相关的笔录和记录不得销毁（宪法法院 2007 年第 390 号判决）。

5. 关于为录音而聘请秘密人员（agente segreto attrezzato per il suono）的特殊规定

所谓"为录音而聘请秘密人员"，指司法警察聘请人员，由其随身携带录音设备，秘密录下和犯罪嫌疑人的谈话，以让司法警察同时（实时监听）或延迟（延时监听）听到相关谈话的内容。判例对实时监听与延时监听两种情况进行了重大区分：

宪法法院认为，实时监听属于伪装的监听。如果司法警察在不符合《意大利刑事诉讼法典》第 266 条及以下条款的情况下进行实时监听，则所获得的证据材料不可用。但宪法法院对延迟监听持开放态度，认为这是非典型的调查活动。虽然这一活动同样侵害了《意大利宪法》第 15 条所保护的通话和通信秘密权，但程度较低。因此，只要司法机关依载明理由之裁决进行批准，也可以是检察官通过法令进行批准，便可以进行延迟监听。

（五）预防性监听

立法者允许在特殊条件下适用预防性监听，主要目的是进行犯罪预防。《意大利刑事诉讼法典实施细则》第 226 条第 1 款作出了详细的规定，"如果有必要使用计算机或者远程信息处理技术、获得与《意大利刑法典》第 407 条第 2 款第 1 项第 4 小项、第 51 条第 3-1 款以及《意大利刑事诉讼法典》第 51 条第 3-3 款所规定之罪名相关的犯罪预防信息，则可以适用预防性监听"（最后修改，参见 2015 年第 7 号立法法令）。简而言之，对于涉及恐怖主义、黑手党和类似犯罪，内政部部长或其代表，中央警署的署长、宪兵队、金融警局以及国防工业局（Agenzia Industrie Difesa，DIA）均可以提出使用预防性监听的请求，审批主体为提出申请主体所在区首府法院的共和国检察官或者在未有申请主体的情况下有预防需求所在区首府法院的共和国检察官。如果"在涉及恐怖主义活动或者可能颠覆宪法秩序的犯罪行为时"（2005 年第 144 号立法法令第 4 条，经 2012 年第 133 号法律修改），如果监听对于预防此类罪行不可或缺，则经内阁总理、情报机关的负责人或其代表申请，可予以适用。审批主体是驻罗马上诉法院的总检察长。

预防性监听最长持续时间为 40 天，可继续延长 20 天（DACCP art. 226. 2）。应对所实施的监听以及监听所获取的内容起草一份摘要记录。该摘要记录应在监听结束后的 5 天内提交批准这一行动的检察官（DACCP art. 226. 3）。检察官在核实情况后，应安排立即销毁材料和记录。在任何情况下，如果不损及侦查目的，则所获得的材料不得用于刑事诉讼（DACCP art. 226. 5）。预防性监听及其所获得的信息不得在侦查文件中提及，也不得储存或以其他方式披露。

五、视频监控

"视频监控"（videoriprese），指通过视频捕获的技术工具对既定场所所发生的案件情况进行记录。这里的场所，既可能是公共场所，也可能是私人住宅。

视频监控设备如果是私当事人所安装，则所拍摄的内容是"书证"，可用于刑事诉讼，此时适用书证的刑事证据规则。但如果视频监控设备是公权力主体所安装，则该取证行为的合法性目前在意大利理论界及实务界存在极大的争议。立法对此语焉不详，意大利宪法法院和最高法院联合庭也未给出清晰的解决方案，仅是明确了如下要点：

宪法法院（2002年）认为，应区分有交际行为的图像截取（即存在互动的两个主体）和未有交际行为的图像截取（在一个地方移动的主体）。对于有交际行为的图像截取，应视为监听，适用监听的相关规则。仅在有充分理由相信家中发生犯罪活动时才允许进行环境监听。相反，在住所外的所有其他地方，应遵循普通的监听规则（不要求有犯罪活动）。

而对于未有交际行为的图像截取，最高法院联合庭认为，应区分"家庭住宅"、"保留"场所和"公共"场所三种情况，并适用不同的证据规则：

如果视频监控的场所是家庭住宅，则属于《意大利宪法》第14条（住所不受侵犯）所保护的区域。如果未有明确的立法授权且有司法机关载明理由的法令，则所获得的证据不可用（CPP art. 191）。

如果视频监控的场所是"保留"场所，即只有权利所有者才有在场权的区域（如公共场所的厕所、夜总会俱乐部等），则这不属于《意大利宪法》第14条所保护的区域，但属于《意大利宪法》第2

条所保护的私生活权利，因此保护强度低于前者，故即便未有明确的立法授权，但只要司法机关（包括检察机关）颁布载明理由的法令，便可以作为非典型证据予以使用（CPP art. 189）。

如果视频监控的场所是"公共"场所，则司法警察可主动进行视频录制。如果涉及不可重复的行为，可以作为非典型的证据。

需要特别指出的是，宪法法院在 2008 年第 149 号判决中进一步区分了家庭住宅的视频监控。并非所有家庭住宅的视频监控均不可用。对于非秘密的具体行为，即陌生人未采取特定的技术也能自由地进行观察，则视频监控所获得的内容也可作为证据，比照"公共"场所的视频监控制度。

对于未有交际行为的图像截取，属于书证，可依《意大利刑事诉讼法典》第 234 条之规定进行调取。

六、新技术手段：电话记录

电话记录储存是意大利为转化 2006 年第 24 号欧盟指令（即《数据存留指令》[34]）而确立的新型取证手段。该指令要求成员国对通信记录的数据设立存储期限。依意大利的转化立法（原先为 2003 年第 196 号立法法令，后 2008 年 5 月 30 日第 109 号立法法令依欧盟《数据存留指令》进行了修改），电话通话记录自通话产生之日起由供应商保存 24 个月。电子通信记录的数据自同一天起保存 12 个月（2003 年第 196 号立法法令第 132 条）。对于未应答的呼叫，相关的记录保留 30 天。

在上述截止日期前，检察官可依犯罪嫌疑人、被告人的辩护人、受害人以及其他私当事人的请求，依载明理由之法令，向供应商调取数据。犯罪嫌疑人或被告人的辩护人可依《意大利刑事诉讼法典》第 391-3 条之规定直接向供应商询问与其客户名称相关的用户数据（2003 年第 196 号立法法令第 132 条第 3 款）。

---

〔34〕 该指令已为欧洲法院的判决所推翻，现为欧盟 2016 年第 80 号指令所取代。但意大利国内法尚未对欧盟指令进行转化。鉴于新法正在讨论之中，许多原先的规定与欧盟新指令存在冲突，故此处从简介绍，仅涉及未冲突的部分。

附　录　意大利证据法的重要参考文献*

1. S. ALLEGREZZA, "Le misure coercitive nelle 'Model Rules for the Procedure of European Public Prosecutor's Office' ", in F. Ruggeri – T. Rafaraci – G. Di Paolo – S. Marcolini – R. Belfiore (a cura di), *Processo penale, lingua e Unione Europea*, Padova, 2013.

2. S. ALLEGREZZA, "Verso una Procura Europea per tutelare gli interessi finanziari dell'Unione. Idee di ieri, chances di oggi, prospettive di domani", in www. dirittopenalecontemporaneo. it, 31 ottobre 2013.

3. S. ALLEGREZZA – F. NICOLICCHIA, *L'acquisizione della prova all'estero e i profili transnazionali*, in G. Canzio – L. D. Cerqua – L. Luparia (a cura di), *Diritto penale delle società*, *t. II*, Cedam, 2014.

4. E. AMODIO, *La motivazione della sentenza penale e il suo controllo in Cassazione*, Milano, 1967.

5. E. AMODIO, "L'obbligo costituzionale di motivazione e l'istituto della giuria", in *Riv. dir. proc.*, 1970.

6. E. AMODIO, "Libertà e legalità della prova nella disciplina della testimonianza", in *Riv. it. dir. proc. pen.*, 1973.

7. E. AMODIO, "L'assunzione delle prove in dibattimento", in *Quaderni C. S. M.*, 1991.

8. E. AMODIO, "Libero convincimento e tassatività dei mezzi di prova: un approccio comparativo ", in *Riv. it. dir. proc. pen.*, 1999.

9. E. AMODIO, "Il diritto delle prove penali nel pensiero di Mirjan Damaska", in

---

* 本书仅列出笔者认为较为重要的意大利刑事证据法文献，并未穷尽所有，难免挂一漏万，仅供读者参考。由于国内的意大利法文献较为匮乏，近五年的书籍和论文，可在 https:// www. penalecontemporaneo. it/ (《意大利当代刑法杂志》的官方网页）网站获得更及时的信息。其他涉及刑事证据法内容的重要期刊，主要包括：Archivio penale；Cassazione penale；Dinitto penale XXI secolo；Indice penale；La giustizia penale；Legislazione penale；Rivista italiana di diritto 0 procédurale penale；Rivista penale；Rivista trimestrale di diritto penale dell'economia.

Riv. it. dir. proc. pen. , 2007.

10. E. APRILE, "Le indagini tecnico – scientifiche: problematiche giuridiche sulla formazione della prova penale", in *Cass. pen.* , 2003.

11. E. APRILE, "voce Captazioni atipiche", in A. Scalfati (diretto da), *Dig. proc. pen. online*, Giappichelli, 2012.

12. S. ATERNO, *sub. art. 8, in AA. VV. , Cybercrime, responsabilità degli enti e prova digitale*: *commento alla legge* 18 *marzo* 2008 *n.* 48, Padova, 2009.

13. S. ATERNO, "Le investigazioni informatiche e l'acquisizione della prova digitale", in *Giur. merito*, 2013.

14. M. BARGIS, "Note in tema di prova scientifica", in *Riv. dir. proc.* , 2001.

15. P. BARILE–E. CHELI, "voce Corrispondenza (libertà di) ", in *Enc. Dir.* , X, Milano, 1962.

16. T. BENE, "Il pedinamento elettronico: truismi e problemi spinosi", in A. Scalfati (a cura di), *Le indagini atipiche*, Giappichelli, 2014.

17. A. BERNASCONI, *La ricognizione di persone nel processo penale. Struttura e procedimento probatorio*, Giappichelli, 2003.

18. A. BERNASCONI, "Il riconoscimento fotografico curato dalla polizia giudiziaria", in A. Scalfati (a cura di), *Le indagini atipiche*, Giappichelli, 2014.

19. V. BONSIGNORE, "L'acquisizione di copie in luogo del sequestro: un atto atipico delle garanzie difensive", in *Cass. pen.* , 1998.

20. M. BONTEMPELLI, "La ricognizione", in P. Ferrua–E. Marzaduri–G. Spangher (a cura di), *La prova penale*, Giappichelli, 2013.

21. G. BORRELLI, "Riprese filmate nel bagno di un pubblico esercizio e garanzie costituzionali", in *Cass. pen.* , 2001.

22. C. BOTTI, "Ma il sensore posto nell'autoveicolo potrebbe violare il domicilio", in *DeG*, 2002.

23. V. BOZIO, "La prova atipica", in P. FERRUA–E– MARZADURI–G. SPANGHER (a cura di), *La prova penale*, Giappichelli, 2013.

24. G. BRAGÒ, "L'ispezione e la perquisizione di dati, informazioni, e programmi informatici", in L. Luparia (a cura di), *Sistema penale e criminalità informatica*, Giuffrè, 2009.

25. C. BRUSCO, "Il vizio di motivazione nella valutazione della prova scientifica", in

Dir. pen. proc. , 2004.

26. C. BRUSCO, "La valutazione della prova scientifica" , in *Dir. pen. proc.* , 2008.

27. F. CAJANI, "I nuovi mezzi di ricerca della prova: video riprese investigative, agente segreto attrezzato per il suono, pedinamento elettronico ed appostamenti informatici, installazione di captatori informatici" , in *AA. VV.* , *Computer forensics e indagini digitali. Manuale tecnico-giuridico e casi pratici*, Vol. II, Forlì, 2011.

28. L. CAMALDO, *L'istituzione del procuratore europeo e la tutela degli interessi finanziari dell'unione europea*, Giappichelli, 2014.

29. L. CAMALDO-F. CERQUA, "La direttiva sull'ordine europeo di indagine penale: le nuove prospettive per la libera circolazione delle prove" , in *Cass. pen.* , 2014.

30. A. CAMON, "Le riprese visive come mezzo di indagine: spunti per una riflessione sulle prove 'incostituzionali'" , in *Cass. pen.* , 1999.

31. A. CAMON, "Le sezioni unite sulla videoregistrazione come prova penale: qualche chiarimento e alcuni dubbi nuovi" , in *Riv. it. dir. proc. pen.* , 2006.

32. A. CAMPO, "Appunti in tema di ricognizione e 'ravvisamento'" , in *Cass. Pen.* , 1994.

33. R. CANTONE, "Le ricognizioni informali di cose diventano atti irripetibili" , in *Cass. pen.* , 1995.

34. A. M. CAPITTA, *Ricognizioni e individuazioni di persone nel diritto delle prove penali*, Milano, 2001.

35. A. M. CAPITTA,"Captazioni audiovisive eseguite nel bagno di un locale pubblico", in *Cass. pen.* , 2005.

36. M. CAPPELLETTI, "La natura delle norme sulle prove" , in *Riv. it. dir. proc. pen.* , 1969.

37. F. CAPRIOLI, "Riprese visive nel domicilio e intercettazione 'per immagini'" , in *Giur. cost.* , 2002.

38. F. CAPRIOLI, "La scienza 'cattiva maestra': le insidie della prova scientifica nel processo penale" , in *Cass. pen.* , 2008.

39. F. CAPRIOLI, "Scientific evidence e logiche del probabile nel processo per il 'delitto di Cogne'", in *Cass. pen.* , 2009.

40. L. CARLI, *Le indagini preliminari nel sistema processuale penale*, II ed. , Milano, 2005.

41. M. CARTABIA,"Le sentenze «gemelle»: diritti fondamentali, fonti e giudici" , in *Giur. cost.*, Vol. III, 2007.

42. R. CASIRAGHI, "Il caso Horvati ć contro Croazia: inutilizzabilità per la decisione di prove scientifiche raccolte in sede di indagine senza la garanzia del contraddittorio", in www. dirittopenalecontemporaneo. it, 31 ottobre 2013.

43. B. CAVALLONE, "Critica della teoria delle prove atipiche", in *Riv. dir. proc.* , 1978.

44. S. CAVINI, "Il riconoscimento informale di persone o di cose come mezzo di prova atipico", in *Dir. pen. proc.* , 1997.

45. M. CHIAVARIO, "La Convenzione europea dei diritti dell'uomo ed il suo contributo al rinnovamento del processo penale italiano", in *Riv. dir. int.* , 1974.

46. A. CIAVOLA, "Prova testimoniale e acquisizione per suo tramite del contenuto delle intercettazioni telefoniche", in *Cass. pen.* , 2000.

47. A. CISTERNA, "I filmati nel privè di un locale pubblico possono rientrare tra le prove atipiche", in *Guid. dir.* , 2006.

48. G. CONSO, "La natura giuridica delle norme sulla prova nel processo penale", in *Riv. dir. proc.* , 1970.

49. G. CONSO-V. GREVI-G. P. NEPPI MODONA, *Il nuovo codice di procedura penale. Dalle leggi delega ai decreti delegati*, *Vol. I*, *La legge delega del* 1974 *e il progetto preliminare del* 1978, Padova, 1989.

50. G. CONSO-V. GREVI, *Compendio di procedura penale*, Padova, 2010.

51. M. CONTE-M. GEMELLI-F. LICATA, *Le prove penali*, Milano, 2011.

52. C. CONTI, "Le video riprese tra prova atipica e prova incostituzionale: le Sezioni Unite elaborano la categoria dei luoghi riservati", in *Dir. pen. proc.* , 2006.

53. C. CONTI, *Accertamento del fatto e inutilizzabilità nel processo penale*, Padova, 2007.

54. F. CORDERO, *Tre studi sulle prove penali*, Milano, 1963.

55. F. CORDERO, *Guida alla procedura penale*, Torino, 1986.

56. F. CORDERO, *Procedura penale*, Milano, 2006.

57. L. CRICRÌ, "Sulla natura delle captazioni visive di condotte « non comunicative »", in *Cass. pen.* , 2006.

58. M. DANIELE, "La metamorfosi del diritto delle prove nella direttiva sull'ordine europeo di indagine penale", in www. dirittopenalecontemporaneo. it, 20 novembre 2014.

59. M. DANIELE, "Prelievi e trasmissione di dati genetici", *in* R. E. Kostoris (a cura di), *Manuale di procedura penale europea*, Giuffrè, 2014.

60. L. D'AURIA, " Blood pattern analisys e ragionamento del giudice ", in *Gius.*

Pen. , 2006.

61. M. DE ANGELIS, "La videosorveglianza ed il teleallarme: le nuove frontiere dell'attività di vigilanza", in *Riv. polizia*, 2002.

62. G. DE FALCO, "Sulle videoriprese più ombre che luci: non basta il dictum delle sezioni unite", in *Dir. gius.* , 2006.

63. R. DEL COCO, "Registrazioni audio – video su impulso dell'investigatore", in A. Scalfati, *Le indagini atipiche*, Giappichelli, 2014.

64. G. DE LUCA, "Il sistema delle prove penali ed il principio del libero convincimento nel nuovo rito", in *Riv. it. dir. proc. pen.* , 1993.

65. V. DENTI, "Scientificità della prova e libera valutazione del giudice", in *Riv. dir. proc.* , 1972.

66. M. L. DI BITONTO, "Le riprese video domiciliari al vaglio delle Sezioni Unite", in *Cass. pen.* , 2006.

67. F. DINACCI, "L'irrilevanza processuale delle registrazioni di conversazioni tra presenti", in *Giur. it.* , 1994.

68. F. DINACCI, "Localizzazione attraverso celle telefoniche", in A. Scalfati (a cura di), *Le indagini atipiche*, Giappichelli, 2014.

69. G. DI PAOLO, "Acquisizione dinamica dei dati relativi all'ubicazione del cellulare ed altre forme di localizzazione tecnologicamente assistita. Riflessioni a margine dell'esperienza statunitense", in *Cass. pen.* , 2008.

70. G. DI PAOLO, " (voce) Prova informatica (diritto processuale penale) ", in *Enc. dir.* , Annali VI, Milano, 2013.

71. O. DOMINIONI, *La prova penale scientifica. Gli strumenti scientifico–tecnici nuovi o controversi e di elevata specializzazione*, Giuffrè, 2005.

72. O. DOMINIONI, "L'ammissione della nuova prova penale scientifica", in Tonini Paolo (a cura di), *Dir. pen. proc.* , *Dossier La prova scientifica nel processo penale*, 2008.

73. C. FANUELE, *Dati genetici e procedimento penale*, Padova, 2009.

74. P. FELICIONI, "Considerazioni sugli accertamenti coattivi nel processo penale. Lineamenti costituzionali e prospettive di riforma", in *Ind. Pen.* , 1999.

75. P. FELICIONI, "Accertamenti personali coattivi nel processo penale: linee di riforma", in *Dir. pen. proc.* , 2005.

76. P. FELICIONI, *Accertamenti sulla persona e processo penale. Il prelievo di materiale biologico*, Milano, 2007.

77. P. FELICIONI, "Perquisizione, sequestro e prelievo di materiale biologico", in *Osservatorio del processo penale*, 2008.

78. P. FELICIONI, "L'Italia aderisce al trattato di Prum: disciplinata l'acquisizione e l'utilizzazione probatoria dei profili genetici", in P. Tonini, P. Felicioni e A. Scarcella (a cura di), *Dir. pen. proc.*, *Gli speciali*, *Banca dati nazionale del Dna e prelievo di materiale biologico*, 2009.

79. P. FELICIONI, "Riconoscimento vocale condotta dalla polizia giudiziaria", in A. Scalfati (a cura di), *Le indagini atipiche*, Giappichelli, 2014.

80. P. FERRUA, "Sulla legittimità della ricognizione compiuta contro la volontà dell'imputato", in *Cass. pen.*, 1990.

81. P. FERRUA, "Il processo penale dopo la riforma dell'art. 111 della Costituzione", in *Quest. Giust.*, 2000.

82. P. FERRUA, *Il giusto processo*, Bologna, 2005.

83. L. FILIPPI, "Il revirement delle Sezioni unite sul tabulato telefonico: un'occasione mancata per riconoscere una prova incostituzionale", in *Cass. pen.*, 2000.

84. L. FILIPPI, "L'home watching: documento, prova atipica o prova incostituzionale?", in *Dir. pen. proc*, 2001.

85. L. FILIPPI, "Le sezioni unite decretano la morte dell'agente segreto attrezzato per il suono", in *Cass. pen.*, 2004.

86. L. FILIPPI, "La Consulta riconosce che l'home watching è una prova incostituzionale", in *Gius. Pen.*, 2008.

87. L. FILIPPI, "Intercettazione", in P. Ferrua-E. Marzaduri-G. Spangher (a cura di), *La prova penale*, Torino, 2013.

88. G. FIORELLI, "Nuovi orizzonti investigativi: l'ordine europeo di indagine penale", in *Dir. proc. pen.*, 2013.

89. R. FLOR, "Brevi riflessioni a margine della sentenza del Bundesverfassungsghericht sulla cd. Online Durchsuchung. La prospettiva delle investigazioni ad alto contenuto tecnologico e il bilanciamento con i diritti inviolabili della persona. Aspetti di diritto penale sostanziale", in *Riv. trim. dir. pen. ec.*, 2009.

90. E. FLORIAN, *Delle prove penali*, Milano, 1924.

91. G. FRIGO, "La rinascita del modello accusatorio figlia dello scandalo di un codice ripudiato", in *Guid. dir.* , 2001.

92. G. FUMU, *Intercettazioni*, in *Le prove*, coord. da *E. Marzaduri*, t. *II*, Torino, 1999.

93. A. FURGIUELE, *La prova per il giudizio nel processo penale*, Torino, 2007.

94. C. GABRIELLI, " «Accertamenti medici » dai confini troppo incerti", in *Guid. dir.* , 2009.

95. P. GAETA, "Dichiarazioni di indagato ' provocate' da agenti infiltrati: la libertà di autodeterminazione quale canone di utilizzabilità", in *Cass. pen.* , 1998.

96. N. GALANTINI, *L'inutilizzabilità della prova nel processo penale*, Padova, 1992.

97. N. GALANTINI, "Inutilizzabilità", in *Enc. Dir.* , Agg. I, Milano, 1997.

98. N. GALANTINI, " Considerazioni sul principio di legalità processuale ", in *Cass. pen.* , 1999.

99. V. GALBUSERA, "Note sul riconoscimento informale all'udienza dibattimentale", in *Giust. Pen.* , III, 1995.

100. D. GENTILE, "Tracking satellitare mediante g. p. s. : attività atipica di indagine o intercettazione di dati", in *Dir. pen. proc.* , 2010.

101. A. GHIRARDINI-G. FAGGIOLI, *Computer forensics*, Milano, 2007.

102. A. GHIRARDINI-G. FAGGIOLI, *Digital forensics*, Milano, 2013.

103. M. GJALUZ, "L'accesso al corpo tramite strumenti diagnostici", in A. Scalfati (a cura di), *Le indagini atipiche*, Giappichelli, 2014.

104. G. GIOSTRA, "Prova e contraddittorio. Note a margine di una garbata polemica", in *Cass. pen.* , 2002.

105. V. GREVI, "Prove", in G. Conso - V. Grevi, Padova (a cura di), *Compendio di procedura penale*, 2010.

106. F. M. GRIFANTINI, "Sub. art. 189 c. p. p. ", in G. Conso e V. Grevi (a cura di), *Commentario breve al codice di procedura penale*, Milano, 2005.

107. D. IACOBACCI, "Sulla necessità di riformare la disciplina delle intercettazioni, prendendo le mosse dalle esitazioni applicative già note ", in *Giust. Pen.* , III, 2011.

108. F. M. IACOVIELLO, *La motivazione della sentenza penale e il suo controllo in Cassazione*, Milano, 1997.

109. G. ILLUMINATI, "Ammissione e acquisizione della prova nell'istruzione Dibatti-

mentale", in P. Ferrua, F. M. Grifantini, G. Illuminati, R. Orlandi, *La prova nel dibattimento penale*, Torino, 2007.

110. F. IOVENE, "Perquisizione e sequestro di computer: un'analisi comparativa", in *Riv. dir. proc.*, 2012.

111. F. IOVENE, "Le perquisizioni on-line tra nuovi diritti fondamentali ed esigenze di accertamento penale", in www. dirittopenalecontemporaneo. it, 22 luglio 2014.

112. R. E. KOSTORIS, "Prelievi biologici coattivi", in R. E. Kostoris e R. Orlandi (a cura di), *AA. VV.*, *Contrasto al terrorismo interno e internazionale*, Torino, 2006.

113. R. E. KOSTORIS, "Ricerca e formazione della prova elettronica: qualcheconsiderazione introduttiva", in F. RUGGERI–L. PICOTTI, *Nuove tendenze di giustizia penale di fronte alla criminalità informatica. Aspetti sostanziali e processuali*, Giappichelli, 2011.

114. R. E. KOSTORIS, *Manuale di procedura penale europea*, Giuffrè, 2014.

115. A. LARONGA, *Le prove atipiche nel processo penale*, Cedam, 2002.

116. A. LARONGA, "L'utilizzabilità probatoria del controllo a distanza eseguito con sistema satellitare g. p. s. ", in *Cass. pen.*, 2002.

117. G. LEO, "Necessario il provvedimento autorizzativo dell'Autorità giudiziaria per il ricorso al cd. « agente segreto attrezzato per il suono »", in www. dirittopenalecontemporaneo. it, 19 marzo 2012.

118. G. LEONE, *Trattato di diritto processuale penale*, Napoli, 1961.

119. A. LOGLI, "Sequestro probatorio di un personal computer. Misure ad explorandum e tutela della corrispondenza elettronica", in *Cass. pen.*, 2008.

120. S. LONATI, "Il contraddittorio nella formazione della prova orale e i principi della CEDU: una proposta de iure condendo", in www. dirittopenalecontemporaneo. it, 16 luglio 2012.

121. E. LORENZETTO, " Le attività urgenti di investigazione informatica e telematica", in L. Luparia (a cura di), *Sistema penale e criminalità informatica*, Giuffrè, 2009.

122. S. LORUSSO, "Investigazioni scientifiche, verità processuale ed etica degli esperti", in *Dir. pen. proc.*, 2010.

123. L. LUPARIA–G. ZICCARDI, *Investigazione penale e tecnologia informatica*, Milano, 2007.

124. L. LUPARIA,"La ratifica della Convenzione Cybercrime del Consiglio d'Europa. Legge 18 marzo 2008 n. 48", in *Dir. pen. proc.*, 2008.

125. P. MAGGIO, "Ascolto occulto delle conversazioni tra presenti", in A. Scalfati (a cura di), *Le indagini atipiche*, Giappichelli, 2014.

126. A. MALINVERNI, *Principi del processo penale*, Torino, 1972.

127. E. M. MANCUSO, "L'acquisizione di contenuti e-mail", in A. Scalfati (a cura di), *Le indagini atipiche*, Gappichelli, 2014.

128. V. MANZINI, *Trattato di diritto processuale penale italiano*, vol. III, Torino, 1956.

129. S. MARCOLINI,"Le cosiddette perquisizioni online o perquisizioni elettroniche", in *Cass. pen.*, 2010.

130. S. MARCOLINI, "Le indagini atipiche a contenuto tecnologico nel processo penale: una proposta", in *corso di pubblicazione su Cass. pen.*, 2015.

131. C. MARINELLI, "Le « intercettazioni di immagini » tra questioni interpretative e limiti costituzionali", in *Dir. pen. proc.*, 1998.

132. C. MARINELLI, "Le videoriprese investigative al vaglio delle Sezioni Unite: i limiti di impiego negli spazi riservati di natura extradomiciliare", in *Riv. it. dir. proc. pen.*, 2006.

133. C. MARINELLI, *Intercettazioni processuali e nuovi mezzi di ricerca della prova*, Giappichelli, 2007.

134. C. MARINELLI, "Le videoriprese investigative in luoghi esposti al pubblico: verso la progressiva emersione dei criteri di qualificazione degli ambiti spaziali soggetti alle operazioni", in *Cass. pen.*, 2007.

135. F. S. MARINI, "La costituzionalità delle riprese visive nel domicilio: ispezione o libertà sotto-ordinata?", in *Giur. cost.*, 2002.

136. O. MAZZA, "I diritti fondamentali dell'individuo come limite della prova nella fase di ricerca e in sede di assunzione", in www. dirittopenalecontemporaneo. it, 18 dicembre 2012.

137. A. MELCHIONDA, "icognizioni e confronti", in Le prove, coordinato da E. Marzaduri, t. II, Torino, 1999.

138. F. M. MOLINARI,"Le attività investigative inerenti alla prova di natura digitale", in *Cass. pen.*, 2013.

139. M. NOBILI, *Il principio del libero convincimento del giudice*, Milano, 1974.

140. M. NOBILI, *La nuova procedura penale. Lezione agli studenti*, Bologna, 1989.

141. M. NOBILI, "Il nuovo diritto delle prove e un rinnovato concetto di prova", in *Leg. pen.*, 1989.

142. M. NOBILI, "sub. art. 189 c. p. p. ", in *Commento al nuovo codice di procedura penale*, coordinato da M. Chiavari, vol. II, Torino, 1990.

143. M. NOBILI, "Gli atti a contenuto probatorio nella fase delle indagini preliminari", in *Crit. dir.*, 1991.

144. M. NOBILI, "Storia di una illustre formula: il "libero convincimento" negli ultimi trent'anni", in *Riv. it. dir. proc. pen.*, 2003.

145. F. NOVARIO, "Le prove informatiche", in P. Ferrua – E. Marzaduri – G. Spangher (a cura di) , *La prova penale*, Giappichelli, 2013.

146. R. ORLANDI, *Atti e informazioni della Autorità amministrativa nel processo penale. Contributo allo studio delle prove extra costituite*, Milano, 1992.

147. R. ORLANDI, "Questioni attuali in tema di processo penale e informatica", in *Riv. dir. proc.*, 2009.

148. A. PACE, "Le videoregistrazioni ambientali tra gli artt. 14 e 15 Cost. ", in *Giur. cost.*, 2002.

149. A. PADOA SCHIOPPA, *La giuria penale in Francia, dai 《philosophes》 alla costituente*, Edizioni Universitarie di lettere economia diritto, 1994.

150. I. PALMA, "Considerazioni sul principio di tassatività dei mezzi di prova", in *Riv. it. dir. e proc. pen.*, 2009.

151. C. PANSINI, "È valida la prova ' atipica' senza la preventiva audizione delle parti?", in *Dir. pen. proc.*, 1997.

152. P. PERETOLI, "Controllo satellitare con G. P. S. : pedinamento o intercettazione?", in *Dir. pen. proc.*, 2003.

153. F. PERNA, "Mezzi atipici di ricerca della prova nella attività di polizia giudiziaria: videosorveglianza, pedinamento e localizzazione satellitare", in *Riv. polizia*, 2007.

154. D. PICOTTI, "La ratifica della convenzione Cybercrime del Consiglio d'Europa. Profili di diritto penale sostanziale", in *Dir. pen. proc.*, 2008.

155. F. PLOTINO, *Il dibattimento nel nuovo codice di procedura penale*, Milano, 1994.

156. S. PRIORI, "La ricognizione di persona: cosa suggerisce la ricerca psicologica", in *Dir. pen. proc.*, 2003.

157. A. PROCACCINO, "Prove atipiche", in A. Gaito, *La prova penale*, vol. I, Torino, 2008.

158. T. RAFARACI, "Ricognizione informale dell'imputato e (pretesa) fungibilità delle forme probatorie", in *Cass. pen.*, 1998.

159. S. RENZETTI, "Gli accertamenti corporali coattivi: una questione irrisolta", in *Cass. pen.*, 2006.

160. G. F. RICCI, *Le prove atipiche*, Milano, 1999.

161. U. RICCI-C. PREVIDERÈ - P. FATTORINI-F. CORRADI, *La prova del DNA per la ricerca della verità. Aspetti giuridici, biologici e probabilistici*, Milano, 2006.

162. G. RICCIO-A. FURGIUELE, "Nuove letture dibattimentali e forme "alternative" di acquisizione probatoria", in *Dir. pen. proc.*, 1997.

163. G. RICCIO, *Presentazione*, in A. Furgiuele, *La prova per il giudizio nel processo penale*, Torino, 2007.

164. P. P. RIVELLO, *La prova scientifica*, in *Trattato di procedura penale*, diretto da G. Ubertis e G. P. Voena, Giuffrè, 2014.

165. G. SANTACROCE, "Prelievo coattivo del sangue a scopo probatorio e tutela della libertà personale", in *Cass. pen.*, 1996.

166. F. SBISÀ, "Cenni sul computer come strumento di prova nel processo penale", in *Foro ambr.*, 2000.

167. A. SCELLA, "Brevi osservazioni in tema di accertamenti tecnici, prelievi e tutela del diritto di difesa", in *Cass. pen.*, II, 1990.

168. S. SIGNORATO, "La localizzazione satellitare nel sistema degli atti investigative", in *Riv. it. dir. proc. pen.*, 2012.

169. A. SPATARO, "Le intercettazioni telefoniche: problemi operativi e processuali", in *Quaderni C. S. M.*, 1994.

170. M. STRAMAGLIA, "Il pedinamento satellitare: ricerca ed uso di una prova «atipica»", in *Dir. pen. proc.*, 2011.

171. G. TABASCO, *Prove non disciplinate dalla legge nel processo penale. Le «prove atipiche» tra teoria e prassi*, Edizioni Scientifiche Italiane, 2011.

172. M. TARUFFO, "Prove atipiche e convincimento del giudice", in *Riv. dir. proc.*, 1973.

173. M. TARUFFO, "Senso comune, esperienza e scienza nel ragionamento del giudice", in *Riv. trim. dir. proc. civ.*, 2001.

174. M. TIBERI, "Ricognizioni", in *Dig. disc. pen.* , *Agg. III* , *t. II* , Torino, 2005.

175. P. FERRUA, *La prova nel processo penale* , *vol. I* , *Struttura e procedimento* , 2 edizione, Giappichelli, Torino, 2017.

176. P. TONINI, *Manuale di procedura penale* , Giuffrè, 2015.

177. P. TONINI - C. CONTI, *Il diritto delle prove penali* , 2 edizione, Giuffrè, MIlano, 2014.

178. G. TRANCHINA, "Il valore probatorio del riconoscimento di persone mediante fotografia", in *Riv. it. dir. proc. pen.* , 1963.

179. N. TRIGGIANI, "Le videoriprese investigative", in A. Scalfati (a cura di), *Le indagini atipiche* , Giappichelli, 2014.

180. M. TROGU, "Sorveglianza e 'perquisizioni' on-line su materiale informatico", in A. Scalfati (a cura di), *Le indagini atipiche* , Giappichelli, 2014.

181. G. UBERTIS, "Prova (in generale) ", in *Dig. disc. pen.* , vol. X, 1995.

182. G. UBERTIS, *La prova penale. Profili giuridici ed epistemologici* , Utet, 1995.

183. G. UBERTIS, "Prova e contraddittorio", in *Cass. pen.* , 2002.

184. G. UBERTIS, "La prova scientifica e la nottola di Minerva", in *Indice penale* , 2006.

185. G. UBERTIS, " Attività investigativa e prelievo di campioni biologici ", in *Cass. pen.* , 2008.

186. G. UBERTIS, "Il giudice, la scienza e la prova", in *Cass. pen.* , 2011.

187. G. VARRASO, "Neuroscienze e consulenza investigative", in A. Scalfati (a cura di), *Le indagini atipiche* , Giappichelli, 2014.

188. G. VASSALLI, "La libertà personale nel sistema delle libertà costituzionali", in *Id.* , *Scritti giuridici* , vol. III, Milano, 1997.

189. L. G. VELANI, "Nuove tecnologie e prova penale: il sistema di individuazione satellitare g. p. s. ", in *Giur. it.* , 2003.

190. P. VENTURA, "Le indagini difensive", in *Trattato di procedura penale* , diretto da G. Ubertis e G. P. Voena, Giuffrè, 2005.

191. M. VESSICHELLI, "Sulla possibilità della polizia giudiziaria di effettuare di propria iniziativa raffronti tra impronte digitali", in *Cass. pen.* , 1992.

192. A. VITALE, "La nuova disciplina delle ispezioni e delle perquisizioni in ambiente informatico e telematico", in *Dir. internet* , *fasc. 5* , 2008.

193. F. ZACCHÈ, "La prova atipica", in *Digesto del processo penale online* , diretto da

A. Scalfati, Giappichelli, 2012.

194. F. ZACCHÈ, "L'acquisizione della posta elettronica nel processo penale", in *Proc. pen. giust.* , 2013.

195. E. ZAPPALÀ, *Il principio di tassatività dei mezzi di prova nel processo penale*, Milano, 1982.

196. G. ZICCARDI, *Informatica giuridica. Privacy, sicurezza informatica, computer forensics e investigazioni digitali*, Milano, 2008.